재일한인 북송 관련
일본 외무성 자료 해제집 제2권

-『재일조선인 북조선귀환 문제에 관하여』 제5권-

동의대학교 동아시아연구소 편

이경규 임상민 정영미
이행화 이재훈 김선영 공저

박문사

머리말

　본 해제집은 동의대학교 동아시아연구소의 인문사회연구소 지원사업(2020년 선정, 과제명「해방이후 재일조선인 관련 외교문서의 수집 해제 및 DB구축」)의 성과물이며, 해방이후 재일한인의 북송 관련 사건을 이해하는데 중요한 일본 정부 생산 외교문서를 한국어로 번역하고 개략적인 내용을 해제한 것이다. 본 해제집은 일본 정부 생산 재일한인 북송 관련 외교문서를 대상으로, 일본 정부의 재일한인 북송 정책에 대해 비판적이고 상대적인 관점에서 통합적인 연구 자료로 활용할 목적으로 간행하게 되었다. 본 해제집 제2권에서는 일본 외무성 외교사료관의 북송 관련 소장자료 중『재일조선인의 북조선 귀환 문제에 관하여 제5권(在日朝鮮人の北朝鮮帰還問題一件 第5巻)』(분류번호: K'.3.2.2.9)을 다루었다.

　재일한인의 북송은 1959년 12월 일본 니가타항에서 975명의 귀국선에 승선하여 청진으로 향한 것을 시작으로 1984년까지 대략 9만 3천여 명의 재일한인이 북한으로 송환된 사업을 일컫는다. 이 북한 송환 사업은 국제적십자사와 일본적십자사, 일본 정부, 북한 정부, 미국 정부의 공조 아래 진행된 대규모 사업이었다. 북한으로 송환된 사람들은 북한 출신만이 아니라 남한 출신 및 재일교포 2세 그리고 일본인 처까지 그 출신이 다양하다. 지상낙원이라는 선전에 현혹되어 일본에서의 차별과 곤궁한 생활에서 벗어나고자 북송을 택한 경우가 많았다. 해외 각국에서 북송에 대한 우려도 많았지만, 표면적으로는 인도주의적인 명분을 내세우면서 일본적십자사와 북한적십자회가 중심이 되어 북송이 이루어졌다.

지금까지 수집한 한국 정부의 외교문서만으로는 북송 관련 자료를 확보하는데 한계가 있을 수밖에 없었다. 북송 사업은 일본 정부와 북한 정부 사이에 진행되었기 때문에 한국 정부는 직접적으로 관여하지 못했다. 그러므로 한국 정부 생산 외교문서의 내용은 조총련과 민단의 충돌, 북송자 명단, 일본 정부 조치에 대한 항의 등의 일반적인 내용이 중심을 이룬다. 이에 반해, 일본 정부 생산 외교문서의 북송 관련 자료는 북송사업의 당사국이기 때문에 한국측 외교문서와는 차이가 있을 수 있다고 볼 수 있다. 특히, 당시의 북한 사정, 조총련과 일본 정부의 교섭 등 북송사업 당시의 구체적인 상황을 살펴볼 수 있을 것이다.

본 해제집 제2권에서 다루게 될 내용 구성에 대해서 간략히 소개한다. 일본 외무성 외교사료관의 북송 관련 소장자료 중『재일조선인의 북조선 귀환 문제에 관하여 제5권』이 본 해제집 제2권에 해당한다.

『재일조선인의 북조선 귀환 문제에 관하여 제5권』은 1966년부터 1970년까지의 기록을 선별하여 묶은 내용을 다루고 있다.『재일조선인의 북조선 귀환 문제에 관하여 제5권』은 북한적십자사와 일본적십자사 사이에 진행된 재일한인의 북송에 대한 기본자료 및 교섭 상황, 회담록, 진정관계, 보도사항 등을 확인할 수 있는 외교문서로 구성되어 있다. 1966년 콜카타 협정 종료가 임박함에 따라 나머지 인원을 귀환시키기 위해 일본 정부는 각의양해로 1년을 연장하게 되는데, 그럼에도 불구하고 이 기간 동안에 귀환 신청자들의 북송이 완료되기 어렵게 되자 잠정조치를 제안하는 콜롬보 회담이 열리게 된다.『재일조선인의 북조선 귀환 문제에 관하여 제5권』에서는 콜카타 협정 종료 시점부터 모스크바 회담 및 콜롬보 회담 결렬 이후까지의 재일한인 북송에 대한 북한과 일본의 대응 조치를 파악할 수 있는데, 이러한 북한적십자사와 일본적십자사 사이의 교섭 과정을 구체적으로 살펴볼 수 있다는 점에서 자료적 가치가 있다고 생각된다.

재일한인의 북송에 관련된 문제는 당시 한국과 북한 그리고 일본의 입장이 상당히 달랐기 때문에 북송사업의 진행 과정과 이후의 대처 방식에 있어서도 다를 수밖에 없었다. 그러므로 이번의 일본 정부 생산 외교문서의 자료 수집 및 해제 작업은 재일한인의 역사적 사건에 대한 객관적이고 체계적인 연구성과를 창출하는데 있어서 일조가 가능하리라 생각한다.

한국 정부 생산 재일한인 외교문서를 수집하고 DB를 구축하는 과정에서 얻어낸 데이터에 대한 객관성 확보 차원에서 일본 정부 생산 재일한인 외교문서 수집이 이루어졌으며, 일본측 자료를 수집하는 과정에서 어려움도 많았다. 그러나 동아시아연구소의 인문사회연구소 지원사업 연구팀 구성원들은 서로의 분담 내용을 공유·체크하면서 해제집 내용의 완성도를 높이는데 힘을 보탰다.

마지막으로 이번 해제집 간행에 있어서 일본 외교문서 자료 수집에 적극적으로 협조해주신 일본 외무성 외교사료관 담당자 선생님들께 진심으로 감사드린다. 그리고 일본 외교문서의 한국어 번역과 해제문 정리를 맡아준 이재훈 선생님께 깊이 감사드리며, 이번 해제집 출판에 아낌없는 후원을 해주신 도서출판 박문사에도 감사를 드리는 바이다.

2024년 11월
동의대학교 동아시아연구소
소장 이경규

목차

재일조선인 북조선귀환 문제에 관하여 제5권

1. 일반

일본 외무성 외교사료관 북송 관련 소장자료 해제

　본서는 일본 외무성 외교사료관 북송 관련 소장자료 중 『在日朝鮮人の北朝鮮帰還問題一件 第5巻』(분류번호: K'.3.2.2.9)을 번역하고 해제를 단 것이다.

　1959년 12월 14일 일본 니가타 항구에서 975명이 귀국선을 타고 청진으로 향한 것을 시작으로 1984년까지 180여 차례에 걸쳐 약 9만 3천여 명의 대단위 인원을 북한으로 보낸 재일동포(재일조선인) 북송은 국제적십자사와 미국 정부, 일본 정부, 일본적십자사, 북한 정부, 북한적십자회의 공조 아래 이루어진 대단위 사업이었다.

　주지하고 있는 바와 같이 북으로 송환된 이들은 모두 북한 출신이 아니라, 남한 출신부터 재일교포 2세 그리고 일본인 처까지 그 출신은 다양하였다. 지상낙원을 부르짖던 선전에 현혹되어, 일본에서의 차별과 생활 곤궁으로 인하여, 고향을 찾기 위해, 가족이 있으니까 등등 북송을 택한 이유도 다양하였다. 생활이 곤궁해진 사람을 택해 난처한 부분을 처리해 주고 북에서의 풍요로운 생활을 보장해 주는 등 조총련을 통하여 다양한 방식으로 접근이 있었다. 북송된 사람들의 수기를 보면 니가타 항구에서 출항한 배가 북한 항구에 정박하는 순간 어둡고 경직된 분위기를 보며 그제서야 속았다는 것을 느꼈다고 하는데, 개중에 다시 일본으로 돌아온 사람도 있지만 대개의 경우 그대로 북한에 발이 묶여 다시 돌아오지 못하였다.

한국의 강한 반발과 더불어 해외 각국에서 북송에 대한 우려를 표했지만, 표면적으로는 인도적인 명분을 내세우며 국제적십자 위원회의 감독하에 일본적십자사와 북한적십자회가 주가 되어 북송이 행해졌다. 한국의 외교문서 속에서 일본 정부는 잘 모르고 마치 적십자가 알아서 하는 일인 양 말하고 있지만, 본서 내용을 참조하면 알 수 있는 바와 같이 엄연히 일본적십자사 뒤에는 긴밀하게 연락을 취하며 계속 훈령을 내리고 방향성을 제시하는 일본 정부가 있었다.

다만 이러한 일본 정부의 태도로 인해 한국의 외교문서에서는 북송 관련 자료를 찾는 데에 한계가 존재할 수밖에 없다. 북송 관련 한국측 외교문서들은 현재 대한민국 외교사료관에서 열람이 가능한데,[1] 엄밀하게 말하자면 북송 관계에 있어 한국은 당사자가 아니기 때문에. 관련 사료가 양적으로 결코 적다고 볼 수 없으나 일본의 조치에 대한 항의나 대처처럼 후속적이라는 선천적인 한계성을 띠게 된다. 문서의 내용도 많은 경우 조총련과 민단의 충돌, 북송자 명단, 일본 정부에 대한 항의, 북송선 입항 일정과 같은 제3자적인 내용이 주가 된다.

그에 반해 일본 외무성 외교사료관의 북송 관련 소장자료는 당사자이자 혹은 지도자의 입장으로 쓰였기 때문에 엄연히 한국문서와는 차이를 가질 수밖에 없고 그 내용도 풍부하고 세밀하다. 북송을 조사하는 데에 있어 당시 북한의 사정, 그리고 일본 정부와 일본 국내이 사정, 조총련과 일본 정부와의 교섭, 일본 정부와 한국 정부와의 관계 등등을 이해해야 비로소 전반적인 북송사업 당시의 배경을 들여다볼 수 있게 되는 것이다.

외무성 외교사료관에서 검색되는 북송관련 사료는 총 28점으로 그 일람은 아래와 같다.(https://www.mofa.go.jp/mofaj/index.html, 검색일: 2023.3.)

---

1) 본 연구소에서는 이와 관련하여 해방 이후부터 1975년까지 3차례 외교사료 해제집을 간행한 바 있다.

	분류번호	사료 건명
1	K'.3.2.2.9	"在日朝鮮人の北朝鮮帰還問題一件 第1巻"(53.4.1.~55.11.30)
2	K'.3.2.2.9	"在日朝鮮人の北朝鮮帰還問題一件 第4巻"(59.4.1.~66.3.31.)
3	K'.3.2.2.9	"在日朝鮮人の北朝鮮帰還問題一件 第5巻"(66.8.1.~70.3.31.)
4	K'.3.2.2.9	"在日朝鮮人の北朝鮮帰還問題一件 第6巻"(67.4.1.~69.7.31.)
5	K'.3.2.2.9	"在日朝鮮人の北朝鮮帰還問題一件 第8巻"(59.7.1.~69.7.1.)
6	K'.3.2.2.9	"在日朝鮮人の北朝鮮帰還問題一件 第9巻"(66.7.1.~69.12.31.)
7	K'.3.2.2.9	"在日朝鮮人の北朝鮮帰還問題一件 第10巻"(66.3.1.~71.5.31.)
8	K'.3.2.2.9	"在日朝鮮人の北朝鮮帰還問題一件 第11巻"(71.8.1.~73.12.31.)
9	K'.3.2.2.9-1	"在日朝鮮人の北朝鮮帰還問題一件 赤十字国際委員会の協力要請関係"(59.1.1.~59.5.31.)
10	K'.3.2.2.9-1-1	"在日朝鮮人の北朝鮮帰還問題一件 赤十字国際委員会の協力要請関係 日本赤十字社代表のジュネーヴ派遣関係(国際委その他機関との会談、連絡を含む)"(59.2.1.~59.8.31.)
11	K'.3.2.2.9-2	"在日朝鮮人の北朝鮮帰還問題一件 日本赤十字社と北鮮赤十字社との交渉関係"(59.1.1.~59.7.31.)
12	K'.3.2.2.9-2-1	"在日朝鮮人の北朝鮮帰還問題一件 日本赤十字社と北鮮赤十字社との交渉関係 ジュネーヴ会談関係(赤十字国際委の協定承認問題を含む) 第1巻"(부분공개)(59.3.1.~59.5.31.)
13	K'.3.2.2.9-2-1	"在日朝鮮人の北朝鮮帰還問題一件 日本赤十字社と北鮮赤十字社との交渉関係 ジュネーヴ会談関係(赤十字国際委の協定承認問題を含む) 第2巻"(부분공개)(59.5.1.~59.6.30.)
14	K'.3.2.2.9-2-1	"在日朝鮮人の北朝鮮帰還問題一件 日本赤十字社と北鮮赤十字社との交渉関係 ジュネーヴ会談関係(赤十字国際委の協定承認問題を含む) 第3巻"(부분공개)(59.7.1.~59.8.31.)
15	K'.3.2.2.9-2-1-1	"在日朝鮮人の北朝鮮帰還問題一件 日本赤十字社と北鮮赤十字社との交渉関係 ジュネーヴ会談関係 会談議事録"(부분공개)(59.4.1.~59.7.31.)
16	K'.3.2.2.9-2-2	"在日朝鮮人の北朝鮮帰還問題一件 日本赤十字社と北鮮赤十字社との交渉関係 帰還に関する協定調印関係(1959年8月於カルカッタ)"(부분공개)(59.7.1.~59.8.31.)
17	K'.3.2.2.9-2-3	"在日朝鮮人の北朝鮮帰還問題一件 日本赤十字社と北鮮赤十字社との交渉関係 協定更新及び輸送スピードアップ問題"(부분공개)(58.9.1.~65.8.31.)
18	K'.3.2.2.9-2-4	"在日朝鮮人の北朝鮮帰還問題一件 日本赤十字社と北鮮赤十字社との交渉関係 コロンボ会談関係 第1巻"(부분공개)(67.9.1.~68.10.31.)

	분류번호	사료 건명
19	K'.3.2.2.9-2-4	"在日朝鮮人の北朝鮮帰還問題一件 日本赤十字社と北鮮赤十字社との交渉関係 コロンボ会談関係 第2巻" (부분공개)(68.1.1.~68.11.30.)
20	K'.3.2.2.9-2-5	"在日朝鮮人の北朝鮮帰還問題一件 日本赤十字社と北鮮赤十字社との交渉関係 モスクワ会談関係"(부분공개)(67.8.1.~67.9.30.)
21	K'.3.2.2.9-3	"在日朝鮮人の北朝鮮帰還問題一件 諸外国に対する本邦の啓発工作及び諸外国の態度 第1巻"(59.2.1.~59.12.31.)
22	K'.3.2.2.9-3	"在日朝鮮人の北朝鮮帰還問題一件 諸外国に対する本邦の啓発工作及び諸外国の態度 第2巻"(59.2.1.~59.8.31.)
23	K'.3.2.2.9-4	"在日朝鮮人の北朝鮮帰還問題一件 韓国の宣伝工作、動向及びわが方対策関係"(59.2.1.~59.10.31.)
24	K'.3.2.2.9-6	"在日朝鮮人の北朝鮮帰還問題一件 各国新聞論調 第1巻"(부분공개)(59.2.1.~59.12.31.)
25	K'.3.2.2.9-6	"在日朝鮮人の北朝鮮帰還問題一件 各国新聞論調 第2巻"(부분공개)(59.2.1.~59.12.31.)
26	K'.3.2.2.9-7	"在日朝鮮人の北朝鮮帰還問題一件 帰還実施関係 第2巻"(59.8.1.~59.8.31.)
27	K'.3.2.2.9-9	"在日朝鮮人の北朝鮮帰還問題一件 北鮮帰還問題に関する朝鮮人団体等の国連宛通信関係"(58.1.1.~60.2.28.)
28	2022-0153	"赤十字国際委員会／北朝鮮帰還問題"(심사요)(66.7.1.~70.7.31.)

　　사료명 그대로 연번 9~20번 자료는 적십자사 관계가 주를 이루고, 21~22는 국제적 평판과 일본의 대응, 23은 한국 동향, 24~25는 국제 언론 동향, 26은 실적, 27은 재일조선인들의 동향, 28은 적십자 국제위 관련 문서를 나타내는 것처럼 보인다. 실질적으로 북송 당시 일본 정부의 움직임은 연번 1~8에 기록되어 있으리라 짐작해 볼 수 있다.

　　"재일조선인의 북조선귀환 문제에 관하여在日朝鮮人の北朝鮮帰還問題一件은 2, 3권과 7권이 없이 1권~11권까지 총 8권으로 이루어져 있다.[2]

　　이 가운데 1권이 주로 1955년의 일을 다루고 4권이 주로 59~66년까지의 일을 다루고 있다. 실질적으로 본서는 4권의 뒤에 이어지는

---

2) 상기 표의 사료 중에 일부는 비공개나 일부공개로 처리되어 있다.

66년부터 70년까지의 기록을 선별하고 묶었다고 볼 수 있다.

재일조선인의 북조선귀환 문제에 관하여 5권

본래 『在日朝鮮人の北朝鮮帰還問題一件 第5卷』와 『在日朝鮮人の北朝鮮帰還問題一件 第6卷』이 한 세트로 되어 있다. 아래는 본서가 번역의 대상으로 삼은 『在日朝鮮人の北朝鮮帰還問題一件 第5卷』의 첫 면에 삽입된 목차(본문에서는 생략)인데, 5권에서는 이 가운데 1. 일반, 2. 기본자료, 3 교섭이 수록되어 있다. 금번에는 분량의 사정상 전편에 해당하는 5권만 작업을 행하기로 하였다.

1. 일반
2. 기본자료
3. 교섭
4. 회담록 관계
5. 대한국 절충
6. 귀환협정종료
7. 상정문답 관계
8. 진정관계
9. 보도관계

본 연구소가 간행한 『재일한인 북송관련 일본 외무성 자료 해제집』 (제1권)에서 대상으로 삼았던 문서철들의 경우 시간순으로 기록되어 있는 반면, 본서의 경우는 크게 시간순을 따르면서도 테마별로 나뉘어 작성되어 동일 사안이라도 1에 등장한 문서가 2나 3에 다시 등장하는 경우가 더러 있다. 편의를 돕고자 주요 사건들을 시간순으로 재구성하며 해제를 갈음하기로 한다.

〈문서철 내 작성 시기별 문서 일람표〉

* 표 안의 숫자는 문서번호를 의미
* 괄호 안의 숫자는 볌첨 문서
  (다만 중요한 문서는 별도 배치)
* 작성시기 미상은 제외.
* 물음표는 작성시기 미상이나 유사 문서 존재

	1. 일반	2. 기본자료	3. 교섭
66.8.23.		039	
66.11.4.		037	
66.12.26.		038	
67.1.24.	012?(1968년?)		
67.7.?		023	
67.8.11.		040	
67.8.16.		022	
67.8.22.		024(025, 054)	
67.8.28.	016		
67.9.6.			071
67.9.30.		026, 027	
67.10.11.		051	
67.10.17.		028(029, 030)	
67.10.18.		031, 032	
67.10.25.		034(035?, 036?, 036-1?)	
67.11.8.		043(044, 052, 053)	
67.11.15.	005		
67.11.17.		045(046)	
67.11.22	004		
67.12.22.	006		
67.12.6.		047	
67.12.13.		048	
67.12.19.		041	
68.1.18.		049	
68.1.24.	012?		236
68.1.26.	014		

68.2.8.			072
68.2.9.			074, 078
68.2.10.			075, 076
68.2.12.	007, 007-1.007-2	050	079, 080
68.2.13.			081, 082, 083, 084
68.2.14.			089
68.2.15.			085, 086, 087, 088, 090, 091
68.2.16.			095
68.2.19.	008		106
68.2.20.	013		
68.2.22.	011		
68.2.28.			107
68.2.29.			109
68.3.8.			108
68.3.15.			110
68.3.25.			111, 112
68.3.26.			113, 114
68.3.27.			116
68.3.28.			121, 122, 123, 124 (125, 126)
68.3.29.			129, 131, 132
68.3.30.			133
68.4.1.			137
68.4.3.			145
68.4.4.			144(142, 143), 147
68.4.5.			148
68.5.28.	019	065	159
68.5.29.	057		153
68.5.30.			154, 157, 158(159)
68.5.31.			160, 162
68.6.3.	058		164(165, 166)
68.6.13.	017(018, 019, 020, 021)		
68.6.17.		060, 061(061-1)	

68.6.22.		062(063)	
68.6.24.		056(056-1, 056-2, 059, 059-1, 066)	
68.6.1.			168
68.6.5.	.		170
68.6.6.			169
68.6.21.			171, 172(173, 174)
68.6.24.			175, 180, 181, 182
68.6.25.			184
68.6.30.		067	
68.7.5.		064	
68.7.8.		068	
68.7.15.		069	
68.7.23.		070	
69.7.18.			186, 187, 188
69.7.22			192
69.7.23.			193
68.7.30.			196
69.7.31.			197
69.8.7.			199, 200, 201, 202
69.8.8.			239, 240, 211, 212
69.8.11.			241
69.8.13.			213, 214, 215, 217
69.8.14.	003		
69.8.15.			218
69.8.19.			223, 224
69.8.22.			227
69.8.23.			228
69.8.24.			231
69.8.25.			232, 233
69.8.26?		042	234
70.3.25.			237
70.3.27.			238

① 콜카타 협정의 종료

1959년 8월 13일에 맺어진 "일본적십자와 조선민주주의인민공화국 적십자 사이에 행해진 재일조선인 귀환에 관한 협정(日本赤十字社と 朝鮮民主主義人民共和国との間における在日朝鮮人の帰還に関する 協定)"이 66년 11월 12일에 종료가 된다.(참고를 위하여 아래와 같이 해당 협정문(일본어 문서 번역문)을 기입한다.)

참고)

조선민주주의인민공화국적십자 사이에 행해진
재일조선인 귀환에 관한 협정

일본적십자사사 및 조선민주주의인민공화국적십자회는 거주지 선택의 자유와 적십자의 제緒원칙에 기반하여 재일조선인이 자유롭게 표명한 그 의사에 따라 귀환하는 것을 실현시키고자 다음과 같이 협정한다.

제1조 귀환자의 범위는 귀환을 희망하는 재일조선인(일본 국적을 취득한 조선인을 포함한다)과 그 배우자(내연 관계자를 포함한다)와 그 자녀, 그 밖에 부양되는 자로서 함께 귀환하기를 희망하는 자로 한다. 이 경우 16세 미만인 자에 대해서는 친권자 또는 후견인의 의사에 따른다. 단, 일본 법령에 의해 출국을 인정받지 못하는 자는 제외된다.

제2조
1. 귀환을 희망하는 자는 일본적십자사가 정하는 양식에 따르는 귀환신청서를 본인 자신이 직접 일본적십자사에 제출하고 필요한 귀환 수속을 밟아야 한다.

   신청은 자유의사에 근거한 것으로, 또한 본 협정에서 정하는 조건을 충족하는 것이어야 한다.
2. 귀환신청서를 제출한 본인에게서, 개별적 사정에 의하여 귀환하지 아니한다는 요청을 받은 경우에는 일본적십자사가 이를 처리한다.

   귀환 의사 변경은 승선 전 일정 시간까지 허용된다.

제3조

1. 일본적십자사는 귀환 희망자의 등록기구를 조직한다. 이 등록기구는 필요한 보강을 실시한 후, 일본적십자사의 현재 조직을 여기에 할당하여 운영한다.

2. 일본적십자사는 적십자국제위원회에 대해 귀환희망자의 등록기구의 조직과 운영이 인도적 원칙에 입각한 공평한 것임을 보장하기 위해 적십자국제위원회가 필요하고 적당하다고 생각하는 조치를 취할 것을 의뢰한다.

   상기 조치의 내용은 다음과 같다.

   (가) 일본 적십자사가 귀환 희망자의 등록 기구를 조직할 경우, 조언을 의뢰한다.

   (나) 상기 등록기구의 운영이 적절한지 여부에 대한 확인을 의뢰한다.

   (다) 상기 등록기구의 운영에 대해 필요한 조언을 의뢰한다.

3. 일본적십자사는 본 협정이 인도와 적십자의 제원칙에 합치한 것임을 방송을 통해 공고하도록 적십자 국제위원회에 의뢰한다.

제4조 귀환에 관한 수속을 마친 자의 인도와 인수는 승선항乘船港에서 일본적십자사 대표와 조선민주주의인민공화국적십자회 대표 간에 실시한다.

   전항의 인도와 인수는 귀환자 명부와 확인서의 교환을 통해 완료한다.

제5조

1. 귀환선은 조선 측이 배선하고 그 비용을 부담한다. 귀환선이 준수해야할 사항은 부속서付屬書로 정한다.

2. 일본 측은 니가타항을 귀환자의 승선항으로 지정하고, 조선 측은 나진, 청진, 흥남의 3개 항구를 그 하선항으로 지정한다.

3. 귀환선의 배선문제는 귀환희망자 수와 배선 준비 상황에 기초하여 결정짓기로 하고, 귀환희망자가 매회 집결하는 기일의 간격을 7일 내외로 하며, 매회 인원수는 약 천 명으로 예정한다. 단 귀환희망자 수의 증감에 따라 일조 양 적십자단체가 협의한 후에 적절히 변경하기로 한다.

4. 귀환 희망자의 상황에 따라 필요할 경우에는 일조 양 적십자단체가 협의한 후에 시설 및 수송의 증강을 도모하기 위해 필요한 조치를 취

하기로 한다.

5. 귀환자의 제1귀환선은 일조 양 적십자단체 간에 체결된 본 협정이 효력을 발생한 날부터 3개월 내에 승선항에서 출항키로 한다.

6. 일본적십자사는 매회 귀환희망자의 대략적인 수槪数, 지정항 및 귀환선의 지정항 도착기일을 미리 조선민주주의인민공화국적십자회에 통고한다.

　　귀환선은 전항의 통고에 따른 지정기일에 지정항에 도착할 것이 요구된다. 단, 기상조건이나 기타 부득이한 사정이 있는 경우에는 일조 양 적십자단체가 협의하여 이를 변경할 수 있다.

7. 일본 측은 귀환선에 대한 보급과 통신연락, 그 밖에 필요한 편의와 협력을 제공한다. 그 비용은 조선 측의 부담으로 한다.

제6조

1. 일본적십자사는 그 정하는 바에 의해 다음의 편의를 귀환자에게 공여한다.
   (가) 귀환자가 거주지를 떠나고 집결지까지의 수송비, 식비, 60kg(귀환자 1인당)까지의 화물 운임 및 응급의료비
   (나) 집결지에서 승선할 때까지의 숙박, 식사, 응급의료비 및 수송

2. 귀환자는 1인당 일본통화 45,000엔까지를 영국 파운드 수표로 휴대할 수 있다.

　　상기 한도를 넘는 일본의 통화를 소유하는 자는 본인 명의로 일본의 은행에 예금하고, 후에 일본인의 신청에 의해 일본의 법령에 따라 외화로 인출하는 것이 인정된다. 다만, 본인이 일본에서 사용할 경우에는 일본의 법령에 따라 일본의 통화로 인출하는 것이 허용된다.

　　주식공채 등의 증권 및 예금통장 등의 휴대 반출은 허용되지 않는다.

3. 귀환자가 가져갈 수 있는 것은 여행휴대품, 이삿짐 및 직업 용품으로 한다.

　　일본의 법령에 따라 수출이 금지된 것과 위반품은 휴대할 수 없다.

4. 일본 측은 귀환자가 가져가는 일체의 재산에 대하여 관세를 부과하지 아니한다.

5. 일본 측은 귀환자가 부득이한 사정으로 인하여 가지고 갈 수 없는 재산에 대하여 계속하여 본인의 소유권을 법적으로 인정한다.

6. 조선 측은 귀환자가 승선하고 이후의 수송 및 식사, 숙박비 등 일체의 비용을 부담하고 의료상 복무를 무상으로 제공한다. 또 귀환자의 귀환 후 생활 안정을 위하여 그 주택, 직업, 취학 등 모든 조건을 보장한다.

제7조 귀환선에는 조선민주주의인민공화국적십자회 대표(복수를 포함한다)가 승선하는 것으로 하며, 동 대표는 그 귀환선이 승선항에 정박하는 기간 동안 그 항역港域 내에 체재하며 귀환자의 인수, 연락 및 귀환자의 귀환 협조를 맡는다.

제8조

1. 일본적십자사는 본 협정의 내용 및 귀환 절차를 가능한 한 출판, 보도 수단을 이용하여 재일조선인에게 주지철저를 도모한다.

2. 귀환자 중 국적문제 해결을 희망하는 자에 대하여 일조 양 적십자단체는 필요한 협력을 한다.

3. 본 협정의 실시와 관련하여 필요한 연락은 전신, 문서 또는 지정항에서 일조 양 적십자단체의 대표 간에 실시할 수 있다.

제9조 본 협정의 유효기간은 조인일부터 1년 3개월로 한다.

다만 이 기간에 귀환사업을 완료할 수 없다고 인정되는 경우에는 협정 기간 종료 3개월 이전에 북일 양 적십자단체가 협의한 후에 본협정을 그대로 또는 수정하여 갱신할 수 있다.

(부속서-생략)

다만 종료가 임박하였음에도 아직 귀환하지 못한 인원이 많이 남아 있었기 때문에 66년 각의양해(039)에서 본 협정을 1년만 더 연장(~67.11.12.)하며, 1년 후에 귀국을 희망하는 자에 대해서는 정부가 편의를 제공하기로 한다.

② **모스크바 회담**

그러나 연장한 마감 기한(67.11.)이 다시 다가오고 있었지만 희망자들의 숫자에 비해 돌려보낼 수 있는 배선이나 시설적인 문제가 충족되질 않아 신청자들을 다 돌려보낼 수 없으리라 전망되었다.(023)

그렇지만 일본 정부는 이를 다시 연장할 생각이 없었고, 또 한일정기 각료회의에서도 이를 재연장하지 않기로 한국 정부와 약속을 한 상태였다.(040)

국회에서도 이 처리에 관해 질의가 날아들기 시작했다. 당시 국회 질의에 대비해 만들어진 자료에는 기한이 경과되기 이전에 배선의 증가에 관해 조적과 협의하려던 계획이 담겨 있었다.(022) 이 계획에 따라 협의를 위해 마련된 자리가 바로 모스크바 회담이다. 다만 일본 측의 배선 증가에 대한 계획과는 달리 조적은 정기적인 배선을 원했기에 협정의 무수정 연장만을 요청하였다. 모스크바 회담(67.8.25.~9.23.)에 앞서 정부는 난항을 예측하며 결렬도 불가피하다고 생각하였는데(024), 그 예상은 정확하게 들어맞는다.

결렬이 되고 일주일 후에 벌어진 일적 부사장의 보고회(026, 027)에서는 '회담 재개는 불가능하고, 조적이 기한 내에 귀환하지 못한 자들(귀환 미완료자)의 처리를 위한 배선 증가에 계속하여 협조하지 않는다면 해당 귀환 미완료자들에 대한 처리 문제를 처음부터 다시 생각하겠다.'며 11월 이후에 귀국 신청자들이 타고 갈 선박의 입항 문제에 관해 구상하는 모습이 확인된다. 이에 직접 요코하마-나홋카 경로 확보를 위해 러시아 공사와도 접촉을 취하는 모습도 나타난다(051).

③ 협정기간 중 귀환 미완료자 처리(잠정조치)

협상은 결렬되어도 이들 귀환 미완료자의 처리는 큰 문제였기에 이들을 위해 기간을 3개월 정도만 연장(이듬해 3.31.)하고 이들을 돌려보낼 계획을 세우는데, 이것이 이른바 '잠정조치'이다.

일적은 이에 따라 이 기간 동안에 배선을 늘려줄 것을 다시 한 번 조적에 요청하지만(028) 조적은 기존 태도를 변경하지 않고 계속하여 무수정 연장만을 주장하였다.(029) 일본 정부는 새로운 출국 방법을 찾고자 기존의 협정을 재확인하고(031) 운수성을 통해 일본 측의 배선을 통한 북조선 귀환까지 확인하는 모습을 보인다(032).

이 같은 과정을 통해 새롭게 작성된 북조선 귀환자들에 대한 방침이 '북조선 귀환 문제 금후의 대처방안(안)'이다. 그리고 이 방안에는 북한이 잠정조치에 협조하지 않았을 때의 개별적인 임의 귀국 방법까지 담기게 된다.(034~036, 043~044, 052~053)

④ 콜롬보 회담

상기 잠정조치에 관한 북한의 수용 여부를 확인하고자 마련한 자리가 바로 콜롬보 회담(67.11.27.~68.1.24.)이다. 회담에 앞서 분주하게 준비가 이루어지고(004~006) 정부에서는 어떻게 이를 공포하고 기록에 남길지 방침을 결정한다.(045~046) 외무성은 한국과의 관계를 의식해서인지 책임을 적십자에 돌리는 모습도 찾을 수 있다.(047)

회담기간 동안 25차례에 걸치는 토의가 이루어졌지만 결론적으론 이 회담도 결렬로 마무리되고 155차 귀환선(67.12.22.)을 마지막으로 귀환 업무도 종료가 된다. 회담이 결렬로 돌아간 후에 일본 측에선 관방장관(236)이, 북한 측에선 조적(012)이 결렬의 책임이 상대에게 있다는 성명서를 발표한다. 소련 적십자사도 일본을 비난하는 성명을 발표하였다.(015~016)

⑤ 콜롬보 회담 결렬 이후 국제위와의 관계

그렇게 회담이 결렬되자 일본은 재일조선인들의 귀국에 대해 개별적 임의귀국으로 그 노선을 변경한다. 상황이 이렇게 흘러가자 일본에 파견되었던 국제위 대표단은 자연히 그 존재가치를 상실케 되었다. 일적은 바로 국제위 대표단의 귀국을 요청하는데(072, 081~083) 이는 지금까지 중립을 지키고 있던 국제위의 스텐스에 묘한 변화를 불러일으키게 된다.

국제위는 이사회에서 회의를 재개하길 바란다는 연락을 조일 양 적십자에 발송하겠다며 결정을 내린다(074). 이 같은 국제위의 반응에 일본 측은 적잖이 놀란 듯해 보인다. 일적이 정부와 긴밀하게 소통은

하고 있었지만 때때로 제어가 되시 않는 장면이 종종 발견되는데 이와 같은 이유에서인지, 혹은 문서상으로 국제위의 명확한 의견이 남게 되었을 때 일본 정부가 받을 수 있는 피해를 걱정해서인지, 일본 정부는 본 서간의 발송을 늦추려고 노력하며,(075~076) 국제위에 대해 회담 재개의 무의미함을 주장한다.(079~080) 그리고 동시에 일본에서는 이미 일반 선편에 따른 귀국길이 열려 있기에 인도적인 부분에 있어 어떤 문제도 발생하지 않는다는 것을 주장한다.(089)

그렇지만 국제위의 서간 발송을 막는 게 점점 불가능하다고 여겨지자, 일본 정부는 일본 측의 제안대로 문구를 수정하여 발송하고자 노력한다.(087, 095, 111~114, 116, 123, 129) 이 와중에 일본 측의 편의 제공을 협정이 유효했을 때와 동일하게 제공하는 것으로 문제가 발전되기도 하나(132~133) 결국 국제위의 서간은 일본 정부가 원하는 대로 수정되어 발송된다.(137, 142~144, 148)

⑥ 회담 재개를 향한 시도

그러나 일본 정부에서도 재일 조선인들에 대해 손을 놓고 있을 수만은 없는 노릇이었다. 개인적 임의 출국으로 돌릴 경우 생활곤란자는 경비의 문제 등으로 인해 출국이 쉽지 않다는 문제가 존재했기 때문이다. 그래서 표면적으론 부정하고 있었지만 계속하여 회담재개설이 흘러나오게 되었다.(108)

그러던 중에 일적이 국제위에 대해 '조적이 콜롬보 회담 때에 일적이 제안했던 안을 받아들이면 잠정조치를 실시할 용의가 있다.'며 연락을 한다.(160) 문제는 본건이 관방장관하고만 이야기가 되었을 뿐, 관계 부서와의 어떤 사무적 협의도 없는 데에 있었다. 이후 조적이 일적에 6월 배선과 니가타에서 회담을 요청하는 전보를 보내오자,(065) 정부는 이에 대해 어떻게 처리를 할지 고민하게 된다.(057~058) 일본 정부의 입장은 회담의 재개나, 협정의 연장은 바라지 않았다. 큰 이유 중의 하나로 역시 한국의 항의(153~154, 157, 162)를 들

수 있다. 더군다나 한일정기각료회담을 2개월 앞둔 상황이었기에 일본 정부는 이를 간과할 수만은 없었다.(164) 이로 인해 일적이 보낼 답신의 문구를 회의를 통해 결정하게 된다.(056~056-2, 059~061-1, 066)

그런데 이 답신 가운데에는 콜롬보 회담 때에 '일적이 요구한 제안을 조적이 받아들인다면 잠정조치를 시행하겠다'는 내용의 문구가 들어 있었고, 이는 한국을 자극하여 한국으로부터 다시 격렬한 항의를 받게 된다.(171~175, 184)

때마침 조적이 일본을 비난하는 성명을 발표(067)하는데 일본 측은 이 성명문을 분석하고 앞으로의 방침을 결정짓게 된다. 그것은 조적이 도무지 태도를 바꿀 것처럼 보이질 않으니 잠정조치는 시행하지 말고 잔여인원에 대해 일반 외국인들과 동일한 방법으로 출국시키자는 것이었다.(068~069)

⑦ 비공식 사무 토의

그런데 또 다시 일적이 정부내 관계부처와의 협의도 거치지 않고 관방 장관에게만 합의를 얻은 채, 조적에 대해 '의사소통을 위한, 비공식 예비적 토의를 모스크바에서 열 것'을 제안한다. 이는 앞으로 있을 회담에 대비하여 선제적으로 관계을 조율하려는 데에 있었다. 조적이 이에 동의하자 외무성은 본 토의에 관한 가이드 라인을 일적에 하달한다. 이는 '본 토의는 회담이 아니며, 상대의 의견을 듣기만 하고 새로운 제안을 하지 않을 것'이 주된 내용이었다.(196, 197)

조적은 본격적인 토의가 시작되기 전부터 조적 대표단의 입국을 보장하도록 문구의 내용을 바꿀 것을 줄기차게 요청하였으나, 일본 정부는 '어떤 것도 제안하고 협의하지 말 것'을 계속 강조하였다.(200~201, 211) 본 비공식 사무토의의 상황은 일적의 다카스기 부장과 아즈마 사장이 주고받는 서간을 통해 확인할 수 있다.(213~215, 217~218, 223~224, 227~228, 231~234) 양쪽은 결국 의견의 폭을 좁히지 못하였고 사무적 토의 역시 아무런 성과도 내지 못한 채 결말이 나게 된다.

상기의 내용을 요약하자면 다음과 같다. 1966년 콜카타 협정 종료가 임박함에 따라 나머지 인원들을 되돌려 보내고자 일본 정부는 각 의양해로 1년을 연장한다, 그럼에도 불구하고 이 기간 동안에 신청한 사람들이 채 못 돌아갈 것 같자, 3개월 가량을 연기하고 배선을 늘릴 방안인 이른바 '잠정조치'를 제안하게 된다. 이것을 협의한 자리가 바로 콜롬보 회담인데 이 또한 조적의 반대로 결렬이 되며 결국 북송사업은 정지 상태에 머물게 된다. 이 같은 상황에서 국제위가 태도를 바꾸어 북송사업 재개를 종용하게 되자 일적은 대응적 조치로서 모스크바에서 비공개 사무토의(예비토의)를 제안하였으나 일본 정부는 아무런 제안도 하지 말 것을 지시하면서도 조적이 자신들의 주장을 굽힐 것을 종용하였다. 결국 이 예비 토의 역시 아무런 소득도 얻지 못하고 끝나게 된다.

이와 같이 본서는 콜카타 협정으로 북송되지 못한 자들의 처리 방침을 다루고 있는 문서로, 본서를 통해 이들의 처리에 대해 양 측이 어떤 과정을 거쳐 문제를 풀어가고 있고 어떤 명분을 붙여 나가며 이를 해결해 가는지를 잘 알 수 있다. 다만 초두에 언급한 바와 같이 6권이 한 셋트로 이루어져 있어서 곳곳의 빈 내용이 상당수 『在日朝鮮人の北朝鮮帰還問題一件第6巻』에 수록되어 있으니 정확한 사태의 추이를 확인하기 위해서는 상기 6권의 내용을 꼭 확인하시길 권한다.

범례

1. 본서는 일본 외무성외교사료관 소장 북송관련 자료 중 『在日朝鮮人の北朝鮮帰還問題一件 第5卷』(분류번호: K'.3.2.2.9)을 번역하고 해제를 단 것이다. 사료의 사용에 있어 허가를 구하였고, 책임하에 사용해도 좋다는 답변을 받은 바 있다.
2. 각 사료마다 상단에 순번을 나타내는 연번을 붙이고 관련 사료의 간략한 내용 소개나 참고할 사항을 적어 넣었다. 다만 외교사료관의 사료적 특성에 의해 원 사료의 페이지가 역으로 되어 있고 이에 따라 순번도 역으로 되어 있는 경우가 있는데, 이는 순서에 맞게 정리하되, 상단의 연번의 숫자를 원 사료의 정렬 순서대로 표기하였다.
3. 원 사료의 소장시 합철된 부분이 있어 판독이 불가능한 경우에는 이를 □로 표기하였다. 특히 영자 신문의 스크랩이나 영자 신문의 타자본의 경우 판독이 불가능한 경우가 있었는데, 내용상 관련 본서의 취급 내용과 거리가 먼 경우에는 이는 생략하였다. 수기로 되어 있어 판독이 불가능한 경우에도 □로 표기하였다.
4. 개인정보 보호를 위해 일본인 중 정치인, 차관급 이상 관료, 단체 대표 등 이름이 공개된 자를 제외하고는 모두 '이름 첫 자+*'로 표기하였다. 다만 다수가 모여 있어 이 같은 방식으로 구별이 불가능한 경우에는 '이름 첫 자+*' 뒤에 '한자+*'를 첨자로 넣어 이를 식별할 수 있게 하였다. 다만 상기 경우에 해당되진 않지만, 이름이 들어가지 않으면 내용 이해가 곤란할 경우나, 당시 신문에 이름이 공개된 경우 이를 그대로 표기하였다.

5. 문서의 이해를 위해 인용문의 경우 임의로 ' '를 붙였는데, 원문에 본래 있던 『 』, 「 」의 경우에는 " "를 붙여 구분을 지었다. 다만, 원문에 『 』 안에 「 」가 있어 " " 속에 ' '이 들어간 경우도 있다.

6. 원문에서 한국을 南鮮, 韓国, 북한을 北鮮, 北朝鮮이라고 표기하는데 동일 문서에도 이를 뒤섞어 부르는 등 규칙성을 찾을 수 없어 한국과 북조선으로 일괄 통일하였다.

7. 외래어나 가타카나로 표기된 영어 단어는 대개 한국어로 변경하였으나, 다중의 의미가 있을 시에는 영어를 첨자로 붙였다. 이는 한자어도 마찬가지이다. (다만 외국 인명이나 지명과 같은 고유명사 등이 가타카나로 되어 있지만 확인이 불가능할 경우에는 한국어 발음대로 일단 옮기고 원 사료의 가타카나 표기를 첨자로 달았다.)

8. 원 사료 중 양식이 있는 문서는 편집의 편의를 위해 양식을 없애고 그 중 필요한 핵심 내용만 취하였다. 이 과정에서 결재 라인과 같은 것들은 대개 생략되었다.

9. 수기본이 있고 전후면에 타자본이 있는 경우 하나만 취하였다. 마찬가지로 중복문서가 연이어 있는 경우에도 특별한 사정이 없는 한 대개 하나만 취하였다.

10. 첨삭이 된 문서의 경우 첨삭의 최종 결과물만 취하였다. (취소선 부분은 미기입)

11. 타자본 가운데 수기로 적은 메모가 본문의 내용과 깊은 관련이 있는 경우에는 memo라고 표기하고 이를 적어 넣었다.

12. 스크랩된 신문의 경우 저작권을 고려하여 가급적 헤드라인과 기사의 게재 일시만 적어 넣었다. 다만 상업지가 아닌 경우에는 전문을 싣고자 하였다.

13. 문서의 특성상 가급적 원문을 그대로 살려 번역하고자 하였으나, 부득이한 경우 원문의 주술구조를 변경하거나 문장을 임의로 끊거나 이어붙인 곳이 있다.

재일조선인 북조선귀환 문제에 관하여 제5권

재일한인 북송 관련
일본 외무성 자료 해제집 제2권
―『재일조선인 북조선귀환 문제에 관하여』 제5권―

1. 일반

001　　　메모 형식의 짤막한 내용으로 002 편지문이 도착했음을 알리고 있다. 002 문서는 총 3쪽짜리 편지문으로서 원본 좌측 상단에 쪽수가 기입되어 있는데 1쪽과 2쪽의 연결이 매끄럽지 못하다. 원문 자체에 누락이 있을 가능성이 있으나 파일 접합부에 보이지 않는 1행이 더 있을 수도 있다. 다만 2쪽 상단 중앙에 수기로 "?"가 있는 것을 보면 문서철을 작성할 시에도 같은 의문이 있던 모양이다. 후면에 수신인이 적힌 메모가 삽입되어 있는데, '東京都千代田区霞が関2-2外務省アジア局 北東アジア課長殿'라고 되어 있다. 편지를 보낸 인물(002 최하단 야마다**)은 본지 편집 방침에 의거 *로 처리하였는데 당시 駐ソ連特命全権大使였던 山田久就는 아니다.

비밀

오** 참사관　　동구東欧과장

기* 참사관

야마다山田 총영사에게서 별첨1의 연락이 왔음.

(출장자에게 맡겨서 보내온 것)

북동아시아 과장

호*** 사무관

(나홋카 래전来電□에 파일로)

002

拝啓

　가을이 오는 요즘. 건승하시다고 들었습니다. 저희는 개관開館을 하고 이제 2개월 정도 지났는데, 불편하기 짝이 없는 땅에서 호텔 생활을 하자니 좀처럼 본격적으로 일을 하지 못해 안타깝기 그지없습니다. 출발 전에 여러모로 한국과 북조선에 관해 가르쳐 주셨고, 2월에는 선배貴兄의 가르침도 있는 데에다가 실제로 한국에 가봤던 것도 크게 도움이 되어 조선 문제 전반에 흥미를 느끼며 한가한 시간을 이용해 여러 문헌을 읽고 있습니다. 지난번에 보내 주신 연락에서 주의를 주셨던, 이곳과 북조선 간의 연락 경로에 관해서는 공무용 전보公電로 보고 드린 바와 같습니다. 소련에 목적을 밝히고 물어볼 수 없기에 성에 차지 않아 안타까운 느낌을 떨치지 못하고 저本官도 꼭 만족할 수는 없는 일이라(역: 쪽 변경·원본 누락?) 필요는 없이 직통이 있다는데 잘 모르겠습니다. 또 pass 요금은 모르겠다고 하던데, 거리로 보면 대단치는 않아 보입니다. 배는 전보와 같이 거의 가능성이 없습니다. 비행기는 하바로프스크Хабаровск가 아니라, 이르쿠츠크Иркутск 환승이라던데 소련과 중국의 관계가 단절에 가깝지만 수송기는 만주 하늘을 난다는 것이겠지요.

여기 북조선 총영사는 지금까지는 전혀 접촉이 없습니다. 북조선 총영사관은 활동도 그렇게 활발하지 않아, 이곳 외교 대표는 아직 한 번도 초대받은 적이 없다고 합니다. 소련과 북조선의 관계도 아직 뭔가 석연치 못한 구석이 있는 것은 아닐까요? 귀화 북조선인들의 동향에 관해서는 그동안 아주 조금 탐문한 바를 공무용 전보로 말씀드렸는데, 소련에 대해서는 [   ]일까요?

그동안 북조선 건국 19주년에 이곳 북조선 총영사가 협의 때에 연설을 했는데, '아…뻔뻔하게 잘도 저런 소리를 하는구나' 싶었습니다.

이후 북조선과의 관계에 대해 뭔가 희망하시는 내용이 있다면 계속 말씀해 주십시오. 지금 상태로는 위에서 말씀드린 것처럼 북조선이 저희에게 접근해 올 기색은 거의 없습니다.

이상 답장 겸하여 근황을 말씀드립니다.

9월 25일

야마다 **

노* 과장님

003　　1969년 제네바에서 열리는 적십자 국제회의에서 북한과의 문제가 거론되리라 예상되니, 외무성 서기관을 제네바에 보내 관련 내용을 설명하겠다는 연락이 적혀 있다. 후면에 연락처라고 별도 페이지가 있고, 여기에 법무성, 후생성, 경찰청, 일적(일본적십자사)의 담당자 이름과 전화번호가 기입되어 있는데 이는 생략하였다.

사무연락

8월 14일

아시아국 북동아시아 과장

다* ** 님

제네바 대표부 참사관

도*** ***

북조선 귀환 관계 자료 송부 의뢰

(전략)

　　오는 9월 6일부터 이스탄불에서 개최되는 제21회 적십자 국제회의를 기회로 '북조선귀환 문제에 관해 일조 양 적십자사가 회담을 하라'고, 이전에 ICRC가 촉구한 일은 알고 계시리라 생각합니다. 모스크바 회담의 추이 여하에 따라, 본 문제가 이스탄불에서 다시 거론되리라 예상되는 바입니다.

　　6일부터 시작되는 이 회의에는 당관에서 가** 서기관(현지에서는 다나카田中 대사, 마** 서기관)이 참가하기에, 조금 일찍 현지에 보내 본 건의 경위에 관한 설명을 드리게끔 하겠습니다. 다만 적십자사 관계 회의(Board of Governors)가 9월 1일(月)부터 시작되어 양 적십자사 접촉 시점이 빨라질 가능성도 있습니다.

　　따라서 우선 본 귀환 문제 경위 등에 관한 자료를 재在튀르키예 대사관 앞으로 시급히 보내 주시면 감사드리겠습니다.

이상, 용건만 말씀드립니다.

추신, 본 관보官報는 혹시 사회과 앞으로 보내야 할지 모르겠는데, 스***군의 □령□令이 있었을지도 몰라, 귀 대신에게 □□하는 바입니다.

004   1968년에 개최된 콜롬보 회담 참가 준비 과정에서 현지 통역으로 삼으려고 일본적십자사가 덴리대학 강사를 섭외하자(005 문서), 덴리 대학장이 이를 승인하는 문서(004 문서)를 보내온다.

덴다이天大 제143호
1967년 11월 22일

일본적십자사장
가와니시 지쓰조川西実三 님

덴리天理 대학장 기시 유이치岸 勇一

지난 11월 15일자 외조外調 제318호 귀하의 연락貴信과 관련하여 본교 강사 오** ****를 스리랑카Ceylon 콜롬보에서 열리는 일조 양 적십자 회담에 통역으로 참가시키는 것에 관해, 본교는 지장이 없으므로 이를 회신 드립니다.

005

외조 제318호
1967년 11월 15일

덴리대학
학장 기시 유이치 님

일본적십자사
사장 니시카와 지쓰조

요즈음 나날이 번영하신다니, 축하 말씀드립니다.

지난 8월 모스크바에서 열린 일조 양 적십자 회담에 귀 대학 오** **** 강사께서 본사의 통역으로 참가해 주셔서 정말 감사드립니다.

이미 신문을 통해 아실지도 모르겠는데, 이 회담을 오는 11월 20일경부터 스리랑카 콜롬보에서 개최하는 것으로 북조선적십자회 및 스리랑카 관계 당국과 이야기를 진행하고 있습니다.

이에 따라 다시 한번 귀 대학의 교무에 폐를 끼쳐 송구하오나, 상기 회담이 실현될 때에는 오** 강사에게 통역으로 동 회담의 참가를 부탁드리고자 합니다.

006 전면에 후생사무관(후생성 원호국 서무과) 하** ****의 명함이 붙어 있다. 후면에는 24~26일 간 비행기 일정표가 있는데, 아래 문서에 명기된 인원과는 이름도 다르고 관련성을 찾을 수 없이 이를 생략하였다. 아래 문서는 68년 콜롬보 회담을 위하여 후생성이 업무연락을 위해 콜롬보에 직원을 파견하고자 외무성에 여권 발급을 의뢰하는 내용이다. 후면에는 일정표 사본이 첨부되어 있는데 편집상의 이유로 생략하였다.

원발援発 제1240호
1967년 12월 22일

외무성 아시아국장 님

후생성 원호援護국장

외무성 사무관 겸임 및 외교여권 발급에 관해(의뢰)

후생성 원호국장 서무과장 후생서무관 후** ***에 관련된 표기 내용에 관해 아래와 같이 처리를 부탁드립니다.

기

1. 용무: 콜롬보(스리랑카)에서 열리는 일조 양 적십자 회담에 관한 사무 연락
2, 업무처: 콜롬보(스리랑카)
3. 출장기간: 1967.12.25.~1968.1.4.

007　주지하고 있는 바와 같이 68년초에 열린 콜롬보 회담은 결렬로 끝나버렸다. 콜롬보 회담 관련 자료는 본 문서철에는 실려 있지 않다. 아래는 협상이 결렬로 끝난 후에 일본적십자사 부사장 명의로 그간 협조해 주었던 것에 사례하며 현지 공관(싱가폴-008, 콜롬보-009)에 전달을 의뢰하는 내용이다. 등장하는 외사부장 다카스기 ***는 언론에도 보도될 뿐만 아니라 본 책 전체를 통틀어 계속 등장하는 주요인물 중의 하나이다.

외사外事 제22호
1968년 2월 12일

외무성
아시아국장 님

일본적십자사
부사장 다나베 시게루田辺繁

콜롬보 회담에 관하여

알고 계신 바와 같이 소위 콜카타Kolkata협정 종료 이후 재일조선인

의 귀환을 토의하기 위한 콜롬보 회담이 지난 1월 24일을 기해 부득이 중지가 되어 본직小職 외 5명으로 구성된 일적 대표단은 1월 28일에 귀국을 하였습니다. 조적朝赤의 부조리한 태도로 이 회담이 소기의 결과를 달성치 못하고 결렬에 이르게 된 것은 실로 유감입니다만, 이 회담을 위해 귀 외무성에서 많은 경비를 지급해 주신 것에 대해 깊은 감사를 드립니다. 동시에 재콜롬보 일본대사관, 재싱가폴 일본대사관, 재홍콩 일본대사관에서 우리 대표단을 위해 여러 가지 편의를 제공해 주신 것에 다시금 진심으로 사의를 표합니다.

관계 재외 공관장님들에 대한 감사장을 동봉하오니, 귀하께서 전달해주시면 감사드리겠습니다.

007-1

1968년 2월 12일

재싱가폴
요시다吉田 대사님

일본적십자사
외사부장 다카스기 ***高杉*

계속하여 건승하시다 들었습니다. 축하 말씀드립니다.

재일조선인 귀환문제에 관해 우리 적십자사 부사장을 단장으로 하는 일적 대표단은 작년 11월 말부터 올해 1월 말까지 스리랑카 콜롬보에서 조적적십자회와 회담을 가졌는데, 콜롬보 왕복 도중 귀지貴地 싱가폴에서 각각 1박을 하고 비행기를 갈아탈 때에 귀 대사관의 호*** 이사관理事官과 마** 삼등서기관님이 따뜻히 배려를 해 주신 덕분에 아무런 불편도 없이 임무를 수행할 수 있었습

니다. 이에 재차 사의를 표하고, 또 진심으로 여러분들이 건승하
시길 기원합니다.

007-2

1968년 2월 12일

재콜롬보
히나타ㅂ向 대사님

일본적십자사
부사장 다나베 시게오

계속하여 건승하시다고 들었습니다. 축하 말씀드립니다.

일적 대표단은 지난 1월 27일 사** 일등서기관님의 배웅을 받으
며 콜롬보를 출발하여 28일 전원 무사히 도쿄에 돌아왔습니다.

돌이켜 보면 두 달여에 걸치는 콜롬보 체제 중 시종일관 귀 대
사관에 신세를 졌습니다. 특히 전보는 밤낮을 가리지 않고 아***
전신담당관電信官이 수고해 주셨고, 각종 연락은 무** 이등서기관
이 맡아 주신 덕분에 저희 대표단은 일본 정부의 방침을 남김없이
조적에 설명하며 임무를 완수할 수 있었습니다.

호텔이 데모를 하는 와중에도 배려를 해 주신 점, 때때로 저택
만찬에 불러주셔서 만찬을 먹으며 아름다운 정원에서 여러분들과
환담을 한 저녁은 모두 잊지 못할 추억입니다.

이에 다시 한번 대사님과 관원 여러분들에게 감사 인사드리며,
건승을 기원합니다.

OO8　본 문서는 콜롬보 회담 결렬 이후 회담에 참가했던 적십자사의 화물을 운송하는 건에 대한 문서이다.

제131호

1968년 2월 19일

외무대신 님

재스리랑카 히나타 대사

"북조선귀환" 일본적십자사 대표단 반환 화물 B/L 송부

　일본적십자사 대표단이 이곳을 출발하기에 앞서 각 담당관이 반송返送을 의뢰한 자료, 서적, 일용품 등 1개의 패키지梱包를 오사카大阪 상선 미쓰이三井 선박 K.K 소속 아와지산마루淡路山丸를 통해 발송했으니, 별첨 B/L을 일본적십자사에 전달해 주십시오.

　또한 해당 선박은 2월 12일 콜롬보를 출발해서 2월 26일에 요코하마橫浜에 입항할 예정입니다.

OO9　본 문서는 법무부 출입국관리사무소에서 작성한 북송 월간 보고서(1967년 10월분)로 보인다. 1페이지 하단에는 "SOCIETE DELA CROIX ROUGE DU JAPON_ TOKIO"라고 적힌 적십자 인장이 찍혀 있다. 내용은 1. 신청(APPLICATION) 2. 구금자 분류(Classification of the Detained, as of October 31) 3. 송환자(RETURNEES), 4. 비고(REMARKS)로 이루어져 있다. 이어지는 010 문서는 1967년도 9월분에 해당하고 그 구성은 동일하다.

CONFIDENTIAL

(translated by the Japanese)

(Red Cross Society)

Monthly Report on Repatriation to North Korea

(No.94, October 31, 1967)

By: Immigration Control Bureau

Justice Ministry

I. APPLICATION

Total number of Application received by the Justice Ministry, as of October 31, 1967: 141,890

Nationality	Until End of Sept.1967	In Oct,	Total
Koreans	132,755	58	132,813
Chinese	7	0	7
Indonesians	2	0	2
Japanese	9,608	0	9,068
TOTAL	141,832	58	141,890

Notes:

1) The number of applications received in October 1967 is 10,015 less than that of last month.

The number of Koreans still waiting for repatriation at the end of this month is 18,270, which is 4,673 more than that at the end of last month.

2) The number of Koreans still waiting for repatriation at the end of October is 15,248 according to the calculation of the Japanese Red Cross Society and this figure is 3,022 less than that of the Justice Ministry. This is because the Japanese Red Cross figure does not include the number of families of persons detained by both the Japanese Red Cross Society and the Justice Ministry.

3) In fact all the windows were closed on August 12, 1967, but

the number of new applicants is still reported this month, because application cards are sent from windows to the headquarters of the Japanese Red Cross Society and then requests for the preliminary examination are made from the headquarters of the Japanese Red Cross Society to the Justice Ministry.

II. INVESTIGATION

1. Number of definite Applicants, as of October 31, 1967: 106,631

Nationality	Applicants	Detained	Under Investigation	Accepted for repatriation	Will-Changers	Cancelled	Definite Applicants
Koreans	132,813	197	0	132,616	11,356	21,899	99,361
Chinese	7	0	0	7	0	0	7
Indonesians	2	0	0	2	0	2	0
Japanese	9,068	0	0	9,068	840	965	7,263
TOTAL	141,890	197	0	141,693	12,196	22,866	106,631

2. Classification of the Detained, as of October 31, 1967

Legal Causes	Detained	Released	Change of Will during Detention	Cancelled	Final Detention
Violation of I.C.O	2,108	1,895	62	100	51
Alien Registration	165	161	2	2	0
Criminal Code	2,474	2,022	83	223	146
TOTAL	4,747	4,078	147	325	197

Note: On October 31, there were 197 charges brought against applicants. Among them 1 person was detained on two charges, so that the actual number of detained persons is 196.

III. RETURNEES

1. By Order of Ship (as of October 31, 1967)

	Koreans	Chinese	Japanese	Total	Non-Appearance	Reserved	Will-changers
Until End of Sept.1967	81,526	7	6,618	88,151	17,405	109	148
154th Ship	199	0	10	209	60	0	0
TOTAL	81,725	7	6,628	88,360	17,465	109	148

Note: The 154th Repatriation Ship arrived at Niigata on October 18th and left there on October 20th.

2. Classification of Returnees by Age and Sex, as of October 31, 1967

Age / Nationality	-1899	1900-1909	1910-1919	1920-1929	1930-1939	1940-1949	1950-	Total
Koreans (M)	1,655	3,242	5,033	5,594	5,363	12,228	12,070	45,185
" (F)	1,105	1,647	2,989	4,466	4,613	10,391	11,329	36,540
Chinese (M)	0	0	0	0	0	0	3	3
" (F)	0	0	0	2	0	0	2	4
Japanese (M)	11	29	23	32	36	554	1,894	2,579
" (F)	23	45	224	900	610	632	1,615	4,049
TOTAL	2,794	4,963	8,269	10,994	10,622	23,805	26,913	88,360

3. Classification of Korean Returnees (Male, Adult) by Occupation, as of October 31, 1967

	Until End of Sept.1967	154th Ship	Total
Day Labourers	4,505	12	4,517
Factory Workers	1,995	9	2,004
Chauffeurs	849	4	853
Clerks	866	11	877
Peddlers, Ragpickers	317	0	317

Commerce, Industry	1,316	9	1,325
Used Goods Dealers	871	1	872
Amusement, Restaurants	308	3	311
Farmers, Fishers	617	1	618
Students	246	1	247
Others	1,131	3	1,134
Non Occupation (Including non-mention)	8,614	20	8,634
TOTAL	21,635	74	21,709

4. Number of Returnees released on parole, as of Oct. 31, 1967: 2,672

Order of Ship / Legal Order	Until End of Sept.1967	154th Ship	Total
Detention	1,136	0	1,136
Forced Evacuation	1,531 (477)	5 (0)	1,536 (477)
TOTAL	2,667 (477)	5 (0)	2,672 (477)

Note: Parenthesized figures show the number of those who are escorted to Niigata directly from the Immigration Control Bureau Camp and go through formalities for return at Niigata.

5. Quota and Exit Rate, October 31, 1967

Order of Ship	154th
Quota	269
Number of Returnees	209
Exit Rate	77.7%

6. The Rate of Japanese and Korean Returnees

Order of Ship	Until End of Sept.1967	154th Ship	Total
Number of Returnees	88,151	209	88,360
Koreans Rate(%)	81,526 (92.484)	199 (95.215)	81,725 (92.491)
Chinese Rate(%)	7 (0.008)	0	7 (0.008)
Japanese Rate(%)	6,618 (7.507)	10 (4.784)	6,628 (7.501)

IV. REMARKS

1. Repatriation Ship

1) In total one thousand nine hundred and seventy-eight (1,978) persons visited the Repatriation Ship during the three days from October 18th when the ship entered Niigata Harbour, to 20th when she left the port, and this was the biggest figure of this year. One thousand three hundred and ninety-six persons or over 70 percent of all the visitors were youngsters such as Korean Senior High School students, Korean youths, etc.

Li Ki Haku, Boku Nan Sho, Boku Zai Ro, etc., officials of the General League of Koreans visited the ship and stayed for eight to sixteen hours everyday.

On 19th twenty-two persons including Messrs. Masaharu Hatanaka, Director, Katsushige Matsui, Vice Director, Central Headquarters of the Japan-Korean Association, Shōzo Hasegawa and Kei Hoashi, Dietmen of the Socialist Party, Shōichi Kasuga, Dietman of the Communist Party, Riichiro Aikawa, Executive Director of the Japan-Korea Trading Association, etc. also visited the ship for an hour. (It seems that they had a talk with the North Korean Red Cross Delegation)

Mr. Takasugi, Director, Foreign Affairs Department of the National Headquarters of the Japanese Red Cross Society, visited the ship accompanied by Mr. Takahashi, Director of the Japanese Red Cross Center and Mr. Inoue, Chief, Operation Section of the Center at 14:44 on 19th to attend the conference held between the Japanese and the North Korean Red Cross Societies. At this meeting the Japanese Red Cross side insisted saying, "The present accord is to lose effect at the point of the expiration of the period unless some new agreement on the extension of the accord is made." On the other hand, the North Korean Red Cross side insisted saying, "The present accord is still effective unless some new agreements on the abolition of the accord is made." Moreover, the North Korean side proposed to reopen the conference of both societies in Moscow on November 3rd, but the Japanese Red Cross side refuted this proposal saying that it could not agree to have a meeting that assumed the unconditional extension of the accord. (This meeting failed to come to an agreement at 10:05 on 20th because of the notification of the Japanese side to refuse the Moscow Conference on November 3rd.)

Twenty-one newsmen of the Asahi, Mainichi, Yomiuri, Niigata Nippo, N.H.K., Kyodo Tsushin, Jiji Tsushin, Nikkei, Sankei, B.S.N. (Niigata Hoso), Akahata, etc. visited the ship to cover the meeting of both Red Cross Societies at 14:25 on 19th.

2) Mr. Kim Ei Koku and Mr. Kim Sei Kun of the North Korean Red Cross Delegation landed at 18:55 on 19th and attended the reception given by the officials of the Central Liaison Conference to protect the Repatriation Operation and Racial Education, which was held at the restaurant "Heiankaku" at 2, Gakko-machi in the city. They returned to the ship at 21:05. (Mr. Li Torao, Chief Delegate of the North Korean Red Cross Delegation didn't attend the reception, for he had a press interview on the ship.)

3) The total number of pieces of baggage of returnees by the 154th ship was 5,850. The main part of the baggage consisted of 61 refrigerators, 71 washing machines, 41 TV sets, 35 stereo record players, 7 pianos, 4 organs, 130 sewing machines, 70 knitting machines and 165 bicycles. As special freights, there were 4 passenger cars(made in Japan), 4 auto-bicycles, 6 small-sized trucks(made in Japan), 1 middle-sized truck(made in Japan), a set of medical instruments, a set of engineering machines, a set of cleaning machines and a set of printing machines. There were many pieces of baggage this time and, moreover, 62 pieces of big-sized baggage belonging to the returnees of the previous ship had been left behind. Therefore, the North Korean Red Cross side had dispatched a cargo ship, "Kazan" besides the repatriation ship.

The number of pieces of baggage loaded on the repatriation ship, "Jakutia", was 3,967 and that of the cargo ship, "Kazan", was 1,883.

2. Others

Written petitions requesting for "Unconditional extension of the North Korea Repatriation Accord" were received by our Justice Ministry as in the previous month.

The number of petitions made by visitors to our Ministry of Justice was only 2 cases(8 persons), for an interview of visitors was forbidden in principle. However, if they want to submit written petitions, they are directed to hand them over to the guards standing at the gate. The number of petitions received in this way was 32.

The number of petitions made by mail was 781. Contents of them were 20 letters, 656 post cards and 105 telegrams. Among these letters were 7 written opinions submitted by local assemblies such as the city assemblies of Yūbari, Kamaishi, Tsuruga, Tōno(Iwate Prefecture), Ayabe(Kyoto Prefecture) and Takatsuki and town assembly of Ōtsuchi-machi(Iwate Prefecture).

010

CONFIDENTIAL

(translated by the Japanese)
(Red Cross Society)

Monthly Report on Repatriation to North Korea
(No.93, September 30, 1967)

By: Immigration Control Bureau
Justice Ministry

I. APPLICATION

Total number of Application received by the Justice Ministry, as of September 30, 1967: 141,832

Nationality	Until End of August 1967	In Sept.	Total
Koreans	122,940	9,815	132,755
Chinese	7	0	7
Indonesians	2	0	2
Japanese	8,810	258	9,068
TOTAL	131,759	10,073	141,832

Notes:

1) The number of applications received in September 1967 was 4,340 more than that of last month.

2) The number of Koreans to be repatriated at the end of September is 13,597. This figure is 5,939 more than that of last month.

3) Actually windows were closed on August 12, but the number of applications is still increasing even this month, because applications are sent from windows to the headquarters of the Japanese Red Cross Society and the requests for the preliminary examination are made from the headquarters of the Japanese Red Cross Society to the Justice Ministry.

Ⅱ. INVESTIGATION

1. Number of definite Applicants, as of September 30, 1967: 101,748

Nationality	Applicants	Detained	Under Investigation	Accepted for repatriation	Will-Changers	Cancelled	Definite Applicants
Koreans	132,755	181	6,826	125,748	11,263	19,884	94,601
Chinese	7	0	0	7	0	0	7
Indonesians	2	0	0	2	0	2	0
Japanese	9,068	0	176	8,892	833	919	7,140
TOTAL	141,832	181	7,002	134,649	12,096	20,805	101,748

2. Classification of the Detained, as of September 30, 1967

Legal Causes	Detained	Released	Change of Will during Detention	Cancelled	Final Detention
Violation of I.C.O.	2,076	1,878	62	94	42
Alien Registration	165	161	2	2	0
Criminal Code	2,421	1,999	83	200	139
TOTAL	4,662	4,038	147	296	181

Note: On September 30, there were 181 charges brought against applicants. Among them 2 persons were detained on two charges, so that the actual number of detained persons is 179.

III. RETURNEES

1. By Order of Ship(as of September 30, 1967)

	Koreans	Chinese	Japanese	Total	Non-Appearance	Reserved	Will-changers
Until End of August. 1967	81,321	7	6,607	87,935	17,348	109	148
153rd Ship	205	0	11	216	57	0	0
TOTAL	81,526	7	6,618	88,151	17,405	109	148

Note: The 153rd Repatriation Ship arrived at Niigata on September 20th and left there on September 23rd

2. Classification of Returnees by Age and Sex, as of September 30, 1967

Age \ Nationality	-1899	1900-1909	1910-1919	1920-1929	1930-1939	1940-1949	1950-	Total
Koreans (M)	1,653	3,231	5,016	5,567	5,357	12,215	12,028	45,067
" (F)	1,103	1,635	2,979	4,459	4,603	10,380	11,300	36,459
Chinese (M)	0	0	0	0	0	0	3	3
" (F)	0	0	0	2	0	0	2	4

Japanese (M)	11	29	23	32	36	554	1,889	2,574
" (F)	23	45	224	900	608	632	1,612	4,044
TOTAL	2,790	4,940	8,242	10,960	10,604	23,781	26,834	88,151

3. Classification of Korean Returnees(Male, Adult) by Occupation, as of September 30, 1967

	Until End of Aug.1967	153rd Ship	Total
Day Labourers	4,496	9	4,505
Factory Workers	1,981	14	1,995
Chauffeurs	847	2	849
Clerks	854	12	866
Peddlers, Ragpickers	317	0	317
Commerce, Industry	1,307	9	1,316
Used Goods Dealers	865	6	871
Amusement, Restaurants	308	0	308
Farmers, Fishers	615	2	617
Students	246	0	246
Others	1,128	3	1,131
Non Occupation (Including non-mention)	8,604	10	8,614
TOTAL	21,568	67	21,635

4. Number of Returnees released on parole, as of Sept. 30, 1967: 2,667

Order of Legal Order	Until End of August 1967	153rd Ship	Total
Detention	1,136	0	1,136
Forced Evacuation	1,521 (476)	10 (1)	1,531 (477)
TOTAL	2,657 (476)	10 (1)	2,667 (477)

Note: Parenthesized figures show the number of those who are escorted to Niigata directly from the Immigration Control

Bureau Camp and go through formalities for return at Niigata.

5. Quota and Exit Rate, September 30, 1967

Order of Ship	153rd
Quota	273
Number of Returnees	216
Exit Rate	79.1%

6. The Rate of Japanese and Korean Returnees

Order of Ship	Until End of August 1967	153rd Ship	Total
Number of Returnees	87,935	216	88,151
Koreans Rate(%)	81,321 (92.480)	205 (94.907)	81,526 (92.484)
Chinese Rate(%)	7 (0.008)	0	7 (0.008)
Japanese Rate(%)	6,607 (7.514)	11 (5.092)	6,618 (7.507)

Ⅳ. REMARKS

1. Repatriation Ship

1) In total one thousand seven hundred and two(1,702) persons visited the Repatriation Ship during the three days from September 20th when the ship entered Niigata Harbour, to 23rd when she left the port. Five hundred and thirty-six persons of three visitors were Korean senior high school students from Kyoto and Hiroshima Prefectures.

Boku Nan Sho, Kim Hei Shoku, Boku Zai Ro, etc., officials of the General Legue of the Koreans, also visited the ship and stayed in the ship for thirteen to fifteen hours everyday.

2) Id Ho Nan and two other delegates of the North Korean Red Cross delegation

   i) visited the JRC Center at 15:30 on September 21st and after that they had dinner with officials of the General League of the Koreans at the Korean restaurant, 'Botan', 6, Furu-machi in the city, which is run by Vice Chairman of the Headquarters in Niigata Prefecture of the General League of the Koreans. They returned to the ship at 19:10.

   ii) Chief and two other delegates of the delegation visited the governor at the Niigata Prefectural Office on 23rd. They heard from the governor about the floods that took place in the prefecture on August 28th and donated ￥100,000 to him as comfort money. They returned to the ship at 11:40.

3) The total number of pieces of baggage of returnees by the 153rd ship was 4,151 weighing 521.185 tons. The main part of the bagagge consisted of 52 refrigerators, 66 washing machines, 32 TV sets, 13 stereo record players, 4 pianos, 30 knitting machines, 7 organs, 109 bicycles and 87 sewing machines. As special freights, there were 4 passenger cars, 5 auto bicycles, 2 trucks, a set of machines for radical rays and a set of medical instruments.

   The number of pieces of baggage taken back to North Korea has recently been increasing unusually and they are unable to be loaded the Repatriation Ship each time. Therefore, 36 pieces of the 151st ship, 5 pieces of the 152nd ship and 21 pieces of the 153rd ship, a total of 62 pieces of big-sized baggage were left behind.

2. Others

Written petitions requesting for 'Unconditional Extension of the North Korea Repatriation Accord' were received by our Justice Ministry as in the previous month.

There were no petitions made by visitors to our Ministry of Justice, for an interview of visitors was forbidden in principle. However, if they want to submit written petitions, they are directed to hand them over to the guards standing at the gate. The number of petitions received in this way was 19.

The number of petitions made by mail was 701. Contents of them were 25 letters, 255 postcards and 421 telegrams.

011 일본적십자사 외사부장이 외무성에 보낸 서간으로 모스크바 회담과 콜롬보 회담 관련 문서(속기와 보고 문서)를 송부하겠다고 되어 있으나 해당 문서는 별도로 실려 있지 않다.

외조外調 제53호
1968년 2월 22일

외무성
노* 북동아시아과장 님

일본적십자사
외사부장 다카스기 ***

"모스크바 회담" "콜롬보 회담" 문서 송부에 관해

작년 10월 26일에 본사 이사회에서 행해진 "모스크바 회담"에 관한 보고의 속기와, 올해 2월 6일 본사 이사회와 7일 본사 대의원회에서 행해진 "콜롬보 회담에 관해서"의 보고 문서text를 참고삼아 이처럼 보냅니다.

동봉: 있음

012　　본 문서는 조선민주주의인민공화국적십자회 대표단 성명을 담고 있다. 제일 하단에 'Colomb: January 24th, 1967'이라고 적혀 있다. 주지하고 있는 바와 같이 콜롬보 회담은 1968.1.24.에 결렬로 끝이 났으니 내용상으로 보나, 시기적으로 보나 1967은 아무래도 오타로밖에 보이질 않는다. 분량적으로는 원고지 60장에 조금 못 미치는 장문인데, 전체적인 내용은 '①조일 양 적십자의 콜롬보 회담 결렬의 원인 ②조적대표단의 제안 내용 ③일적 주장의 내용과 이에 대한 거절 이유 ④조적의 결의와 요구 사항'으로 이루어져 있다.

(Transition)

STATEMENT OF THE RED CROSS SOCIETY DELEGATION OF THE DEMOGRATIC PEOPLE'S REPUBULIC OF KOREA

Despite the consistent and sincere efforts of our side, the Korean-Japan Red Cross talks held in Colombo to discuss the question of the repatriation of the Korean nationals in Japan to their glorious motherland—the Democratic People's Republic of Korea—came to a rupture due to the unilateral acts of the Japanese side to disrupt the talks.

Because of the repeated obstructions of the talks by the Japanese side, the repatriation operation of the Korean nationals in Japan is confronted with grave danger, and the thousands of repatriation applicants are faced with threat to be continuously subjected to bitter sufferings in the foreign land and are unable to go home though they wish.

The whole course of the Korea-Japan Red Cross talks in Moscow and in Colombo shows as it is how viciously the reactionary Sato government of Japan is running amuck to disrupt the repatriation operation of the Korean nationals in Japan under the instigation of the U.S. imperialists.

The Japanese side only came to the Colombo talks this time too to mislead the public opinion and shove off the responsibility for wrecking the repatriation work.

Therefore, from the outset, the Japanese side set forth disruptive proposals which run countor to the basic aim of the talks and enumerated all kinds of deceptive artifices and sophistries, and in the end, it drove the talks to a rupture by refusing to draw up any documents on the outcome of the talks even though an agreement was reached to at the talks.

The Red Cross Society Delegation of the Democratic People's Republic of Korea condemns the acts of the Japanese side to lead once again the talks into a rupture in succession with their destruction of the Moscow talks last time, as an open challenge to the justice and humanitarianism and another undisguised vicious hostile policy of the Japanese militarists towards the Democratic People's Republic of Korea and the entire Korean people.

On the eve of the present Korea-Japan Red Cross talks in Colombo, the Government of the Democratic People's Republic of Korean entrusted—the Red Cross Society of the Democratic People's Republic of Korea to take new i□on□tant turning measures to tide over, sooner even a day, the difficulties created for the repatriation operation and to continuously ensure this operation satisfactorily, proceeding from the warm brotherly love and sincerity to releive our compatriots in Japan who will suffer because of the unilateral violent acts of the reactionary Sato government of Japan to undermine the repatriation operation.

On this basis, our delegation made following proposals on the first day of the talk.

Regarding with the question of repatriation of 17,000 Korean nationals who had already applied for the repatriation, our side proposed in the first place to shorten the period of their repatriation to two to three years which would really take six to seven years.

Accordingly, as for those unable to return during this period among the people who had already applied for repatriation, our side proposed, they would be repatriated with the same conditions as that for the new applicants for return home. For the future new repatriation applicants, our side proposed that the Red Cross Society of the Democratic People's Republic of Korea would bear the expenses which the Japanese Red Cross Society had borne so far and these expenses would be remitted for expenditure by the Red Cross Society of the Democratic People's Republic of Korea to the General Association of Korea Residents in Japan.

With regard to the future application for repatriation of these who desire to return home, it was proposed that steps would be taken at the adjacent immigration control offices and their agencies, and once the returnees had gone through due formalities, the Japanese Red Cross Society would assume charge of the services— taking them in, compiling their lists, running the Niigata repatriation centre, requiring the ship assignments, maintaining contacts with our side and handing them over to our delegation on board when the repatriation boats arrive at Niigata.

And it was proposed that the representative of the Red Cross Society of the Democratic People's Republic of Korea would go on board the repatriation ships and carry out their work as they do at present to take over the returnees, keep in touch with them and assist in their return, and our side would assign repatriation boats once every two to three months to carry the returnees.

If the Japanese Red Cross Society could not continue to carry but the above mentioned repatriation work, it was also proposed, the General Association of Korean Residents in Japan would take it over and carry it out.

Lastly, we proposed to make above mentioned repatriation method public by signing a protocol or a joint communique.

The 600,000 Korean nationals in Japan and the entire Korean people fervently supported and welcomed the drastic proposals of our side as another manifestation of consistent kindred solicitude stretched to the overseas compatriots and demanded strongly the realization of the proposals.

The Japanese people and the progressive people of the world who treasure justice and humanitarianism warmly welcomed and expressed active solidarity with our proposal as the reasonable and fair measures whoever can accept.

Our proposals are full of warm, deep love of Premier Kim Il Sung, respected and beloved leader of our people, and filled with the greatest sincerity and reasonable measures to continuously ensure the repatriation operation and filled with fair method and conditions in conformity with both sides.

If the Japanese side had least sincerity to continue the repatriation work, it should had accepted our fair and reasonable proposals.

On the contrary, however, the Japanese side set forth alleged "the position of the Japanese government" which aimed at undermining the repatriation operation.

Regarding with the question of 17,000 people who have already applied for repatriation, the Japanese side put forward a provocative, proposal saying that the repatriation for them would be carried out only upto July 1968 and the applications for the rest would become invalid.

For the future new applicants of repatriation, the Japanese side alleged that they would be repatriated in principle only by the "freighter and passenger ship they choose" like ordinary foreigners abandoning all such facilities provided to the returnees during the past eight years under repatriation agreement.

How could that be possible for the Korean nationals in Japan who are not guaranteed with lawful rights as ordinary foreigners in Japan today and lived amid persecution and contempts for scores of years, to go home taking their household goods and the whole family without getting the trifling assistance they received so far in Japan.

Actually, this means nothing but to make the repatriation work impossible or deport the Korean nationals in Japan one by one, who were forcibly taken in the past by the Japanese imperialists.

This became clearer when the Japanese side not only refused to provide facilities given to the returnees until now, but also stubbornly opposed us to bear that for themselves.

Since the Japanese side could no longer pay the expenses to provide facilities to the repatriates, our side proposed to bear all the necessary expenses for this.

It is another clear manifestation of the warm kindred solicitude of Premier Kim Il Sung, respected and beloved leader of our people, our Party and the Government directed to our overseas compatriots.

In the final analysis, such opposition of the Japanese side without any reasons or ground whatsoever is nothing but to take the Korean nationals in Japan unable to go home, even though they are so desirous.

To mislead the public opinion at home and abroad, the Japanese side told that the Korean side might send repatriation boats, however, they machinated to hamper the ship assignment by making obstructive activities and creating various restrictive conditions.

The Japanese side uttered that repatriation boats could be assigned only when the repatriation applicants reached to "certain number". There is no reason to make any restrictions in ship assignment according to number when the Korean nationals in Japan are coming back to their motherland, but what could be done is that the Japanese side send them and our side take them home.

The Japanese side also refused to recognize that the permissions for departure must be given whenever the Korean nationals in Japan apply for the repatriation, and the returnees can go home only by the repatriation ships assigned by the Red Cross Society of the Democratic People's Republic of Korea. The Japanese side refused that the repatriation applicants among the Korean nationals in Japan would inform the Red Cross Society of the Democratic People's Republic of Korea about that.

All this exposed the real motives of the Japanese government to make the Korean nationals in Japan unable to go home by repatriation ships attaching various execuses even if they apply for repatriation.

Futhermore, the Japanese side schemed to interrupt the representatives of the Red Cross Society Delegation of the Democratic People's Republic of Korea from going on board of repatriation ships to receive the repatriates and assist them in their return, by introducing the said entry permission system never existed until now and complifying the procedure of formality.

To make our Red Cross delegation unable to go on board of repatriation ships is nothing but a scheme to make the comings and goings of the repatriation boats itself impossible.

That the Japanese side refused to reach any agreement at the present talks from the beginning distinctly revealed in the fact that they stubbornly opposed making any document of mutual consent on the results of the talks which has legal effectness.

The draft of "summary record of discussions" set forth by the Japanese side exposed its real intention as it is that after enumerating empty words it would evade responsibility on the outcome of the talks.

The Japanese side was haughty and insolent enough to clamour that "it could be none other than to explain the position of the Japanese government and the Korean side goes down with this and it cannnot become a question whether any agreement would be reached or not" and "it was not in a position to make a document which has legal restrictions both in form and content like the former one".

This shameless acts of the Japanese side to evade responsibility on the results of the talks, even though they were holding talks, is an insulting and defiling behaviour towards the talks itself.

At the present talks, the Japanese delegation has given more crafty, clumsy excuses and deceptive artifice than ever to conceal the Japanese government's subversive schemes of the repatriation operation.

However, when all the criminal attempts of the Japanese side were fully laid bare, the Japanese delegation fled away after disrupting once again the talks halfway.

Owing to the unilateral rupture of the talks by the Japanese side the means for repatriation of 17,000 people who have applied for their repatriation, which was prepared under the precondition that new means for repatriation will be duly prepared, has also become invalid.

When the disruptive scheme of talks became naked, our side asserted the Japanese side to give up its intention of only fleeing away but it should continue to discuss sincerely until the tasks assigned to the talks are settled.

However, they paid no heed to our assertion.

The responsibility of the disruption of the present talks in Colombo entirely rests with the Japanese side.

All the facts proved that the disruption of the Colombo talks by the Japanese side is the premediated political trick of the reactionary Sato government of Japan. The Japanese militarists attempt to more faithfully serve the policies of aggression and war of the U.S. imperialists and to expand their aggressive road to South Korea by intensifying the political bargaining with the South Korean puppets following the conclusion of the "South Korea— Japan Treaty", by wrecking the repatriation operation of the Korean nationals in Japan.

Throughout the whole course of the talks the Japanese delegation professed humanitarianism in word, but, in actual deed, offered the repatriation operation of the Korean nationals in Japan as a sacrifice of their political bargaining, joining the reactionary Sato government of Japan, under the instigation of the U.S.imperialists, in its inhumane crimes, and was imminent in hiding them with Red Cross flag.

Blinded by the aggressive purposes, the reactionary Sato government of Japan ignored the demands of humanitarianism and international law and international usage and trampled them underfoot, but the peoples of Korea and Japan who treasure justice and humanitarianism and the world fair public opinion will ever allow their criminal schemes.

The acts of the Japanese side which brought a rupture to the present Colombo talks is igniting new indignation of the 600,000 Korean nationals in Japan and the entire Korean people and the progressive people of the world including the Japanese people.

The Japanese militarists must understand clearly that the Korean people of today are no longer the Koreans of yesterday.

The Korean people today are the united and tested people who have built mighty socialist industrial-agricultural country, which has strong basis of independent national economy, in the northern part of the motherland under the wise leadership of Premier Kim Il Sung, their respected and beloved great leader.

The Korean people will never tolerate any encroachment upon their national rights by the enemies.

The Korean nationals in Japan are the full-fledged citizens the independent country who have their glorious motherland—the Democratic People's Republic of Korea, which shines brightly in the world today, and they are filled with determination and fighting will to guard the repatriation route opened by Premier Kim Il Sung, respected and beloved leader.

The Japanese militarists could have undermined the Korea-Japan Red Cross talks in Moscow and in Colombo but they could by no means frustrate the burning desire of the Korean nationals in Japan to go back to their motherland.

To go back to their socialist motherland where their parental leader is, is their legitimate right of the Korean nationals in Japan upon which nobody encroach.

As Marshal Kim Il Sung, respected and beloved Leader, pointed out, "we will continue to fight stubbornly against all the unwarranted acts of infringing upon the national rights of the overseas Korean citizens and persecutions and humiliating them, and always resolutely support and inspire our overseas compatriots in their just struggle".

The repatriation operation of the Korean nationals in Japan is a part of work for atoning for the crimes committed by the Japanese imperialists against the Korean people in the past and the Japanese authorities are under historical, lawful and moral obligation to carry it out to the with responsibility.

The unilateral decision of the Japanese authorities to declare the annulment of the repatriation agreement is null and void and no one will recognize it.

Whatever intrigue the Japanese authorities may resort to, they can never evade the responsibility to ensure the repatriation of the Korean nationals to their motherland.

The Japanese authorities should repatriate all the 17,000 people who have already applied for repatriation under the present repatriation agreement basing on the obligation stipulated by the agreement, how many more years it may take in future.

Today the number of repatriation applicants in Japan is continuously increased.

The repatriation operation must be continued under the present repatriation agreement as long as there are those desirous of returning home.

If the reactionary Sato government of Japan doggedly wreck the repatriation operation of the Korean nationals in Japan indiscreetly defying all these demands, it will bear all the responsibility for the grave consequences incurred therefrom, and will never escape the stern punishment of the history and people.

We are firmly convinced that the just struggle of the Korean nationals in Japan to safeguard the repatriation route opened by Premier Kim Il Sung, the beloved and respected Leader, the warm compatriotic policy of the Government of the Democratic People's Republic of Korea and the struggle of the entire Korean people to realise their wish will enjoy in future too greater support of the law-abiding people of Japan and the progressive people of the whole world.

Finally, the Red Cross Delegation of the Democratic People's Republic of Korea expresses its sincere thanks to the Government of Ceylon and the Ceylon Red Cross Society for rendering all facilities so that the Korea-Japan talks were held in Colombo.

Colombo : January 24th, 1967.

013 부산 동아고등학교 학생들이 외무성에 일본적십자사 사장에게 보내는 청원서를 전해 달라고 부탁하였고, 이에 따라 해당 청원서를 적십자사에 전달하는 내용이다. 다만 별첨문서로 되어 있는 학생들의 청원서(메세지)는 첨부되어 있지 않다.

공신안
번호 아북 제196호
기안 1968년 2월 20일
발신 차관
수신 일본적십자사 사장
건명 메시지 전달에 관해

메시지 전달에 관해
금번에 재부산 총영사가 2월 8일자 부釜 제100호로 '부산 동아고등학교 학생 일동이 귀사 사장에게 보낸 메세지(번역문 첨부)'의 전달을 의뢰하였기에, 이 메시지를 별첨 송부합니다.

014 콜롬보 회담 결렬에 대하여 소련적십자사가 일본적십자사를 비난하자, 이에 대해 일본적십자사가 반론한 것이 주된 내용이나, 일본적십자사의 반론

은 실려 있지 않다. 첨부된 문서에는 소련적십자사가 유엔에 보내는 공문(015), 그리고 소련적십자사 집행위원회의 성명서(015-1), 그리고 유엔이 이를 일본에 알리는 공문(016) 문서로 이루어졌다. 소련적십자사가 북조선적십자회를 지지하는 내용을 담고 있는데, 문서 우측 끝단이 헤져서 군데군데 보이지 않는 부분이 있다. 이를 □로 표기했는데, 이는 실제 문자수와 관련이 없다. 또한 015 문서는 러시아와 영문 두 개로 이루어져 있는데, 본서에서는 이중 러시아어 부분은 생략하고 영문 문서만 수록하였다.

북조선 귀환 문제 관련 UN 인권위원회에 대한 일적의 반론

1968.1.26.
북동아시아과

북조선귀환협정 종료에 관련하여 UN 인권위원회에서 소련적십자사가 행한 비난에 대해, 일본적십자의 반론은 별첨과 같다.

015

U THANT
SECRETARY GENERAL
UNITED NATIONS ORGANIZATION
NEW YORK

Dear Mister Secretary General,

The Executive Committee of the Alliance of Red Cross and Red Crescent Societies of the USSR has the honour to forward you the text of the Statement issued by the Executive Committe and published in press in favour the democratic rights of the

Korean People's Democratic Republic citizens who live in Japan for possible measures which could be taken by you on this matter.

Yours very sincerely,
F. Zakharov
Acting Chairman of the
Soviet Red Cross

015-1

ЗАЯВЛЕНИЕ

Исполкома Союза Обществ Красного Креста и Красного Полумесяца СССР в защиту демократических прав корейских граждан, проживающих в Японии.

Из сообщений печати и обращений Красного Креста Корейской Народно-Демократической Республики в Советский Красный Крест и в Международный Комитет Красного Креста /МККК/, стало известно, что японское правительство в начале текущего года заявило о денонсации Соглашения по репатриации корейских граждан, проживающих в Японии, заключенного 13 августа 1959 года между обществом Красного Креста КНДР и обществ☐☐ Красного Креста Японии. Указанное Соглашение было подписано в гуман☐☐☐☐ных целях предоставления корейским гражданам права возвращения на родину в соответствии с их желанием. Заключению этого Соглашения о□аз□□ли содействие Советский Красный Креста и МККК.

По имеющимся данным в Японии находится несколько сот тысяч ко□рейских граждан, из них за время действия указанного Соглашения репатриировалось на родину 87 тысяч человек.

В соответствии с пунктом 9 Соглашения о репатриации представители организации Красного Креста КНДР и Японии должны были совместно за 3 месяца до окончания действия Соглашения решить : оставить его в силе или пересмотреть. Между тем японская сторона в одностороннем порядке заявила, что срок действия Соглашения заканчивается 12 ноября 1967 года и что все корейцы, находящиеся в Японии и заявившие о свое□ желании выехать в КНДР до 12 августа 1967 года, будут отправлены на родину на условиях Соглашения. Что касается корейских граждан, остающихся в Японии, то они, по заявлению японской стороны, могут оформл□ в дальнейшем свой выезд из страны на основе законов, существующих дл□ выезда всех иностранцев.

Таким образом японская сторона в одностороннем порядке нарушает достигнутую с корейской стороной договоренность о разрешении вопроса репатриации в целом и создает тяжёлое положение для корейск□ граждан, проживающих в Японии, которые по тем или иным обстоятельств□ не могут выехать на родину в настоящее время, но намерены это сделать в дальнейшем.

Исполнительный Комитет Союза обществ Красного Креста и Красного Полумесяца СССР, поддерживая справедливые требования общества Красного Креста КНДР и корейского народа в защиту демократических прав граждан КНДР, от имени миллионов своих членов обращается к Японском□ Красному Кресту с настоятельным призывом принять все необходимые меры к тому, чтобы Соглашение о репатриации продолжало действовать в духе гуманных Красного Креста, чтобы корейские граждане, проживающие в Японии и желающие выехать в КНДР, смогли бы вновь оврести свою Родину. Такой гуманный акт с японской стороны явлся бы свидетельством проявления доброго сотрудничества и взаимопонимания между национальными обществами и народами Корейской Народно-Демократической Республики и Японии и был бы соответствующим образом оценен международной общественностью.

ПРЕДСЕДАТЕЛЬ
ИСПОЛКОМА СОКК и КП СССР
Профессор Г. МИТЕРЕВ

016　본 문서도 UN에서 발행된 문서로, 본 문서는 UN경제사회이사회에서 67년 7월 26일 작성된 회의록을 전달하며 이에 대해 일본 유엔대표부에 답변을 할지 확인을 청하는 내용이다.

UNITED NATIONS NATIONS UNIES
NEW YORK

SO 215/1

The Secretary-General of the United Nations presents his compliments to the Permanent Representative of Japan to the United Nations and has the honour to transmit, in accordance with Economic and Social Council resolution 728 F(ⅩⅩⅧ), a copy of a communication dated 26 July 1967 which refers to Japan.

A brief indication of the substance of the communication will be included in a confidential list of communications which will be submitted to the Commission on Human Rights.

The attention of the Permanent Representative is drawn to paragraph 2 (f) of resolution 728 F(ⅩⅩⅧ) of the Economic and Social Council. In the event that His Excellency's Government decides to reply to the attached communication, the Secretary-General requests the Permanent Representative to indicate whether he wishes such reply to be presented to the Commission on Human Rights in summary form or in full.

28 August 1967

017　경찰청이 보낸 일본적십자사와 일조협회의 동향에 관한 보고서를 전달하는 문서로 일적의 동향을 다루는 것은 018 문서이고, 일조협회의 동향을 다

루는 것이 021 문서이다.

5월 28일 평양에서 일적에 선박 파견과 적십자 회담을 제안하는 전보를 보내왔고 일적은 이에 대해 콜롬보 회담 합의서에서의 입장을 유지하겠다는 방침을 세웠다는 것이 018 문서의 주된 골자에 해당한다. 다만 (4)의 세 번째 문단은 조적이 이와 같은 전보를 왜 보냈을지를 추측하는 부분인데, 주술관계가 명확하지 않아 정확한 의미 확인이 어렵다. 같은 이유에서인지 원 사료 우측에 물음표가 붙어 있다. 이해를 돕고자 원문을 덧붙여 두었다. 018 문서에는 첨부 문서가 두 개 딸려 있는데, 첨부1(019)은 조적이 일적에 보낸 전보의 번역문이고, 첨부2(020)는 1967.12말부터 1968.3말까지의 귀환업무실시상황 비교표에 해당한다.

한편 021 문서에는 5월 25일에 개최된 제5회 일조협회 전국상임이사회의 회의록이 실려 있는데, 회의록에 특성상 문장이 맥락이 맞지 않는 부분이 있다.

북조선귀환문제

1968.6.13.

북동아시아과

본 건에 관해 11일 경찰처 나*** 외사과장은 북동아시아과장에게 일적과 일조협회의 동향에 관한 정보를 별첨과 같이 송부하였다.

018

보고서

조선민주주의인민공화국적십자 중앙위원회에 대한 귀국 회담의 제안과 일본적십자사의 향후 방침에 관하여

표제에 관해 1968년 5월 29일, 협력자들에게서 입수한 것을 보고한다.

아래記

회담 제안에 관해

　1968년 5월 28일 22시 20분 평양에서 일본적십자에 대해 선박파견波船과 적십자회담 제안을 내용으로 하는 전보를 타전해 왔다.

(전보 번역문은 별첨과 같다.)

　이에 대한 일적의 향후의 방침에 관해

(1) 일본적십자사는 앞선 5월 20일 □□ 항공편으로 적십자 국제위원회에 일적의 방침을 송부했다.

　내용의 요지는

　○ 일본적십자사는 콜롬보 회담에서 서명 직전까지 간 합의서와 같이, 인도적인 견지人道上の問題에서 신청을 마친 15,000여 명에 대해서만 귀환사업을 행한다.

　　　그러나 이는 어디까지만 조적이 동의한 경우에 한해 행하는 것으로, 현재 조적이 아무 말도 하지 않고 있어 사업은 멈춰 있다.

(2) 이번 전보의 답신에 관해

　　　조적이 일적에 보낸 전보의 회답返電에 관해서는, 어디까지나 일적의 기본적인 선은 지키며 콜롬보 회담 합의서대로 일적의 안을 작성한 후에, 정부와 관계기관이 회담을 갖고 빠르면 6월 1일(토) 정도에 회신하려고 한다.

(3) 6월 말 선박 파견과 회담에 관해

　　　콜롬보 회담 때의 합의안을 토대로 조적이 동의를 하고 잠정조치에 따르는 선박의 파견이라면 입항을 거부할 수 없다고 생각한다.

　　　그리고 잠정조치를 재개한다고 하면 6월 말은 도저히 불가능하다.

　　　왜냐하면 일적의 귀환사업대책본부는 해산되어 각 지방都

道府県 지부에 업무를 위탁하였으며, 니가타 센터의 숙박 설비도 폐쇄되었고 내년新年度 예산도 없다.

이들 준비도 해야 해서 빨라도 7월 말이 될 예정이다.

일적은 회담에 관해서는 전혀 생각도 하고 있지 않고, 또 회담을 할 필요도 없어 문서 교환만으로 충분히 목적을 달성할 수 있다.

(4) 이번 전보에 대한 일적의 견해에 관해

금번 전보는 조적이 어떤 해결책을 도출하고자 타전한 것이 아닐까 생각된다.

일적이 국제위원회에 요청한 것이 아니라, 일적이 아무런 반응을 보이지 않고 있어 조적이 임의로 판단自己判斷했거나, 국제위원회에 보낸 서간이 새어 나갔을지도 모른다. 혹은 국제위원회가 알선한 것일지도 모른다.

원문: (4) 日赤としては国際委員会に対して要請したものでなく、また日赤がなしのつぶてであり、朝赤の自己判断か、あるいは国際委員会へ出した手紙の内容がもれたのかも知れないし、また国際委員会のあっせんによるものかも知れない。

(5) 1967년 12월 말과 1968년 3월 말의 귀환 미완료자의 상황에 관하여

별첨자료와 같음

이상

---

019   전보번역문 065, 159 문서와 동일문서

(번역문)

평양 1968년 5월 28일 발신

5월 29일 수신

조선민주주의인민공화국
적십자회중앙위원회
일본적십자사 앞 (전보)

　　재일조선인의 귀환 문제를 토의한 콜롬보의 조일 양 적십자의 회담 결렬 이후 이미 4개월이 경과하였습니다. 이 기간 동안 귀환을 희망하는 많은 사람들은 귀환사업의 중단으로 인해 그들이 사랑하는 조국으로 돌아오질 못하고 그 생활은 현재 매우 어려움에 처해 있습니다. 전면적으로 이 책임은 아무 이유도 없이 귀환사업을 일방적으로 중지한 일본에 있습니다.
　　본회는 현재 괴로운 생활에 허덕이며 귀환할 날만을 기다리고 있는 귀환 신청자를 받아들이기 위해 6월 말경에 니가타에 귀환선을 보내기를 희망합니다. 그리고 이 귀환선에 우리 적십자회 대표단을 보내, 재일조선 공민의 귀국 문제를 올바르게 해결할 수 있도록 니가타에서 조일적십자회담을 재개할 것을 귀사에 제안합니다.
　　재일동포와 모든 계층의 일본인과 전 세계의 여론은 귀환사업의 계속과 조일 적십자회담의 재개를 강력하게 요망하고 있습니다.
　　본회는 본회의 정당한 제안에 대한, 귀사의 조속하고 긍정적인 회답을 기대합니다.

敬具

020

귀환업무 실시 상황 비교표

	1967. 12월 말 현재	1968. 3월 말 현재
귀환신청자 누계 (8/12이후 신생아를 포함)	141,892名	141,893名
귀환자 누계	88,611名	88,611名
의사변경자 및 삭제자 누계	35,879名	35,962名
내역 { 의사변경자	12,496名	12,523名
삭제자	23,383名	23,439名
차감 잔여수	17,402名	17,320名
(1)법무성보류자(가족 포함)	494名	938名
(2)일적 보류자(〃)	1,818名	1,553名
(3)귀환 미완료자 (1)(2)을 제외한 자	15,090名	14,829名

021

비밀

제5회 일조협회 전국상임이사회 개최에 관해

일조협회는 5월 25일, 고쿠로国労회관에서 본부 임원과 전국 상임 이사 등 29명을 모아 제5회 전국상임이사회를 개최했다.

회의에서는 ○일조우호운동을 둘러싼 정세, ○당면한 운동의 중요한 부분重点 ○구체적인 활동에 관해 토의했는데, 그 상황은 아래와 같다.

아래記

일시   5월 25일 10:00~17:00

장소   고쿠로 회관

출석자   29명

    하타나카 마사하루畑中政春 (본부 이사장)

    마쓰*****松*** (본부 부이사장)

    인나****印*** (〃 부이사장)

    마키******牧**** (〃 부이사장)

    후루야 사다오古屋貞雄 (〃 부회장)

    호아시 게帆足計 (전국상임이사)

    시******淸*** (조선인문제대책부장)

    이******飯*** (기관지편집위원장)

    마미야 시게스케間宮茂輔 (문화선전부장)

    기*****鬼*** (사무국차장)

    가******唐*** (〃 국장)

    아오야마 요시미찌青山良道 (도연都連회장)

    사******桜** (〃 문화사업부 부부장)

    미******宮** (도치기栃木)

    모*******諸*** (군마群馬)

    쓰******塚*** (사이타마埼玉)

    이*** 아무개岩*某 (〃)

    치****千**** (지바千葉)

    와****和*** (교토京都)

    시******白** (홋카이도北海道)

    야******柳*** (미야기宮城)

    이* 아무개伊*某 (니가타新潟)

    쇼*****正*** (오카야마岡山)

    기타 성명 불상

가나가와神奈川, 오사카大阪, 고치高知

히로시마広島, 효고兵庫, 총평総評

대표   각1名

4. 상황

회의에서는 의장으로 인나****印***가 추대되었고, 가*****唐***의 사회로 시작되었다.

머리冒頭의 "일조 우호를 둘러싼 정세 보고"를 별첨에 따라 하타나카 마사하루가 설명하고,

뒤이어 마******松***가 "당면한 운동의 중요한 부분", "구체적인 활동"에 관해서 보고했다. 이후 호아시 게가 국회 보고를 하고, 윤상철이 내빈 인사를 하였다.

○ 하타나카 마사하루의 정세보고에 관하여(91-3-10에 따르면) 정세보고는 간단히 행해졌는데, 조선대학교가 인가와 외국인학교법안이 폐기될 공산이 큰 것은 내외정세, 특히 베트남에서 미 제국주의 패배와, 국내에서 4개 야당이 맹렬하게 반대한 것에 따른다. 일조 우호운동의 올바른 행동이 승리했다.

앞으로는 귀국 협정 재개에 전력을 다하겠다.

고 결론을 내었다.

○ 호아시 게의 보고

(91-3-10) 하타나카와 같은 내용이다.

윤상철(총련 중앙 외무부장)인사

총련 결성 12주년 기념일을 맞이했는데, 일조 양국 인민들의 협력을 얻어 조선대학교 인가, 외국인학교법안 대투쟁의 성과를 거둬 감사히 생각합니다. 귀국 재개, 조국 통일을 위한 투쟁을 하는데, 일본 인민들의 큰 지원을 기대합니다.

회의는 이후 의제에 관한 토의를 시작했다.

그 자리에서 각 지방縣들이 귀국협정문제를 거론하며, 귀국 재개에 관한 전망을 설명해주길 바란다는 이야기質問를 했다.

이에 대해

하타나카 : 비밀정보이긴 한데, 일적이 국제적십자에게 '조적의 귀국선을 니가타에 들여보내 달라.'고 요청했다.

이에 북조선朝鮮 측이 어떤 반응을 보일지 모르겠지만, 일조협회는 협정 연장 운동을 계속해 나가겠다.

니가타 이** 아무개伊*某의 질문

7월 재개설이 유포되었는데, 본부는 어떤 태도인가? 서둘러 일적의 실정을 파악해야 한다.

이에 가******唐*** 사무국장이 오전 11시 일적을 방문하러 나갔다.

아이치愛知, 오사카, 홋카이도의 발언

6.25~7.27의 국제 월간国際月間은 참의원 선거가 한창일 때인데, 9월 대회까지 회원 확대 숫자를 제시해 주길 바란다.

본부는 20% 확대를 제안했지만, 역량에 따라 조직을 강화하는 것으로 결론이 났다.

점심을 먹은 후 오후 1시 재개

○ 가******唐*** 사무국장의 일적 담화 보고

일적의 기** 외무부 차장과 회견했는데, 차장은 '콜롬보 회담 결렬은 유감이었다. 잠정조치에 관해 합의한 양 적십자의 17,000명 귀국 문제에 한해서는 타개 방법을 검토하겠다고 국제적십자에 보고했다.'

이 보고에는 콜롬보 회담 경과보고도 포함되어 있어 상당한 장문이다.

3월 15일의 이 보고에 대해

4월 2일자, 국제적십자사의 사무엘 코날 위원장이 다나베田辺 부사장 앞으로 보낸 답장이 도착했다.

이에 따르면, '나는 콜카타 협정의 당사자는 아니지만, 규정에 따라 귀국을 신청한 17,000여 명의 귀국에 관해 큰 관심을 갖고 있다. 가까운 장래에 무엇을 이룰 수 있을지 한 번 더 토의해 주시길 바란다.'고 편지 말미에 적혀 있다.

이 편지에 따라, 일적 수뇌부가 법무성, 후생성의 부국장을 만났는데, 귀국에 관한 한 모든 것이 끝났다며 받아들이질 않았다.

일적 수뇌부가 다시 소노다園田 후생대신에게 요청하였더니, 후생대신이 수상을 만나 귀국 잠정조치에 관해 간담했을 때, 사토 수상이 '후생대신에게 일임하겠다.'고 발언하였다, 그리고 '법무, 외무 양 대신에게는 본인首相이 직접 이야기하겠다.'고 하여, 전망이 밝아졌다.

이미 일적은 후생성과 이야기가 끝났고 조적이 귀국선을 일본에 입항시키게 되면, 국제적십자에 답장을 하게 될 것이다. 그리고 그때는 니가타 센터를 재개시킬 준비를 할 생각이다.

이에 관해, 가까운 시일 내에 일적은 설명을 발표할 준비 중에 있다.

○ 가******康*** 가 상기 보고를 마치자

하타나카畑中가 덧붙여

비공식 비밀정보로서, 소노다 후생대신은 이때 '다 뒤집어쓰더라도泥をかぶっても 17,000여 명의 귀국에 노력하겠다.'

"7, 8월부터 6개월 동안에 한하여 15,090명을 귀국시키고 싶으니" 협력해 주길 바란다고, 아즈마 일적 사장의 명의로 제네바 국제적십자에 서간을 발송하며 북조선朝鮮에 전달을 의뢰했다고 한 것이 5월 20일입니다.

이 6개월 동안 매달 한 번 입항할 때마다, 조적과 만나接涉고 이후의 귀국에 관해서는 토의할 용의가 있다고 부기附記되어 있었다고 한다.

○ 후루야 사다오

귀국협정 무조건 연장이 기본으로 한국과 미국, 일본의 공안 당국의 방해를 물리치며, 일조협회는 정면으로 밀고 나가야 한다.

○ 김 아무개(총련)

앞으로 총련은 온 힘을 다해, 귀국문제에 임할 생각이다. (또한 12월~4월까지 귀국을 희망한 귀국신청자들의 괴로운 생활상을 보고하고, 일본 측에게 귀국에 관한 협력을 요청했다.) 회의는 오후 3시에 종료할 예정이었는데, 방북訪朝대표단 선출에 관해 본부 부장회의에서 결정하겠다는 이야기とりきめ에 니가타 대표가 항의했지만, 결국 오카야마와 미야기가 지지하여 부장회의에서 결정하는 것으로 정리되었다.

○ 하타나카의 설명으로, 일조협회 활동가 대표단의 본부안本部案이 다음과 같이 발표되었다.

　가******唐***　(본부 사무국장) ⓟ

　시******白**　(홋카이도연連 사무국장) ⓟ

　쓰******塚***　(사이타마埼玉 사무국장) ⓟ 전국상임이사

　모*******諸***　(군마群馬 사무국장) ⓟ

　야****谷***　(교토부연 사무국장) ⓟ

　또 연락회의 대표단은

　인나****印***　중부협中部協 부이사장

사이토 다카시斉藤孝(도쿄대 조교수, 국제정치학자)

총평総評대표

이다.

하타나카는 또한 올해 인사 교류에 관해 공화국 창건 20주년 경축 국민 사절단의 계획이 있다고 설명했다.

이상으로 폐회했다.

2. 기본자료

022　외무성 내부에서 국회질의응답용으로 제작된 것으로 뒷부분은 Q&A 형식으로 이루어져 있다. 서류가 작성되기 일주일 전인 1967년 8월 9일 중의원 법무위원회에 일본적십자사 다나베 부사장이 출석했는데, 이때 요코야마 도시아키(橫山利秋, 일본사회당) 의원이 잔여 1만 5천여 명에 처리 방침에 관한 질문을 한다. 이에 영향을 받아 제작된 것으로 보이는데, 이후 국회에서 관련 질의가 다시 나오는 것은 12월이 되어서야 확인이 가능하다.

(국회답변용자료)
북조선귀환문제 현황

1967.8.16.
북동아시아과

(북조선귀환신청접수 마감까지의 상황)

1. 북조선귀환 희망 신청자는 6월 말 당시 2,743명이었으나 7월 1일부터 신청 접수 마감인 8월 12일까지 단기간에 갑자기 대량의 신청이 이루어져 8, 9, 10, 11 각 달에 귀환하고 싶다고 신청한 사람이 약 14,000명-memo-13,593명에 달하여, 결국 약 1만 7천 명-memo-17,877명이 협정 유효기간인 11월 12일까지 귀환을 희망하는 사람으로서 신청을 하게 되었다.

2. 이들 신청자를 협정 유효기간인 11월 12일까지 희망내로 출국시키기 위해 협정 당사자인 양 적십자는 가능한 한 협력하고 노력하는 것이 사리에 맞는다.

3. 일적의 송출 능력은 니가타 센터가 현 상태로 1회 300명이 한도라고 하는데, 특별히 조치를 취하여(센터에 현재 사용하고 있는 시설의 보수, 확장 혹은 숙소의 임차 등을 생각할 수 있다.) 1회 송출은 적어도 600명 정도까지는 가능하리라 보인다.

4. 문제는 북조선 측의 배선 정도配船의量인데, 1945년 협정 발효 초기에는 1회 1,000명 수송, 월 4회 배선이었으니 북조선도 배선 증가

에는 협력할 수 있지 않을까 생각된다.

5. 이 같은 배선 및 수송 증강增強 문제에 대해 일본적십자는 북조선적
   십자와 논의하기를 희망하고 있으며, 그 시기는 8월 12일 마감 후
   인원수가 전국적으로 집계되는 8월 하순 이후가 되지 않을까 생각
   된다

(예상문제)

1. 문: 이 협정은 북조선 측이 말하는 것처럼 연장해야 하는 것 아닌가?
   답: 정부는 이 협정을 재연장할 생각이 없다.
2. 문: 신청자가 12,000여 명이나 되면 협정 기간 중에 수송이 끝나겠
   는가?
   답: 신청자의 희망대로 11월까지 승선, 귀국할 수 있도록 최대한
   일본과 북조선, 두 적십자가 협력해야 할 문제라고 생각한다.
   기존 실적에 비추어 보면, 신청자 중 약 절반이 실제 귀환자가
   되니, 대략 6,000명이 아닐까 싶다.
3. 문: 북조선 측과 토의話し合う를 할 용의가 있는가?
   답: 일본적십자는 협정 종료를 전제로, 11월까지의 수송을 능률적
   으로 할 수 있도록 배선을 늘리는 것에 관하여 협의를 하자고
   북조선 측에 제안하고 있다. 북조선 측은 협정의 무수정 연장
   을 요구하고 있어, 우리와 전제가 달라 그 점은 입장이 다르지
   만 시기를 절충하면 8월 하순이라도 모스크바에서 만날 수 있
   지 않겠는가.
4. 문: 이 토의를 할 때에 11월 이후의 일도 논의해야 하는 것은 아닌가?
   답: 이 토의에서는 우선 11월까지 수송이 끝나도록 배선의 증가를
   요망하는 것이 방침이라고 생각한다. 그러나 배선 증가 등의
   조치에 대해 북조선적십자 측이 협력해도 11월에 수송이 끝나
   지 않을 것이 확실해질 경우에는 그때 조치를 검토하게 될 것
   이다.

5. 문: 향후 북조선 귀환 신청은 어떻게 받을 것인가?
   답: 8월 12일자 법무성 고시에서 밝힌 대로 일반 외국인과 마찬가지로 법무성 입국관리국에 신청하면 된다.
6. 문: 협정 종료 후의 선편에 대해서는 어떻게 생각하는가?
   답: 나홋카 정기항로의 소련 여객선이 북조선에 기항하게끔 처리되는 게 가장 합리적인 방법이라고 생각하고 있어서 소련 측에 계속 이를 요청할 방침이다.

   그 밖에 북조선을 향해 취항하는 화물선의 여객 수송 능력 (転涛丸 9명, 富貴春丸 3명)도 있다.

O23 별도 문서의 일부로 보이는데, 제작 시기는 내용상 67년 7월 말로 추정된다. 협정이 종료된 이후의 해결 방안에 대한 내용으로 이루어져 있다. 책접합부에 의해 보이지 않는 부분은 문맥을 보고 추정하여 채워 넣었다.(□ 안의 글자)

제1. 현행 귀환 협정 종료를 위한 조치
1) 귀환사업은 협정 종료 시까지 완료되지 않을 것으로 생각된다.
   이유 7월 말일 현재 월별 귀환희망자 수는

8월	314명	
9월	389명	
10월	732명	2
11월	2,378명	
계	3,813명	
기타, 법무성 보류	158	
일적 보류	244	

   이고, 8월과 9월은 한 척, 10월은 두 척을 요구하여 해결한다.
   그러나 11월은 7월 말일에 이미 2,378명이 있고,
   또 8월 12일(8/1~12)까지 신청자들은 대부분 귀환 희망 시기ᄀ

를 11월로 하는 자들로 그 수는 대략 10,000명(8월 12일 주요 지방都道府県에서 보낸 속보만 합쳐도 9,611명)으로 추정된다. 7월 말의 2,378명과 합치면 12,378명이 된다.

과거의 예를 감안하여 그 절반이 귀환한다고 보면 6,189명이 된다. 가능한 한 많이 배선을 요구해도 우리 쪽 숙박 원호 설비 등의 □□상上, 한 주에 1회 300명 이상의 귀환은 무리이다. 만약에 11월 12일까지 600명을 돌려보낼 수 있다고 해도, 5,589명이 남게 된다.

일주일에 한 번, 한 번에 귀환 인원을 300명으로 하면 월 1,200명이 되어 4개월이 필요하게 된다. 따라서 마지막은 3월 말일이 된다.

024　첫 페이지의 수기를 보면, 회담 개최(08.25.)에 앞서 일적의 사장과 부사장이 외무대신을 면담하러 올 때에 외무대신이 알고 있어야 할 사항을 정리한 문서임을 알 수 있다. 조적이 일적이 서로 지향하는 바가 다르기에 난항이 예상되고 결렬까지 예상되나 조적이 요구하는 바가 있으므로 언젠가 조적이 뜻을 굽힐 것이라고 예상하고 있다. 본 문서에는 귀환신청자의 총계(현황)가 적힌 별첨 문서(025)가 들어 있다.

비밀
-memo-23일 오전11시 일적 사장과 부사장이 미키 대신에게 인사를 드리기에, 이에 대비하여 대신에게 보여 드리기 위한 자료로 작성)

북조선 귀환 문제에 관한 모스크바 회담에 대해

1967.8.22.
북동아시아과

1. 북조선귀환협정 종료 문제의 현황은 별첨 1과 같고 모스크바에

서 양국 적십자사 회담(이를 위해 외무성은 2명분의 여비 등을 원조하고 있다)에 임하는 "방침"으로서 정부가 일적에게 참고자료로 제공하려 작성한 것(법무성 기안, 외무·후생성 이의 없음)은 별첨 2와 같은데, 이 "방침"에 대해서는 관방장관의 양해를 얻었다.

2. 우리는 이 방침에 따라 11월까지 귀환하길 원하는 사람들을 처리하고자, '북조선적십자에게 배선에 관한 협력을 얻어내는 것'을 회담의 중요 목적으로 삼고 있으나, 본 건 회담을 북조선 측이 "현행 귀환 협정을 수정하지 않고 연장하기 위한 실무회담"이라고 부르는 점에서 알 수 있는 것처럼 북조선 측이 '협정을 종료시킨다.'는 일본 측의 대전제를 대놓고 부정하는 태도로 나서는 것이 확실해 보여 이 회담은 시작冒頭부터 난항이 예상된다.

3. 어쨌든 북조선이 '매월 1회 일본에 배를 보내는 것은 재일조선인 조직과 연락을 취하는 데에 있어 절대적으로 필요하다.'고 생각하는 것처럼 보이기에 언젠가 반드시 상대가 배선에 대해 유연한 태도로 나오리라 보인다. 하지만 이번 첫 만남은 결렬도 부득이해 보인다.

025

극비

북조선 귀환 신청자 총계

1967.8.23.

북동아시아과

북조선귀환협정에 근거한 귀환 신청은 8월 12일에 중단되었는데, 일본적십자사에서 집계한 것은 다음과 같다.

신청자 총계 17,877명

내역　1967년 7월 말일까지 신청자　　4,284명
　　　1967년 8월 1일부터 12일까지 신청자　13,593명

이 가운데 희망 시기가 분명한 것은 17,506명이다.(17,877명 중 371명은 법무성, 일본적십자사가 보류한 사람이다.)

그 내역은 아래와 같다.

8월	278
9월	469
10월	1,201
11월	15,558

026　모스크바 회담 또한 정부의 예측과 같이 양 측의 의견이 맞질 않아 결국 결렬로 끝을 보게 되었다. 본 문서는 027 문서를 정리한 것으로 보이는데, 027 문서는 모스크바 회담이 끝나고(09.23.) 일주일 뒤에 작성된 것으로 정부 관계자들이 모인 자리에서 열린 보고회에 관한 것이다. 다나베 부사장이 대부분의 발언을 하였는데, 모스크바 교섭에서의 양측의 주장과 차후 회담시에 고려할 사항을 말하고 조적이 요구하는 사항에 대한 타협안을 제시한다. 한국과의 외교에 대한 우려를 표하는 좌중의 발언에 대해선 '적십자가 알아서 하는 것으로 정부는 알지 못했다.'고 답하면 된다며 귀국선 배선에 일본이 적극적으로 나설 것을 주장하고 있다.

북조선행 출국자의 향후 취급에 관해

1967.9.30.
북동아시아과

1. 다나베田辺 일적 부사장은 귀국 보고에서 '회담 재개에 앞서 장소에 대한 합의가 전제가 되고, 동시에 사전에 그 회담의 계속 기

간과 회담 의제를 정할 필요가 있다.'고 말해, 회담 재개(역: 원문 再会)는 매우 어려워 보인다.

2. "남아 있는 자들積み残し"에 대해서는, 이미 일적이 충분히 조적에게 설명을 해서, 이를 위해 회담을 재개할 필요는 없어 보인다.

3. 설령 회담을 재개하더라도 모스크바 회담 때의 상대의 공식 태도로 판단해 보자면, 북조선 측이 무수정 연장에 대한 주장을 포기하리라곤 생각되지 않는다. 또 시기적으로도 이미 협정이 종료되는 단계에 이르렀으니 협정 유효기간 중의 배선 증가와 잠정 경과 조치에 관한 것이 아닌, 협정 종료 후의 배선 등의 수배에 대해 대놓고正面から 토의를 강요하리라 생각된다.

4. 북조선先方이 만일 일본 측의 체면을 세워 주며 명목상으로는 협정 종료를 인정하여도, 북조선 측은 적어도 '일적 대표단이 8월 28일과 9월 8일 회담에서 설명하고(각각 래전来電 제1858호 및 제1947호) 참고를 위해 메모 형태로 조적에 수교한 내용─즉 협정 종료 후의 여러 조치─을 중심으로 하는 새로운 협정을, 현행 협정을 계승하고 대체하는 것으로서 일적과 체결하고, 적십자 마크를 붙이고 조적 대표를 태운 "귀환선"을 종래대로 니가타에 정기적으로(1개월에 1회가 아니라 2~3개월에 1회) 입항시킬 수 있게 하라.'고 반드시 요구할 것이다.

5. 이렇게 되면 협정의 실질적인 (수정)연장으로 '협정을 종료시키고 임의 개별 출국으로 전환한다.'는 대원칙을 포기하는 것이 되기에 일본 정부는 이를 승인할 수 없다.

　　따라서 회담 재개는 실질적으로 쉽지 않을 뿐만 아니라, 기존 일본의 입장에서 보아도 불필요하기에 오히려 피해야 한다고 본다. 문제의 핵심은 협정 종료 후의 구체적인 조치(북조선행 출국을 원활하게 만드는 절차로 삼고 조치)를 검토하는 것이라고 생각한다.

6. 실제로 북조선 측은 한 달 동안의 모스크바 회담에서 일적의 요

청에도 불구하고, '귀환자를 그들의 희망에 따라 귀환시키기 위한 협정기간 중의 배선 증가'와, "잔여 인원의 처리"에 대해 협력하는 태도를 전혀 보이지 않았다. 그러므로 일본 측도 이제 "잔여 인원들"에 관한 문제를 처음부터 다시 생각해 보는 것破算도 검토해야 할 것이다.

7. 일본 측에서 배를 준비해 '잔여 인원'을 처리하려는 것은 문제가 매우 많다. 즉 승선자를 구체적으로 파악하는 것과 이들을 승선시키고 귀국시키는 것이 기술적으로도 쉽지 않고, 한국과의 외교에서 마이너스도 있어 현실적인 방안으로는 보이지 않는다. 상대방의 비협조에도 불구하고 일본 측이 언제까지나 '잔여 인원' 처리에 얽매이는 것은 무수정 연장을 내세우는 조적의 페이스에 헛되이 끌려다니는 것이 되므로 이는 득책이 아니다(원래 6월 말 당시 4,000명 정도에 불과했던 귀환 신청자 숫자를, 이후 나머지 40여 일 동안 8월 12일까지 17,000여 명으로 인위적으로 늘린 것은 북조선 측이 협정 연장을 꾀하려는 의도에 의한다.)

8. 일본 측은 이제 북조선 측의 비협조를 이유로 들어 "잔여 인원"에 관한 문제를 처음부터 다시 생각破算하고 3월까지의 "경과조치"도 백지화한 다음에 11월 이후의 일반적인 북조선행 출국 절차를 정하면서 동시에 이들을 수용할 외국선의 입항 허가기준을 정해야 할 것이다.

출국을 위한 조치는 이미 그 대강이 정해진 바와 같다.(단, 모스크바에서 온 래전来電에 관해 말하자면, 래전 제1947호 4의 (가) 이하를 제외) 일본 선박에 의한 북조선행 출국을 허용하는 것 이외에 북조선행 출국자를 수송하는 외국 선박의 입항을 인정하는 기준을 정해 둘 필요가 있을 것이다. 북조선 국적 선박은 공선公船의 성격을 갖는다고 해석할 수 있는 경우도 많다고 보기에 바람직하지 않으므로, 소련 국적이나 다른 제3국 국적의 일반상선이 바람직하다(다만 어떤 경우에도 조선적십자회 대표와 영접원迎接員의 승선은 인정되지 않는다. 이러한 대표가 승선한 것은 보통 외국 상선이 아니라 공선으로서의 성격을 갖는다고 해석할 수 있을 것이다).

027

북조선 귀환 문제 모스크바 교섭 귀국 보고회

1967.9.30.
북동아시아과

북조선 귀환 문제 모스크바 협상에서 돌아온 일본적십자 대표단의 보고회는 9월 29일 오후 관계 각 부처省庁가 모여(가유霞友회관) 열렸다. 다나베 씨의 보고를 듣고 여러모로 간담을 한 결과, 이후의 정부 대처방침을 조속히 검토하기로 하였다.(10월 4일 수요일 오후, 조속히 과장실에서 회의를 열 예정)

(출석자)
법무성
　입관국　나***ᄖ**국장, 우**笛**차장, 고**小**총무과장, 다**辰**참사관
후생성
　원호국　사***実*국장, 후**福*서무과장
외무성
　오**小*아시아국장, 기*吉*참사관, 노*野*아북과장, 마***松*사무관, 호***堀*사무관
경찰청
　경비국외사과　소***曽**과장보좌
일본 적십자
　다나베ᄑ辺부사장, 다**高*사회부장, 다카스기高杉외사부장, 세*瀬*

총무부상, 기**木•외사부차장

(회의개요)
1. 다나베 부사장 설명

다나베씨가 회담의 경과 설명을 하였는데, 대개 모스크바에서 온 전보와 같았다.

주된 점은 다음과 같다.

(1) 북조선 측의 기본적인 태도

협정의 무수정 연장을 주장하며 "잔여 인원" 문제를, 다른 문제(협정 종료 후의 조치 등)와 분리하지 않고 함께 해결하려는 태도를 시종일관 고수했다.

(2) 또 일한공동성명에서 귀환협정 종료의 재확인을 □한 것을 매우 강하게 비난하며, 이런 일본 정부 아래에서 법무당국의 출국증명서 발급 등이 정말 이뤄질지 믿을 수 없다고 말했다.

(3) 협정 종료 후에 취할 수 있는 조치에 대해 북조선 측이 몇 번이나(8월 28일과 9월 8일, 기타 기회에) 질문했기에, 각각 래전 제1858호와 제1947호처럼 상대에게 설명하고 참고자료로 삼으라며 메모 형태로 수교하였다. (이 부분은 다나베 부사장도 "메모를 작성해서 건넸다."고 설명 중에 말했고, 다카스기高杉외사부장도 아북과장에게 따로 말한 바가 있다.)

(注) 다만 북조선의 '조선통신'을 통한 공식 보도에 따르면 '다나베 부사장은 회담이 중단되었을 때에 북조선 측의 태도가 변하지 않기에, 여러 사후 조치에 대한 설명은 백지화할 것이라고 말했다.'고 한다.

(4) 조선총련 참가 문제

북조선은 조선총련의 참가를 "회담 타개를 위한" 제안이라며 평소보다 열성적으로 설명했다.

(5) 회담 재개에 대하여

다음으로, 회담의 개최 여부에 대해서 시기는 일단 11월 초순

이라는 데에 사실상 합의했지만 장소는 정해지지 않았기에, 시기와 장소 모두 미정이라고 봐도 좋다. 이번 회담 중단에 대해서도 북조선 측은 "휴회休会"라고 하고 있어, '모스크바 회담은 일단 중단하겠다.'고 하는 일적 대표단과 대립했다. 공동성명共同コミュニケ에 대해서도 상대는 "휴회"라는 단어를 사용하고 있기에 설령 장소를 모스크바에서 하는 것으로 양보해도 공동성명은 타결되지 않았으리라 본다. 회담 재개 여부는 앞으로 충분히 검토해 결정하면 된다.

(6) 만약 회담을 재개한다면 다음의 여러 부분을 고려할 필요가 있다.

가. (장소) 모스크바는 소련 측이 너무나도 뚜렷하게 북조선을 지지하고 있고, 적십자나 프라우다Правда와 같은 언론사도 시종일관 북조선을 변호하고 있어 중립적인 장소가 아니라는 느낌이 들기에 적당치 않다. 한편 북조선 측은 자국의 재외공관이 놓여 있는 곳이 좋다고 하는데 그런 점을 본다면 버마나 캄보디아, 인도네시아를 생각해 볼 수 있다.(注: 외국인 기자가 없어 소란스럽지 않다うるさくない는 점에서는 버마가 가장 좋을지도 모른다고, 참석자가 코멘트를 했음)

나. (기간) 교섭 기간을 정해 놓아, 기한 내에 합의에 이르지 못하면 자연히 종료打ち切り되는 기한을 미리 설정해 놓은 다음에 협상을 시작해야 한다. 그렇지 않으면 북조선 측은 몇 달이든 계속하기 일쑤다.

다. (의제) 모스크바 교섭에서 상대는 '무수정 연장을 위한 회의'라고 했으나, 일본 측은 '협정 종료를 전제로 하여 기간 내에 배선 증가와 경과조치에 대해 협의하기 위한 회담'이라는 입장으로 임했기에, 줄곧 전혀 박자가 맞질 않았다. 그래서 만약 재개한다고 하면, 미리 의제를 정해두는 것이 바람직하다. 그렇지 않으면 같은 상황応酬의 반복이 된다.

라. 이번 회담에서는 협정 종료 후의 조치 설명 등을 할 때에

정부 내부部内에서도 확실하게 의견이 정리되지 않은 점에 관해 일적이 상대에게 "일적 노력의 목표는 이러하다."와 같이 설명을 하는 것이 매우 힘들었다. 회담을 재개할 경우 "정부의 방침과 권한은 이러하며. 이 이상은 불가능하다."는 설명을 해야 할 것이다. 향후에는 정부의 방침을 굳히고 이를 전면에 내세울 필요가 있음을 통감하고 있으니, 아무쪼록 각 부처各省의 사무당국에서 협정 종료에 따르는 구체적인 취급에 관해 확정을 지어주길 바란다. 이를 위한 협의는 지금까지 경위를 보아도 쉽게 결정될 것으로 보이지 않고 또 수개월이 걸릴지 모르지만 가급적 빨리 결론을 내려주길 바란다.

2. 또 다나베 부사장은 질의에 답하며 다음의 취지를 말했다.

(1) 북조선 측은 협정 종료 후에도 돌아갈 길이 열려 있으면 "잔여 인원" 문제에 협력할 것이라 생각한다. 또 북조선 측은 협정 종료 후에도 종전대로 귀환선의 입항이 허용되고 숙박시설이 마련되는 등의 결과를 얻는다면, 이름을 버리고 협정 종료라는 기정既定 사실을 받아들일 수 있을지도 모른다. 일적으로서는 '니가타 일적 지부 건물을 개축할 때에, 숙박시설을 건물 내부에 만드는 것도 하나의 방법이 되지 않을까' 생각한다.

(2) 배선에 대하여

북조선은 배에 대해서는 '걱정하지 마라. 얼마든지 배선할 수 있다.'고 했다. 이쯤에서 일본 정부도 마음을 정했으면 좋겠다. "잔여 인원" 처리를 위한 배선 문제에 대해 북조선 측의 협력을 기대하기 때문에 합의バーゲン가 어려운 것이니, 일본 측이 배를 준비하고 "잔여 인원"을 단기간에 수송할 용의가 있다고 누차 말하면,(상대가 이에 협력하지 않으면 "잔여 인원"에 관해서는 처음부터 다시 생각破算해도 된다.) 일본日本側の立場은 편해진다. 미키三木 대신도 '배 두세 척으로 된다면 정치적인 견지에서도 생각해 볼 수 있다.'고, 모스크바로 떠나기 전에 저에게 말씀하셨다. "돈"을 낼 준비를 하면 깔끔すっきり하다고 생각한다. 한 번 회담을 해도 모스크바 같은 곳에 가면 몇백만 엔円이 든다. 그 돈을 써서 전세チャーター를 내고 조금이라도 수송하는 편이, 성과도 없는 회담을 재개하는 것보다 의미가 있다. (한국과의 외교에 있어 적어도 일시적으로 큰 마이너스가 될 것이라는 코멘트에 대해) 한국과의 외교는 '일본적십자가 배를 준비하였기에 정부는 알지 못한다.'는 태도로 충분하지 않겠는가? 북조선 측은 비공식적이지만 이미 11월과 12월 배선도 신청申し込み했다.(注: 상대는 일방적으로 조적 성명을 통해 '향후에도 종전대로 청진-니가타 간의 귀환선을 계속 배선하겠다.'고 했다.) 조속히 방침을 내려 주었으면 한다. 다음에 회담을 할 경우에는 이를 바탕으로 Yes나 No를 채근迫る하고자 한다.

3. 이상과 같은 다나베 부사장의 설명에 대해 각 부처 참석자가 표명한 의견에는 다음과 같이 여러 가지 사항이 있었다.

   (1) "잔여 인원" 처리에 대해, 일본 측이 배를 준비하고 그것으로 문제가 깔끔하게 해결되는 거라면, 배를 준비하지 못할 것도 없다.

   (2) 그렇지만 일본 배로 수송해 주겠다고 해도 확실히 승선할 사람의 숫자를 파악하고 확실히 승선지까지 오게 한 다음에 배에 태워 보내는 일에는 엄청난 어려움이 따를 것이다.

   (3) 일본이 배를 준비하기 위한 비용은 몇백만 엔이 든다. 그 비용은 어떻게든 된다 쳐도, 이건 돈의 문제만이 아니라 외교적 고려도 충분히 해야 한다.

   (4) 적어도, "잔여 인원" 문제에 대해서는, 이미 일적이 할 말은 다 했으니 그것을 위해 회담을 재차 개최할 필요는 없으며 전보의 왕복만으로도 충분하다고 할 수 있다.

   (5) "잔여 인원"에 대해서는 상대에게 모스크바 회담에서 그 처리에

대해 이미 충분히 시간을 들여 협력을 요청했다. 그러니 상대가 협력하지 않는 이상에야 "잔여 인원"에 관해서는 이제 처음부터 다시 생각破算해서 3월까지의 경과조치 등은 생각하지 말고, 새로운 기초 위에서 11월 이후의 북조선행 출국 방법을 생각하는 태도를 취하는 것도 검토하고 싶다.

(6) "잔여 인원"들의 이후의 문제에 대해서는, 승선자 숫자도 확정되지 않은 상태에서 3~4개월에 한 번 정기배선을 허용하면 종전과 본질적으로 다르지 않게 된다. 상대가 배선을 해서 보내는 배에 대해서는 '상선인지 아닌지'하는 문제가 있고, 영해 안이라면 몰라도 적어도 만湾 안에 들어오는 것이라면 미승인국가일 경우 거부할 수 있다. 결국 특일선特日船이나 나홋카 항로 소련 선박으로 돌아갈 수 있는 사람은 돌아가다가(한 달에 50명 정도면 특일선으로 처리할 수 있다) 그런데도 돌아가질 못하고 수백 명이나 쌓일 때에는 배의 입항을 그때그때 허용하게 될 것이다.

028 본 문서는 회담이 결렬된 후에 일적이 조적에게 '유효기간 중의 배선 증가'를 요청(10.09)한 것과 관련하여 조적에게서 답신(10.17.)이 오자, 답신 안에 있는 조적의 주장에 대해 대응을 세우는 것으로 채워져 있다. 이중 029 문서는 조적이 보내온 답신에 해당하고 030문서는 외무성이 일적이 조적에 답신할 가이드를 제시해 준 것이다.

북조선 귀환 문제 현황

1967.10.17.
북동아시아과

(모스크바 교섭)

1. (1) 8월 25일부터 일본적십자사 다나베 부사장 등의 대표단은 모스크바에서 북조선적십자 대표단과 교섭을 벌였으나, 일본적십

자사는 '귀환 신청자를 그 희망하는 대로 귀환시키기 위해, 일조 양 적십자가 협력하여 배선 증가 등의 조치를 강구하는 것이 당연하다.'는 생각으로 회담에 임하여, '우선 협정 유효 기간 중의 배선 증가를 요청하며, 배선 증가 등의 조치가 강구되더라도 유효기간 내에 귀환하지 못한 신청자를 위해서는 내년 3월 말까지는 귀환 협정의 예를 토대로 귀환사업을 실시할 용의가 있다.'고 설명하였다. 또 '협정 종료 후 출국에 대해서는 일반외국인과 마찬가지로 출국에 대한 편의를 제공하고, 빈곤자에게는 종전대로 국내여비, 숙박비를 지급하는 등의 조치를 강구하겠다.'고 상세하게 설명했다.

(2) 그런데 북조선적십자는 올해 11월 12일 종료하기로 돼 있는 현행 협정의 무수정 연장만을 주장하며, 일본 측의 태도를 "범죄행위"라며 시종일관 비방하고 중상모략하였다. 이리하여 서로의 주장은 평평한 대립각을 유지하며 진전되지 않았기에, 일본적십자가 9월 23일 회담의 중단을 제안하고 귀국했다.

(그 후 상대의 태도)

2. 일본적십자는 이후에도 상대에게 협정 유효기간 중에 배선 증가를 요청하는 전보(10월 9일)를 쳤지만 상대는 여전히 양보하는 모습을 보이질 않고 있다. 상대가 10월 17일 일적에 보낸 전보는 다음과 같은데, 여전히 무수정 연장을 주장하고 있다.

O29

	평양	10월16일 송신
	도쿄	17일 수신

일본적십자사 앞

재일조선인 귀환 협정 무수정 연장을 위한 조선·일본 양 적십자사 간의 회담을 일방적으로 당신貴方들이 중단한 지 약 한 달 가까이 됩니다.

그동안 조일 양국의 인민과 전 세계 여론은 일본 측의 중대한 범죄행위에 분노하며 현행 귀환 협정의 무수정 연장과 조일 적십자사 회담 재개를 강력히 요구하였습니다.

우리는 일본 측이 현행 귀환 협정에 따라 책임지고 재일조선인의 귀환사업을 끝까지 실행해야 할 역사적 의무를 지니고 있음을 감안하여, 지체하지 말고 다시 조일적십자사 회담장에 나올 것을 주장합니다.

우리는 현재 제154차 귀환선에 승선한 당사 대표에게, 회담 재개에 관해 당신들과 사무 차원의 의견을 교환할 권한을 부여했습니다. 우리는 당신들이 이 의견 교환에 응하시기를 요망하고 있습니다.

(일본 측의 당면 방침)

3. 일본 측은 '상대가 무수정 연장을 고집하지 말고, 협정 기간 중의 배선 증가 등에 관해 협력할 생각으로 양보하는 모습을 보이는 것'이 회담 재개의 전제로서 필요하고, 그렇지 않으면 재개해도 의미가 없다는 입장이다. 만약 회담을 재개할 경우에는 상대에게 잔여 인원의 조속한 처리에 대해 협력을 요구하고 여기에 상대가 양보를 한다면 북조선이 배선하는 것을 허용하는 문제를 비롯해 협정 종료 후 북조선행 귀환 방안을 협의할 용의가 있다.

4. 우선 17일 오후 관계 4개 부처省庁가 후생성에 모여 협의한 결과, '18일 입항 예정인 귀환선에 타고 오는 북조선적십자 대표에게 일본적십자사의 상응하는 대표자가 "다음 취지를 전달하길 바란다."

고, 후생성을 통해 일적에 요청하기'로 합의했다.(이 내용을 전보로 평양의 북조선적십자 본사에도 통보하도록 권고하기로 했다.)

030

1. 일본적십자사의 생각은 지난번 모스크바 교섭에서 밝힌 바와 같으며, 당신들이 무수정 연장 주장을 고집하시는 한 회담 재개에는 응하기 어려워 향후 원만한 처리가 곤란하다.
2. 일본적십자사는 귀환 신청자를 신청자의 희망과 같이 귀환시키기 위하여 협정 유효기간 중에 가능한 귀환선을 늘려 배선增配하실 것을 협정 제5조에 따라 요청한다.
3. 이상의 사항에 대하여 당신들의 협조를 받지 못하고 협정 기한인 11월 12일에 이를 경우, 11월 13일 이후로 일본적십자사는 종전과 같은 귀환사업을 계속할 수 없다. 또한, 이 경우 당신들이 귀환선의 배선을 하시려 해도 그 입항을 종래대로 인정할 수 없다는 것이 정부 당국의 태도임을 아울러 말씀드린다.

031 조적이 답신을 보낸 이후로 연일 문서가 작성되고 있다. 본 문서는 모스크바 회담에서 논제가 되고 있는 1962년 니카타 협정의 의도를 복기하는 내용으로서 일적이 귀환업무를 소수 장기 태세로 만들려 한 내용이 실려 있다. 다만 본문 중에 니기타에서 맺은 협정의 합의서와 일적의 신문 발표 내용 스크랩 등이 있다고 되어 있으나, 문서철에 해당 자료는 수록되어 있지 않다.

-memo-200명으로 줄인 합의서 복사 1부
1962년 일조 적십자 니가타 회담에 관하여
아북 1967.10.18

1. 1962년 11월 일조 양 적십자 대표는 니가타에서 회담을 갖고 콜카타 협정의 1년 연장을 합의함과 동시에 협정 제5조 3항에 의거하여 이후의 귀환업무에 대해 '(1) 귀환선 배선은 월 1회 내지 2회로 한다. (2) 매회 귀환자를 약 200명으로 한다.'고 정하고 합의서(별첨)를 작성했다.

2. 본 건 합의서는 당시 이미 귀환자가 계속하여 격감(당초 월 5,000명에서 62년 500명으로)하고 있던 사정을 감안하여 일적이 협정 개정을 제안하였으나, 조적이 이에 응하지 않고 무수정 연장을 주장했기 때문에 일본적십자사 제안의 일부를 이와 같은 형태로 정리했던 것이다.

3. 일적의 제안은 '(가) 귀환자 월 1천 명을 200명으로 낮출 것, (나) 협정은 일조 어느 쪽이 의사표시를 하지 않는 한 자동으로 연장되는 것' 두 가지였다. 일적은 이 개정에 따라 귀환업무의 "소수 장기 태세少数長期態勢"를 갖추려고 했다.

4. 일적의 설명에 따르면, 이 배경에는 협정을 "자동 연장 형식"으로 하여 귀환을 상시常態화하면 매년 협정 중단의 불안에 따르는 무리한 신청—따라서 실제로 승선하지 않음—일적은 1,000명의 준비를 하면서도 매번 준비만 하다가 끝나는 악순환을 피하겠다는 심산도 있던 모양이다. (별첨 일적 신문 발표, 신문 발췌 등 참조)

   다만, 정부의 생각은 귀환자는 격감했으니 귀환 승선은 일단 목적을 달성한 것으로 간주하여, 이후에는 협정을 개정하고 업무를 소형화하여 새로운 사태에 즉응即応시키려 했던 것이다.

O32   외무성이 운수성과 접촉한 내용이 담겨 있다. 이는 027 문서 중 2.의 '(2) 배선에 대하여'에서 일적 부사장의 제안에 미키 외상이 어느 정도 수긍하는 모습을 보였기에 실제로 행해질 수 있을지 사전조사를 행한 것으로 보인다. 한국과의 외교적인 마이너스에 대해선 어느 정도 감수를 하겠다는 생각이 엿보인다.

북조선귀환에 사용되는 선박에 관해

1967.10.18.
북동아시아과

10월 18일 오후 노* 아북과장은 운수성에 가서 고* 외항과장을 만나 상기 건에 대해 이후의 조사를 의뢰했다.

노* 과장은 현행 북조선귀환협정에 근거한 신청자를 일본 측의 배선으로 귀환시키는 방법도 앞당겨질 수 있음을 설명하고 이때 가용 선박이 일본에 있는지 여부를 물었다.

고* 과장은 고안마루興安丸, 쓰바키마루つばき丸, 아와지마루淡路丸 등 몇몇 근해항로近海航路 선박에 대해 설명한 뒤 실제로 각 선사船会社와 접촉해 보겠다고 약속했다.

노* 과장은, 일본 선박과 함께 외국 선박을 대절charter할 가능성도 있지만, 외국 선박의 경우 외국 전문가에게 수수료를 지불하며 조사를 의뢰할 정도까지는 생각치 않는다고 설명해 두었다.
(고* 과장은 정부가 대절할 때의 비용 등에 대해 자세하게 검토하겠다고 약속했다.)

033　　　본 문서는 일적 부사장이 귀환 미완료자를 어떻게 처리할지 내놓은 방안이 실려 있다. 월 4척을 요구하되 부족시에는 일본이 보충하겠다는 것을 보면, 실질적으로 배선을 일본이 해도 무방하다는 것과 크게 다를 바 없어 보인다.

-memo-일적 다나베 부사장이 보낸 일적의 사안(私案)
귀환 미완료자에 대한 경과 조치

귀환 미완료자는 1968년 3월 31일까지 다음 요령에 따라 처리를 완료키로 한다. 그리고 그 동안은 현행 귀환 협정에 준하게 원호援護를 행한다.
1. 조적에 월 4척의 배선을 요구한다. 만약 조적이 월 4척의 배선에 응하지 않을 경우에는 그로 인하여 발생하는 배선 부족분의 보완은 일본 측에서 한다.
2. 위와 같이 진행하지 않으면 현재 귀환 미완료자 17,000명을 단기간에 처리하는 것이 불가능하다.

034 　본 문서는 외무성이 작성한 대처방안으로 일적의 안보다 배선 부분에 있어 소극적으로 대처(월1척)하고 있음을 알 수 있다. 기한이 종료된 후의 잠성조치(3월 31일까지)와 이후 자유출국에 대하여 다루고 있는데, 모든 것은 북한의 협조를 전제조건으로 삼고 있다. 다만 1의 (5)에 조약국의 조사가 있다고 되어 있으나, 해당 문서는 본 문서철에 첨부되어 있지 않다.

　　　-memo-외무성 안
북조선귀환문제 금후의 대처방침(안)
1967.10.25.

1. 방침의 대강
　(1) 1966년 8월 23일자 각의 양해 및 1967년 4월 21일자 각의 보고와 같이 속칭 북조선귀환협정은 이미 소기의 목적을 달성했으니, 1967년 11월 12일을 기해 종료시키고 협정 종료 후에는 귀환 희망자에게 임의 출국을 허용한다는 방침을 관철한다.
　(2) 협정 종료 때까지 귀환하지 못한 자, 이른바 잔여 인원積み残し의 귀환을 처리하기 위해 상대방과의 합의에 기반한 잠정조치를 강구하기로 한다. 이를 위해 만약 조적이 "무수정 연장"의 요구를 취하하진 않더라도, 잔여 인원 처리에 대해 논의하려는 탄력 있는 태도를 보일 경우에는 일적이 조적과 회담을 갖게끔 권장한다. (회담 시기는 11월 13일 이후로 한다.)

(3) 회담에서는 잔여 인원을 귀환시키는 잠정조치(하기2)와 협정 종료 후의 조치(하기3)를 설명하고, 합의에 달하면 이를 실시한다.(회담이 이루어지지 않더라도 회담 이외의 방법으로 동일同樣한 합의에 도달할 경우에는 역시 이를 실시한다.)

(4) 회담에서 합의가 이루어지지 않을 경우에는 아래 3.번 항목만 일방적으로 실시한다.

(5) 북조선이 무수정 연장만 고집하여 회담 재개 조건이 갖춰지지 않은 채 시간만 흐르고, 회담 재개에 대한 전망이 서지 않을 경우에는 일단 11월 22일 귀환선의 입항은 거부한다(이에 대한 조약국條約局 조사는 별첨과 같음).

(6) 향후 필요에 따라 수시로 일본 측의 입장을 설명하는 발표를 한다.

2. 잔여 인원을 귀환시키는 잠정조치

(1) 북조선이 단기간에 잔여 인원들을 인수하는 데에 협력하는(가능하면 월 4척 배선) 것을 전제로 삼아, 잔여 인원들을 인수하기 위한 북조선 측의 선박은 협정 종료 후에도 1968년 3월 31일까지는 니가타에 입항하는 것을 허용한다. 그 선박과 거기에 탄 북조선적십자 대표 및 그 선박에 탑승하는 귀환 신청자에 대하여는 협정 유효시에 준하는 편의를 제공한다.

(2) 북조선 측이 월 4척의 배선까지는 응하진 않더라도 월 2척의 배선을 허용하는 등 타협적인 태도를 보일 경우에는 잠정조치에 대해 합의하기로 하고, 배선 기간, 간격, 선박의 수 및 편의 제공에 관한 합의서를 작성한다.

　　이 경우, 상대의 배선에 따른 수송을 보충하기 위하여 일본 측이 배선(월 1척)하는 것에 관하여 상대와 협의하는 것도 검토한다.

　　注1. 만약 잠정조치에 관한 상대와의 협력이 위와 같이 원활하게 진행될 경우에는 3월 31일까지의 기한을 다시 2~3개

월 연장하는 것도 생각해 볼 수 있다.

注2. 종래의 귀환선에 대한 귀환신청자 할당과 실제 승선자 비율을 고려하여, 이 잠정조치 기간 중에도 선박 수용인원의 3~4배를 할당하고 승선하지 않은 자는 명부에서 말소시켜 신청자를 정리한다. 8월에 귀환 신청을 한 자(약 14,000명)에 대해서는 실제 귀환 희망자가 그 10%에 불과하다는 정보도 있으므로 이 신청자의 정리는 급속히 진행될 것으로 보인다.

注3. 이러한 배선 증가에 의한 수송 촉진에 관해서는 니가타에서 조적의 선박 사정과 수용체제의 미비로 인해 단기간에 많은 귀환자를 받아들이는 것이 어렵다고 말하므로 상대의 협력을 반드시 기대할 수 있는 것은 아니다.

3. 협정 종료 후의 조치

   (1) 재일조선인 중 북조선행 출국을 희망하는 자에 대해 필요한 절차를 이행하는 것을 전제로 하여, 일반 외국인과 마찬가지로 자신이 고른 방법(나홋카 항로의 소련 정기선이나 일반 화객선貨客船 등)으로 개별 임의로 출국시킨다. 생활보호를 받는 자(注: 최근 귀환자 중 생활보호를 받는 자는 1%에 불과)에 대해서는 부조를 실시한다.

   (2) 또한 상기 출국에서 북조선 국적의 선박이 이용될 경우에도, 정부는 해당 선박을 종래의 귀환선처럼 공선公船에 준하여 취급하지 않고 일반 외국 상선에 준하여 취급한다. (注: 따라서 해당 선박의 운항에 종사하는 '선원수첩 소지 승무원' 이외의 입국은 인정하지 않는다.)

   (3) (2)에 관하여, 종래의 귀환선처럼 공선에 준하는 취급을 해야 하는 북조선적 선박이 내항할 경우에는 그 입항을 인정하기 위해 일정한 합의를 필요로 한다.

4. 기타 편의 제공

(1) 일본적십자사 니가타 센터는 1968년 3월 31일까지 존치시킨다. 이후 귀환자의 숙박시설에 대해서는 만약 필요성이 인정되면 일본적십자사에서 검토한 후에 조치하기로 한다.

(2) 협정 종료 후 귀환 신청 수속 창구는 만약 필요성이 인정되면 늘리는 것을 검토한다.

O35　034 문서(수기)를 바탕으로 작성된 것으로 기본적으로 유사한 내용을 담고 있으나, 형식을 갖추며 그 내용이 조금 바뀌었다. 구체적으로 살펴보면 034의 1.의 (5)(삭제) (6)(삭제), 2의 (2)(변동), 3의 (2)(변동)와 (3)(변동), 4(삭제) 등의 변화가 있다. 한편 2의 주석은 일적의 안을 그대로 살린 것이다.

비밀
북조선 귀환 문제 처리방침(안)

제1 기본 방침

1. 1966년 8월 23일자 각의 양해 및 1967년 4월 21일자 각의 보고와 같이 북조선귀환협정(이하 "협정"이라 한다.)은 1967년 11월 12일을 기해 종료시키고 협정 종료 후에는 귀환희망자에게 임의 출국을 허용한다.

2. 조적이 귀환 신청 완료자帰還申請済者(귀환신청자 가운데 협정 종료시까지 귀환하지 못한 자를 일컬음, 이하 동일)에 관한 잠정조치 등에 대해 토의할 의향을 밝히고, 협정의 무수정 연장 주장을 고집하지 않을 경우에는 일적은 조적과 회담을 행한다.

3. 회담에서 일적은 귀환 신청 완료자에 관한 잠정조치(후술 제2)에 대해 토의하기로 하고, 이 점에 대해 합의에 도달하면 협정 종료 후 조치(후술 제3)를 설명한다. 이 경우, 새로운 협정의 체결은 맺지 않는다.

4. 상기 잠정조치에 대해 합의에 이르지 못한 채 1967년 11월 12일을 넘길 때의 조치는 후술 제4에 따른다.

제2 귀환 신청 완료자에 관한 잠정조치

　　북조선 측이 귀환 신청 완료자를 인수하기 위해 가능한 한의 배선(월 4척의 배선을 요청)을 하는 것을 조건으로 삼아, 원칙적으로 1968년 3월 31일까지는 협정 유효시에 준하는 편의를 제공한다. (注) 북조선 측의 배선을 보완하기 위해, 필요하다고 인정될 때는 일본 측에서 배선하는 것을 검토한다.

제3 협정 종료 후의 조치(상기 제2의 조치가 합의될 경우에 한함)

　1. 협정 종료 후에 북조선행 출국희망자는 필요한 출국 절차를 이행한 후에 일반외국인과 마찬가지로 임의로 출국할 수 있다.

　　　출국희망자에 대해서는 출국증명서가 발급되며, 생활곤란자일 때는 출국할 때까지 필요한 원조가 주어진다.

　2. 출국자의 선박에 대해서는 자신이 고른 방법(일반 화객선 등)에 따르는 것을 원칙으로 한다.

　　　이에 따라 출국을 완료하지 못한 자가 상당수에 도달할 때는 그때마다 북조선이 이들을 인수하기 위하여, 일본 측이 지정하는 시기日時에 지정하는 항구에 배선을 하면 그 입출항을 인정한다. 이때 북조선에서 해당 선박을 타고 오는 자는 미리 일본 정부의 허가를 받아야 한다. 배선에 관한 연락사무는 일조 양 적십자 간에 실시한다.

제4 전기 제2의 조치가 합의되지 않을 경우의 조치

　1 출국희망자는 필요한 출국 절차를 이행한 후에 일반외국인과 마찬가지로 자신이 고른 방법(일반 화객선 등)으로 임의로 출국할 수 있다.

　　　출국희망자에 대해서는 출국증명서가 발급된다.

　2. 출국희망자 중 귀환 신청 완료자에 대한 조치로 다음의 세 가지 안이 있다.

갑. 협정 유효시에 준하는 편의를 제공하지 아니하고, 이들을 인수하기 위해 북조선 측이 배선해 와도 일본 입항은 인정하지 않는다.

을. 이들을 인수하기 위해 북조선 측이 배선을 해도 본국 입항을 인정하진 않지만, 일정 기간에 한해 협정 유효시에 준하는 편의를 제공하기로 하고 이들을 송출하기 위해 일본 측에서 배선하는 것을 검토한다.

병. 1968년 3월 31일까지에 한하여 협정 유효시에 준하는 편의를 제공하기로 하고, 이들을 인수하기 위하여 북조선 측이 배선해 오면 합의가 없는 상태에서도 일본 입항을 인정한다.

036 문서 상단에 '별첨1 일적의 요망사항 등에 대한 회답'이라고 되어 있는데, 본 문서철에는 일적의 요망사항이 정리된 문서가 존재하지 않아 어느 문서에 첨부되었는지 불분명하다. 본 문서철에서 035부터 036 문서까지 문서들이 서로 뒤섞여 있는데, 본서는 편집을 하며 이를 올바른 순서로 바로잡았다. 또한 036-1 문서는 036 문서 가운데에 삽입된 것인데, 이에 이어지는 문서는 존재하지 않는다. 037 문서에는 별첨 2라고 되어 있는데 036 문서와 한 묶음일 가능성이 있다.(038은 037의 회신)

억측이긴 하나 문서철이 대개 시간순으로 정리되어 있는 것을 감안하면 상기 035 문서를 제작함에 있어 036~040문서를 참고하였기에 이와 같이 정리되었을 것이라 본다.

별첨1

일적의 요망사항 등에 대한 회답(안)

제1 잠정조치에 관해

1. 귀환 신청자를 북조선의 배선으로 다 수송하지 못할 경우, 일본의 배선으로 수송할 방침을 세워 줄 수 없는가?

대한對韓외교에 미칠 영향 및 용선傭船 가능성을 검토한 뒤에 방침을 결정하겠다.

제2 출국증명서에 관해

2. 출국증명서 발급 대상은 협정 제1조의 범위와 같다고 해석해도 좋겠는가?

대개 같은 범위이다.

3. 흔히 말하는 일본인 처에게 발급되는가?

발급된다.

4. 결격사유는 무엇인가? 결격사유 없는 자에게는 반드시 발급되는가?

협정에 따르는 결격사유와 같고, 사유가 없는 한 발급된다.

5. 발급신청의 수리, 증명서 교부를 각 지역市町村에 위임하거나, 방문出頭 신청을 중지하고 서면 심사로 처리하는 등의 편법은 생각해 볼 수 없는가?

어떤 편법도 생각하지 않고 있다. 소수로 예상되는 신청자를 위해 전국 각 지역에 창구를 개설하는 것은 행정경제적으로나 법률적으로도 문제가 있는 데다가 여권을 대신할 증명서 발급을 서면 심사만으로 끝낼 수는 없다.

6. 북조선이 보낸 인수선을 타고 출국하려고 하는 경우에도, 승선 티켓을 제시하지 못하면 발급 신청을 못한다는 것은 억지無理 아닌가?

북조선이 보내는 인수선의 입항에 대한 인정 여부를 해결하고 나서 생각해 보겠다.

7. 출국증명서에 따라서는 북조선에 입국入境하기 어려워 보이는데, 입국 허가는 어떻게 받게 할 것인가?

북조선 입국 허가 문제는 일본 측이 관여할 만한 것이 아니다. 본인이 적절한 방법으로 확보할 것이다.

제3 북조선이 보내는 인수선에 관해

8. 북조선이 보내는 인수선의 니가타 입항을 3개월에 1척 정도는 정기적으로 인정할 수 없는가?

> 정기적인 입항은 인정하기 어렵다. 입항을 인정할 경우에는 매번 입출항 일시를 지정하고, 입항지도 그때마다 정하기로 했다.

9. 이 배의 성격은 어떠한가?

> 나홋카 항로선, 화객선 등으로 다 수송하지 못할 경우에 이를 보충하기 위함이니 공선 또는 공선에 준하는 것으로 취급할 수는 없다.

10. 이 배에 북조선적십자 대표자의 승선은 인정하지 못하는가? 인정하지 못하는 이유는 무엇인가? 적십자의 국제적 관계를 보고 인정해 줄 수 없는가?

> 상기 9의 입장으로 인해 인정하기 어렵다. 적십자의 국제적 관계를 보고 인정해 달라고 하는 근거를 제시해 주길 바란다. 충분한 근거가 있다고 인정될 경우에는 국익과 공안 유지라는 시점에서 규제 방법 등에 관해 검토해 보겠다.

11. 일적은 조적과의 사이에서 출국자 명부名表 연락 등을, 출국자에 대해서는 숙박시설 제공과 같은 편의 제공을 하고 싶은데, 어떠한가?

> 일적이 하고 싶은 것을 구체적으로 말해 주길 바란다. 그에 관해 검토하겠으나, 일적이 관여할 여지는 그다지 없지 않겠는가?

O36-1

허가를 요할 것.

2. 배선에 관한 연락 사무는 일조 양 적십자 간에서 행한다.

2. 출국자는 자신이 고른 일반 화객선, 또는 다음 3.에 규정된 선박으로 출국하는 것으로 한다.

3. 북조선은 출국자를 수송하기 위해, 다음 조건 아래 일본 항구에 배선할 수 있다.

가. 배선하는 항구는 니가타항일 것

O37

별첨2

외사外事 제394호

1966년 11월 4일

법무대신 이시이 미쓰지로石井光次朗 님

외무대신 시나 에쓰사부로椎名悦三郎 님

후생대신 스즈키 젠코鈴木善幸 님

일본적십자사 사장

사장 가와니시 지쓰조川西実三

재일조선인 중 북조선 귀환 희망자 취급에 관하여

각각의 경우에 정해진 법규에 따라 필요한 절차를 이행한다면, 정부는

1. 본인의 자발적 의사를 바탕으로 북조선 귀환을 희망하는 재일조선인과 그 배우자(내연관계인 자를 포함) 및 그 자식, 기타 그에 부양된 자들 가운데 함께 귀환하기를 희망하는 자의 출국을 막을 수 없다.

2. 또한 이들을 인수하기 위해 북조선 국적의 선박 또는 북조선에

의해 용선된 제3국 국적의 선박이 일본이 지정한 항구에 입항, 정박하여 이들 귀환 희망자를 승선시켜 출항하는 것을 막을 수 없다.

는 것으로 이해해도 좋을지 여쭙습니다.

아무쪼록 정부에서 공식적인 회신을 보내 주시길 바랍니다.

O38

후생성 수원收援 제149호
1966년 12월 26일

일본적십자사사장
니시카와 지쓰조 님

법무대신   다나카 이사지田中伊三次
외무대신   미키 다케오三木武夫
후생대신   보 히데오坊 秀男

재일조선인 중 북조선 귀환 희망자 취급에 관하여

올해 11월 4일자 귀신貴信 외사 제394호로 문의해 주신 사항에 관해서는 대개 귀하께서 보신 대로 이해하셔도 지장이 없습니다.

O39   59년에 조일 양 적십자 간에 맺어진 협정이 11월을 기해 만료가 되게 되자, 그에 앞서 잔여 인원들을 위해 기간을 1년 더 연장하는 것을 밝히는 각의양해에 해당한다.

재일조선인 중 북조선 귀환 희망자의 취급에 관하여

1959년 8월에 성립된 "일본적십자와 조선민주주의인민공화국적십자 사이에 행해진 재일조선인 귀환에 관한 협정日本赤十字社と朝鮮民主主義人民共和国赤十字会との間における在日朝鮮人の帰還に関する協定"에 기반한 북조선 귀환사업은 인도적인 입장에서 다수의 귀환 희망자를 조기에 귀환시키는 것을 그 목적으로 삼아, 관계 당국의 다대한 노력에 힘입어 원활하게 실시되었고 성과를 올리며 소기의 목적을 달성하였다.

따라서 금년 11월 12일 본 협정의 유효기간이 만료됨에 앞서 본 협정의 취급에 관해 아래와 같이 하고자 한다.

1. 본 협정은 금년 11월 13일부터 1년간 연장하기로 한다.
2. 본 협정의 연장은 이번을 마지막으로 한다.
3. 협정에 따른 귀환사업 종료 후에도 본인의 자발적인 의사에 따라 귀국을 희망하는 자에 대해서는 정부도 편의를 제공하기로 한다.

(비고) 사후 조치의 구체적인 방책에 관해서는 관계 부처에서 조속히 검토한 후에 결정하기로 한다.

040 제목 그대로 제1회 한일정기각료회의 공동성명서이다. 본 문서철에서 다루는 북송문제는 7의 (2)에 담겨 있다. 036의 해제에서 서술한 바와 같이 035 문서 작성시 참고되었을 것이다.

제1회 일·한 정기각료회의 공동성명서コミュニケ

1967.8.11.

1. 제1회 한일 정기 각료회의는 1967년 8월 9일부터 11일까지 3일간

도쿄에서 개최되었다.

2. 회의에는 한국 측에서는 장기영 부총리 겸 경제기획원 장관, 최규하 외무부 장관, 서봉균 재무부 장관, 김영준 농림부 장관, 박충훈 상공부 장관과 안경모 교통부 장관이 김동조 주일대사와 함께 참석했으며 이낙선 국세청장과 오정근 수산청장도 참석했다.

3. 일본 측에서는 미키 다케오 외무대신, 미즈타 미키오水田三喜男 대장대신, 구라이시 타다오倉石忠雄 농림대신, 간노 와타로菅野和太郎 통상산업대신, 오하시 다케오大橋武夫 운수대신과 미야자와 기이치宮沢喜一 경제기획청 장관이, 기무라 시로시치木村四郎七 주한대사와 함께 참석했고 이즈미 미노마쓰泉美之松 국세청 장관과 히사무네 다카시久宗高 수산청 장관도 참석했다.

4. 회의는 다음 의제를 채택하고 토의했다.
   (1) 양국 관계 일반 리뷰 및 전망, 국제정세 일반에 관한 의견 교환
   (2) 양국 경제 정세 설명
   (3) 경제 협력 문제
   (4) 무역 문제
   (5) 조세 문제
   (6) 농림 수산 문제
   (7) 해운 문제

5. 양국 각료들은 시종일관 솔직하고 우호적인 분위기 속에서 의사를 진행했다.

   양국 각료는 우선 전체회의에서 양국관계의 전반적인 리뷰를 하고 양국 각각의 경제 정세에 대해 설명을 한 후에 양국의 관계 및 국제정세, 경제 협력, 무역, 조세, 농림수산, 해운의 각 문제별 개별 회의를 개최하고 마지막으로 다시 전체회의를 개최하며 회의를 총괄하였다.

6. 양국 각료들은 국제정세 일반에 관하여 광범위하게 의견을 교환했다. 일본 측은 세계적인 긴장 완화 정세를 지적하며 일본 외교의

기본방침이 평화유지에 있음을 설명했다. 한국 측은 아시아 지역에 긴장 상태가 존재함을 강조하며 공산주의 세력의 직접적인 위협에 직면한 한국의 특수한 입장을 설명했다.

양국 각료들은 양국의 긴밀한 협조 관계가 아시아태평양 지역에 있는 자유국가들의 평화와 번영에 기여함을 확인하고, 아시아태평양각료회의(ASPAC) 등을 통한 지역적 협력체제의 유지 강화를 위해 계속 협력하기로 의견의 일치를 보았다.

7. 양국 각료들은 양국 간의 조약 및 각종 협정들의 실시상황을 비롯하여 양국 간의 제반 관계를 검토하고, 상호 이해와 신의를 바탕으로 양국 간의 협조 관계를 착실하게 발전시켜야 한다는 점과 양국 간의 각종 문제에 관해 더욱 긴밀한 협의를 할 필요가 있다는 데에 의견을 모았다.

(1) 한국 측은 일본에서의 '재일한국인의 법적 지위 및 대우에 관한 협정' 실시와 관련하여, '지난 7월 20일과 21일 이틀에 걸쳐 도쿄에서 개최된, 양국 정부 관계 실무자 회담에서 양해된 사항은 최단기간 내에 확인되어야 한다.'고 말했고, 이에 대해 일본 측은 이의 없음을 표명했다.

(2) "북송 문제"에 대해서 한국 측은 이에 강력히 반대한다는 입장을 다시 밝히며 즉각 중단을 요청했다. 이에 대해 일본 측은 올해 11월을 기해 종료하기로 되어 있는, 이른바 콜카타 협정을 재연장할 생각이 없다고 밝혔다.

8. 일본 측은 일본의 경제 사정에 관해 '작년에 이어 올해도 국내 경제활동이 활발히 진행되고 있는 반면에 국제수지 등에 문제가 생길 우려가 있음'을 지적하며 향후 균형 잡힌, 안정적인 경제성장을 위해 재정금융정책의 적절한 운영을 도모할 의도가 있다고 밝혔다.

한국 측은 지난해 9월 서울에서 개최된 일한 경제 각료 간담회 이후 한국의 경제성장에 관해 설명하였는데, 특히 2차 경제개발 5개년 계획의 조기 완수 전망을 밝혔다.

9. (1) 한국 측은 한국의 제1차 경제개발 5개년 계획을 훨씬 웃도는 현저한 경제성장 실적을 설명하고, 제2차 경제개발 5개년 계획의 조기 달성에 대한 일본 측의 협력을 요청하며, 여기에 필요한 일반 플랜트에 대해 '1970년 상반기까지 이 플랜트들이 완성되도록 향후 2억 달러를 한도로 하는, 새로운 상업상의 민간신용에 관련된民間信用にかかる 수출을 승인해 달라.'고 요청했다.

일본 측은 이에 대해 2억 달러를 한도로 하는 새로운 상업상의 민간신용에 관련된 수출 승인을 할 용의가 있다고 밝히고 그 실행 일정에 대해서는 양국 정부 간에 조속히 협의하기로 합의를 보았다.

(2) 9천만 달러 어업협력을 위한 민간신용 공여와 3천만 달러 선박 수출을 위한 민간신용 공여에 대해서는, 일본 정부가 1967년부터 1968년 말까지 3천만 달러 한도로 수출을 승인하기로 하고, 이후에도 가급적 신속하게 실시하자고 양국 정부 간에 합의를 보았다.

(3) 1967년 8월 10일 현재 이미 한국 측이 은행 보증서保証状을 발행한 플랜트 계약에 관해서는 일본 정부는 필요한 절차를 거쳐 향후 6개월 이내에 수출 승인을 하기로 했다.

10. 양국 각료들은 양국 무역의 현황과 추세를 검토하고 호혜의 원칙에 기반하여, 장차 양국 무역의 확대와 균형을 도모할 것을 염두에 두며 의견을 교환하였고,

(1) 개발 수출, 가공무역 및 합병合併투자 등이 포함된 무역 확대 방안을 검토하기 위해 양국 정부 관계자들로 구성된 무역합동위원회를 설치하자는 한국 측 제안에 대해 일본 측은 동의했다.

(2) 가공무역에 관한 한국 측 요망에 대해, 일본 측은 '한국에 대한 원재료 무환無為替수출과 기계설비 대여는 케이스 바이 케이스로 인정하기로 하였다. 역위탁 가공으로 인해 재수입되

는 상품의 원재료 부분에 대한 관세 면제는 현재로서는 어렵지만, 국내 산업과 경쟁하지 않는 품목은 다시 충분히 검토해 보겠다.'고 했다.

또 특혜관세제도에 대해서는 아직 검토중이지만 이를 실시할 경우, 한국 측이 요청하는 품목에 대해 충분히 배려하겠다고 했다.

(3) 한국 측이 요청한 프로토타입 기술 훈련 센터 설치에 관해서, 일본 측은 그 요청을 고려해 보고 향후 사전 조사 등으로 구체적인 내용을 검토하겠다고 했다.

(4) 한국산 담배 수입 요청에 대해서, 일본 측은 시험 수입의 결과를 기다렸다가 앞으로의 수입액 증가를 검토하겠다고 약속했다.

(5) 재한 일본 상사 문제에 관한 일본 측 요망에 대해서, 한국 측은 현재 문제가 되는 상사의 오퍼상 등록 인정을 고려하고, 상사의 사원 등의 입국, 체재와 가족 동반에 관해서도 호의적인 검토를 하겠다고 말했다.

(6) 공업소유권 보호에 관해서 일본 측은 한국 측이 요청한 관계 자료 제공 등의 편의를 도모하고, 한국 측은 일본의 공업소유권 보호에 대해 호의적 고려를 하겠다고 약속했다.

(7) 일본 영화 수입에 관한 일본 측 요청에 대해 한국 측은 문화영화에 관해 호의적으로 검토하겠다고 했다.

11. (1) 일본 측은 재한 상사에 대한 과세 문제에 관해, 한국 정부가 한국 국내 사업 활동에 걸맞은 합리적인 과세를 하여 조기에 이를 해결하기를 요청했다.

이에 대해 한국 측은 관계 국내법의 해석이 허용하는 한 공정하고 타당한 과세가 되게끔 조치하겠다고 확인했다.

양국의 각료는 조세 조약을 조기에 타결하기 위해, 금년 10월부터 교섭을 개시하는 것에 관해 의견의 일치를 보았다.

(2) 이에 관련하여 한국 측은 재일한국인에 대한 일본 정부의 과세에 관해서 일본 정부의 호의적인 배려를 요청하고, 이들 재일한국인의 경제활동, 특히 은행 설립 허가 및 신용조합의 인가와 활동에 관해서 일본 정부가 특별한 고려를 해줄 것을 요청하였고, 일본 측은 한국 측의 이 같은 요청을 구체적으로 검토하기로 약속했다.

12. (1) 양국 각료는 농림수산물의 무역에 관해서는

　　(a) 한국의 농림수산물 수출 증대를 촉진하기 위하여, 일본산 물품과 경합하지 않는 것들에 관해 양국 실무자를 통해 계약 재배와 사육에 관한 조사를 하기로 합의했다.

　　(b) 생우生牛에 관해서는 장래 소고기 수출을 촉진시킨다는 취지 아래, 소고기 품질, 가격 등에 관해 필요한 자료를 받기 때문에得るために, 이때 예외적으로 올해 안에 생우의 시험 수출을 할 수 있도록 조속히 검토하기로 합의했다.

　　(c) 농림수산물의 수입제한품목에 관한 일본 측의 수입 할당은, 일본산 물품과의 경합에 유의하며 점차 늘리기로 합의했다.

(2) 또한 어업 문제에 관해서는

　　(a) 한국 측은 어업협력을 위한 민간 신용 공여 9천만 달러의 사용에 관해, 일본 국내 선대船台 사정과 선박 가격船価을 고려하여 필요에 따라 한국 국내 조선을 위한 자재와 기기 수출을 인정해 달라고 강하게 요청했다. 이에 대해 일본 측은 그 내용을 이해하였고 이를 검토하겠다고 하였다.

　　(b) 어업협력을 위한 민간 신용 공여 9천만 달러 가운데 5천만 달러의 운용에 관해, 해외 어장의 시장 공동 개척 및 양국 어업 상호 발전 등의 공동 이익을 도모하고자 양국 당국은 민간 합작 투자와 상호 협력을 장려하기로 합의했다.

　　(c) 한국 측은 양국 간에 증대되는 수산물 수요를 충당하고

교역 확대를 도모하고자, 일한 양국 당국이 한국 연안 중식 사업개발을 위한 공동조사를 연내에 실시하자고 제안했다. 이에 대해 일본 측은 일본산 물품과 경합하지 않는 것들에 관해서 이를 실시하기로 동의했다.

(d) 한국 측은 양국 간의 현행 협정을 토대로 하는 어업협력이라는 입장에서 일본이 최근 제정한 "외국인 어업 규제에 관한 법률"의 시행에 따라 한국 어선의 일본 기항 등에 지장을 초래하는 일이 없을 것이라고 이해한다고 말했다. 이에 대해 일본 측은 본 법률 운용에 있어서는 한국 어선의 일본 기항 등에 지장이 없게끔 배려하겠다고 밝혔다.

13. 일본 측은 해운 문제에 관해, 해운 자유의 원칙에 기초한 해운협정을 가급적 빨리 체결하는 것에 대하여 한국 측의 협력을 요구하고, 한국의 해운진흥법 운용에 따라 일본 해운에 불리한 영향을 끼치지 않도록 한국 측의 선처를 바랐다.

이에 대해 한국 측은 해운 자유의 원칙을 장차 실현되어야 하는 공동의 노력 목표로 삼아서, 양국 해운의 실정을 감안하며 해운협정 조기 체결을 위해 향후에도 계속 노력하겠다고 말했다.

또 한국 측은 이 법이 특정 국가를 대상으로 하는 것이 아니라, 자국 해운의 현재 상황을 고려하면 그 육성을 위해 부득이한 것이라 말하고선, 그 운용하는 데에 있어 일본 측 요청에 유의하겠다고 말했다.

14. 양국 각료는 이번 회의가 양국의 상호 이해를 넓히고 상호 협력을 한층 더 추진하는 데 있어 매우 유익했음에 의견의 일치를 보았다.

15. 제2회 한일정기각료회의는 내년 한일 양국 정부가 합의한 시기에 서울에서 개최되는 것으로 합의했다.

16. 한국 측 각료는 금번 제1회 한일정기각료회의 중 일본 정부와 국민이 보여준 환대에 대해 사의를 표했다.

　일적과 조적이 각기 주장하는 귀환 문제의 차이점을 정리한 표이다.

북조선귀환문제 조일 두 적십자의 주장

1967.12.19.

원호국

문제점	일본적십자사 주장	조선적십자회 주장
1. 귀환협정의 종료	귀환협정은 1967년 11월 12일을 기해 종료되었다.	(귀환협정이 종료되었다는 발언은 하질 않았다.)
2. 귀환신청 완료자에 관한 잠정조치	① 잠정조치 기간은 1968년 7월 말까지로 한다. ② 1968년 7월까지, 필요한 기간 동안, 적어도 매달 두 척의 배선을 요청한다. ③ 출발통지에 응하지 않는 자는 신청을 무효로 처리한다.	① 귀환신청 완료자의 귀국은 2~3년 안에 완료되는 것으로 한다. ② 그동안의 배선은 북조선 측의 사정으로 월 1회로 한다. ③ 출발통지에 응하지 않아도 신청은 유효하다.
3. 귀환협정 종료 후의 조치	① 출국자는 원칙적으로 본인이 고른 일반화객선에 따르는 것으로 하나, 출국희망자가 상당수에 달할 때마다 일본 측 통고를 바탕으로 북조선 측의 배선을 인정한다. ② 선원 외 승선자는 일본 정부의 허가를 필요로 한다.	① 귀국자 수송을 위해 2~3개월에 1회 귀환선을 배선한다. ② 승선 대표 및 기타 귀환선 왕래에 관한 사항은 종래의 방법으로 한다.

	③ 출국자에게는 출국증명서가 발급된다.	③ 귀국 신청은 입관 창구 외에도 각 지방市町村에서도 접수하는 등, 신청자의 편의를 고려해 주길 바란다.
	④ 출국자의 소지금과 소지 화물에 관해서는 소지금 액수가 증액된 것 외에 종래와 크게 다를 바 없다.	④ (소지금, 소지 화물에 대해서는 특별히 이의를 제기하지 않았다.)
	⑤ 출국을 위한 여비 등은 개인 부담으로 한다. 다만 생활 곤란자에 대해서는 필요한 원조가 부여된다.	⑤ 출국을 위한 여비 등은 조적이 총련에게 송금하고 총련이 지출한다. 생활빈곤자는 일본 측이 원조한다.
	⑥ 일적은 필요에 따라 배선 연락, 의료 원조, 인사 상담, 숙소 알선을 맡을 용의가 있다. 또 귀국자 명부는 일적 니가타 지부가 취합하여 조적에 참고자료 삼아 건네는 것을 고려한다. 또 업무 운영에 총련이 개입하는 것은 인정하지 않는다.	⑥ 귀국자 명부의 취합, 니가타 센터의 운영, 귀국자 인도 등은 종래와 같이 일적이 맡는다. 만약 일적이 하지 않을 때는 총련이 이를 맡아 행한다.
4. 콜롬보회담 합의 형식	잠정조치는 합의서, 협정 종료후 조치는 공동성명서コミュニケ나 토의 요록으로 한다.	합의서, 또는 공동성명서를 조인 후 공포한다.

042　메모지에 작성된 내용으로, 메모지 상단에는 The Third Regular Japan-Korea Miniterial Conference라고 인쇄되어 있다. 제3회 정기 한일각료회의(第3回日韓定期閣僚会議)는 69년 8월 26일부터 28일까지 3일간 도쿄에서 개최되었기 때문에 시기상 맞지 않고, 내용적으로도 본 문서철과는 거리가 있다. 잘못 삽입되었을 가능성이 있다.

제3회 정기 일한 각료 회의

注: 출관국 여권법 개정
(3) 일시방문(양국간 협정에서 해제하려고 하는 카테고리

　　　=pass through=
(일본에서 출발국 이외의 다른 나라로)　단기 상용 현행 180일_
① 국제적 관례
　　　　선진국, 후진국 간의 차이
*recommendation　　　　　사증 사무 성격과 출관령의 관계
　　|사증 구분과 출관령이라는 재류자격|
　　注: 소련에서 온 일시 출장자가 눌러앉아, 어느새인가 정원이 늘어난 형태로 되어 있는 경향 ↔ 체재기간의 명시
(4) 업무, 어떤 의미로의 영리 cf 자격증명서 case
(5) 특정, 비영리

043　내각에서 귀환 문제에 관한 가이드 라인을 정해 일적 사장에게 교부한 내용(044)를 전달하고 있다. 이는 035 문서와 기본적으로 유사하나 제1의 3. 제3의 2, 3은 조금 더 구체적으로 변하였다. 반면 제2의 주와 제4의 2의 을과 병이 사라져서 일본 측이 배선하는 것은 아예 배제되었음은 알 수 있다.

내각각[시]閣阛 제192호
1967년 11월 8일

내각관방장관

일본적십자사 사장
가와니시 지쓰조川西実三 님

북조선 귀환 문제 처리 방침에 관해

북조선 귀환 문제 처리에 관해 일찍부터 배려를 해 주시고 계신데, 금번에 정부는 이 문제에 대한 향후 방침을 별지와 같이 정하였으니 이 내용을 이해하시고 북조선 측과의 교섭에 임하시길 부탁드립니다.

044

-별첨-
1967년 11월 7일

북조선 귀환 문제 처리 방침

제1 기본방침
  1. 1966년 8월 23일자 각의 양해 및 1967년 4월 21일자 각의 보고와 같이, 북조선귀환협정(이하 "협정")은 1967년 11월 12일을 기해 종료시키고, 협정 종료 후에는 귀환 희망자의 임의 출국을 허용한다.
  2. 조적이 귀환 신청 완료자帰還申請済者(귀환신청자 가운데 협정

종료시까지 귀환하지 못한 자를 일컬음, 이하 동일)에 관한 잠정조치 등에 대해 토의할 의향을 밝히고, 협정의 무수정 연장 주장을 고집하지 않을 경우, 일적은 조적과 회담을 행한다.

3. 회담에서 일적은 귀환 신청 완료자에 관한 잠정조치(후술 제2)에 대해 토의하기로 하고, 이 점에 관한 합의에 이르기 위해, 필요하다면 협정종료 후의 조치(후술 제3)를 설명한다. 이 경우 새로운 "협정"의 체결은 맺지 않는다.

4. 상기 잠정조치에 대해 합의에 이르지 못한 채 1967년 11월 12일을 넘길 때의 조치는 후술 제4에 따른다.

제2 귀환 신청 완료자에 관한 잠정조치

북조선 측이 귀환 신청 완료자를 수송하기 위해 가능한 한의 배선(월 4척의 배선을 요청)을 하는 것을 조건으로 삼아, 원칙적으로 1968년 3월 31일까지는 협정 유효시에 준하는 편의를 제공한다.

제3 협정 종료 후의 조치(상기 제2 조치가 합의될 경우에 한함)

1. 협정종료 후에 북조선행 출국희망자는 필요한 출국 수속을 이행한 후에 일반외국인과 마찬가지로 임의로 출국할 수 있다.

출국희망자에 대해서는 출국증명서가 발급되고, 생활곤란자일 때는 출국할 때까지 필요한 원조가 주어진다.

2. 출국자는 스스로가 선택한 일반 화객선에 의함을 원칙으로 삼는데, 다음 3.에서 규정하는 선박으로도 출국이 가능하다.

3. 북조선측은 출국자를 우송하기 위해, 다음 조건 아래 일본 항구에 배선할 수 있다.

ㄱ. 배선하는 항구는 니기타항일 것

ㄴ. 배선은 해당 선박에 승선하고자 하는 출국희망자가 상당 수에 달했다는 일본 측 통고가 있을 때마다 할 것.

ㄷ. 선원 이외의 승선자에 대해서는 일본국 정부의 허가를 필요로 할 것.

ㄹ. 배선에 대한 연락사무는 일조 양 적십자 간에 행할 것

제4. 전기 제2의 조치가 합의되지 않을 경우의 조치

1. 출국희망자는 필요한 출국 수속을 이행한 후에, 일반 외국인과 마찬가지로 자신이 고른 방법(일반 화객선)으로 임의로 출국할 수 있다.

   출국희망자에 대해서는 출국증명서가 발급된다.

2. 출국희망자 중 귀환 신청 완료자에게도 협정 유효시에 준하는 편의는 제공하지 않으며, 이들을 우송하기 위해 북조선이 배선하더라고 본국의 입항은 허용치 않는다.

045　　모스크바 회담이 결렬되고 협정이 종료되며 잔여자들에 대한 처리를 위하여 콜롬보 회담(1967.11.27.~)이 개최되게 된다. 본 문서는 이를 앞두고 기록의 형태를 어떻게 남기는가에 관한 내용을 담고 있다. 046은 그 중 신문으로 이를 배포할 시의 초안에 해당한다. 초안의 내용은 044의 가이드라인에 따른다.

-memo-문서의 형식은 열기(列記)하는 방법이 적당하다고 생각하나, 이것이 협정 합의가 아니라고 주장하기 위해서는 그 내용과 그 표현이 형식에 어울릴 필요가 있다고 생각한다.

콜롬보 회담의 토론 기록 형식에 관하여

1967.11.17.

북동아시아과

일적이 북조선적십자와 맺은 소위 북조선귀환협정은 11월 12일을 기해 종료되는데, 동 협정 종료에 따르는 '귀환 신청 완료자에 대한 잠정조치와 잠정조치 종료 후의 조치'에 관해 북조선적십자에

게 설명하기 위해 조만간 콜롬보에서 두 적십자 간 회담이 개최된다. 이 회담의 교섭 결과, 상대와 어떤 실질적인 합의에 도달할 경우에 이를 어떠한 형식으로 삼을지가 문제이다.

본 건은 어떤 형식을 취하든지 일적이 당사자가 되어 합의를 하는 것으로 일본 정부는 구속되지 않지만, 일본은 일찍부터 설령 적십자 차원レベル에서라도 "새로운 협정의 체결은 맺질 않는다."(11월 8일자 관방장관이 일적 사장 앞으로 보낸 요청서 참조)를 방침으로 삼았기에, 실질적인 합의 발표 형식에 관해 신중히 검토할 필요가 있다.

이에 일적의 요청에 기반하여 상기와 같은 점들을 고려한다면, 다음과 같은 형식을 생각해 볼 수 있다.

제1안 신문발표(안案, 별첨과 같음)

이것이 바람직하다고 일적에 설명을 마쳤음.(공동 신문발표로 하는 것도 고려해 볼 수 있음)

제2안 공동성명서

쌍방 대표단의 토의 내용을 확인하는 형태의 공동성명서를 발표한다. 물론 서명은 하지 않는다. (내용상으로는 상기 신문발표와 같음)

제3안 토의 요록

쌍방 대표단의 토의 내용을 확인하기 위한 토의 요록을 작성한다. (이 경우 도장印을 찍거나 서명하는 것도 무방하다.)

046

일적 대표단 신문발표(안)

월 일
콜롬보

콜카타 협정(일본적십자사와 조선민주주의인민공화국적십자회 사이에 맺어진 재일조선인 귀환에 관한 협정)은 소기의 목적을 달성하여 오는 11월 12일에 종료되었다.

일본적십자사는 11월 　일부터 　월 　일까지 콜롬보에서 조선민주주의인민공화국적십자회와 협정 종료 후의 재일조선인 귀환 조치에 관해 협의·설명했다.

1. 일본 측은 귀환 신청 완료자에 대해서는 아래와 같은 편의를 제공함을 설명했다.

   귀환 신청 완료자에 대해서는 북조선 측이 귀환 신청 완료자를 수송하기 위해 가능한 한의 배선(월 4척)을 행하는 것(注)을 조건으로 삼아, 일본 측은 1968년 3월 31일까지 협정 유효시에 준하는 편의를 제공한다.

   -memo- 주) 배선에 관해 그 구체적 일정이 합의가 되면 그것을 적어 넣는다.

2. 일적은 잠정조치 종료 후에 일본 정부가 북조선행 출국자에 대해 아래의 편의를 제공함을 설명했다.

   -memo- 잠정조치에 관해서는 별도 합의서로 하기로 했다 (아무 지장 없음)

   (1) 북조선행 출국희망자는 필요한 출국 수속(注)을 이행한 다음에 일반 외국인과 마찬가지로 출국할 수 있다.

   　출국희망자에게는 출국증명서가 발급되고 생활곤란자인 경우에는 출국할 때까지 필요한 원조가 주어진다.

   -memo- 상세히 주를 적을 것

   (2) 출국자는 자신이 선택한 일반 화객선에 의함을 원칙으로 삼지만, 다음 (3)에 규정하는 선박에 의해서도 출국할 수 있다

   (3) 북조선 측은 출국자를 수송하기 위해 다음 조건 아래 일본의 항구에 배선할 수 있다.

   ㄱ. 배선하는 항구는 니기타항일 것

   ㄴ. 배선은 해당 선박에 승선하려고 하는 출국희망자가 상당

수(注)에 달했다는 일본 측의 통고가 있을 때마다 한다.

ㄷ. 선원 외 승선자에 대해서는 일본국 정부의 허가(注)를 필요로 한다.

ㄹ. 배선에 관한 연락 사무는 적십자가 행한다.

047　본 문서는 일본적십자사의 감독권에 대한 기술로 송환 사업 수임에 대한 적절성과 정부 감독 가능 여부, 본 회담에 대한 정부의 무관계성과 무책임성에 대한 내용이 담겨 있다.

일본적십자에 대한 감독권에 관하여
("일본적십자사법"과의 관련)

1967.12.6.
북동아시아과

북조선귀환업무는 종전—평화조약 발효에 따라, 일본국적을 상실한 재일조선인 중 북조선에 귀환하기를 희망한 자가 많았던 당시 사정을 고려하여, 1959년 2월 13일자 각의 양해로 그 실시를 결정하고 2월 14일자로 외무대신과 후생대신이 일본적십자사 사장에게 의뢰한 것에 기반한다.

이 업무는 그 실시 경위로 보아, 일본적십자사법 제33조에서 말하는 '국가의 위탁업무'가 아니라 동법 제1조(注1)의 목적에 준하는 동법 제27조 1항 4호(注2)에서 말하는 업무로 생각할 수 있다.

주1. 일본적십자사는 적십자에 관한 제반 조약과 적십자국제회의에서 결의된 제반 원칙의 정신에 기반하여, 적십자가 이상으로 삼는 인도적 임무를 달성하는 것을 그 목적으로 한다.

주2. 앞선 각 호号에서 거론한 업무 외에 제1조의 목적을 달성키 위해 필요한 업무

이번 스리랑카Ceylon 회담은 본 업무의 종료에 따른 사후 처리 문제를 토의키 위함으로(본 업무의 범주 안에 있다고 생각되어) 국가의 위탁업무에 관련된 법령상의 문제는 발생하지 않는다. (다만, 일적 대표단에 개별적으로 구체적인 법령 위반 행위가 일어나면, 동법 제37조(주3)에서 이야기하는 후생대신의 감독처분 문제가 발생한다.)

또한 이번 회담에 앞서 관방장관이 일적 사장에게 정부 방침을 수교하고 교섭을 의뢰한 경위는 있지만, 이는 어떠한 법령에 근거한 것이 아니다.

따라서 이번 회담에서 일적 대표단이 정부의 방침을 이탈한 문제에 관해서는 정치적, 도의적 책임은 별개로 하더라도 법률상으로는 어떠한 법령 위반에도 해당되지 않기에, 정부의 감독처분 대상은 되질 않는다.

주3. 후생대신은 일본적십자사가 그 업무에 관하여 법령, 법령에 근거한 행정청의 처분, 또는 정관을 위반했을 때에는 일본적십자사에 대해 필요한 조치를 취하라고 명령을 내릴 수 있다.

048　　중의원예산위에서 질문이 나올 것을 대비하여 작성된 문서인데, 만약 질문을 받는다면 관망이라고 대답하라는 건의를 올리고 있다. 다만 국회의사록을 찾아보면 제57회 국회 중의원 예산위원회 제5호, 제2호에서 각각 콜롬보회담이 수곳에서 언급되긴 하나 아타키 의원은 본 건에 관해 질문하지 않았다. (아타키 의원의 이름은 제5호에서 찾을 수 있다.)

14일의 중의원 예산위 북조선 귀환(관련 질문)에 관한 건

1967.12.13.

북동아시아과

후생성의 연락에 따르면 14일 예산위에서 아타카安宅 의원이 사회당 3의원이 질문 도중에 관련된 질문으로 콜롬보 적십자회담에 관한 정부의 의향을 물을 예정이라고 함.

총리와 후생대신에게만 질문하고, 외무와 법무 두 대신에게는 질문하지 않겠다고 아타카 의원이 말했다는데 만약 외무대신에게도 질문을 할 경우에는 다음처럼 간단히 대답하면 충분하리라 생각된다.

"콜롬보에서 양 적십자사 간에 행해진 회담에서는 현재 협정 종료에 따르는 문제에 관해 교섭이 행해지고 있기에, 정부도 회담을 관망하고 있는 바이다."

049 원 사료에는 신문 스크랩이 있고, 이를 수기로 적은 문서로 구성되어 있는데, 신문 스크랩(확대 복사) 부분은 반절 이상이 문서철 접합부에 눌려 보이질 않아 대조 확인을 하질 못하고 일단 수기로 작성된 부분만 옮겼다. 기사 내용은 기한이 만료가 되고 나서 최초로 자비로 북한에 간 부부에 관한 이야기가 실려 있는데, 가타카나로 한국 이름을 표기한 것을 다시 한국어로 옮겨 보았는데, 홍삼휴라는 이름이 부정확한 것인지 한국 언론에는 해당 이름을 찾아볼 수 없다.

◎자비로 북조선에 간 최초의 사람, 조선대학 학생 홍洪군과 그 아내

(동경18일=SISA)

재일한국인 두 명이 17일 아침, 요코하마항에서 소련 선박 바이칼호(5,235톤)로 나홋카를 경유하여 북조선으로 향했다. 이 둘은 조선대학 학생 홍삼휴サムヒュ(27세)와 아내 정임チョンイム(23세)으로, 북송협정이 지난 11월에 기한 만료가 되고 이후 자비로 북조선에 간 첫 번째 사례이다. 이날 조총련계 약 200명이 두 사람을 전송했다.

(1.18. 지지時事평론)

050　68년 1월 23일, 미 해군 정보수집함인 푸에블로(Pueblo)호가 북한에 강제 나포당했을 때에 북조선에 기항했던 일본 선박들에 관한 조사서를 해안보상청에서 넘겨받은 건에 해당하는데, 본 문서철의 주제을 보면 1번 항목(북조선 기항 일본 화물선의 현황) 때문에 본 문서철에 삽입되었으리라 추측한다.

푸에블로호 사건 발생 당시의 북조선 독항선独航船에 관하여

1968.2.12.

북동국局□□□

2월 12일 오전, 해상보안청 이*** 차장이 대□□大□□를 청취했는데 다음과 같았다.

1. 현재 약 60척의 화물선이 부정기선tramper의 형태로 북조선의 항구에 기항하는데, 2등 화물선 대부분은 "□□선주□□船主" 소유에 속하며 많은 수가 북조선계 조선인과 연결고리를 갖고 있다. 선장 이하 승조원도 많든 적든 북조선계의 색채를 띠고 있는 듯하다.

2. 기항지는 청진과 흥남과 서해안의 □남포□南浦 뿐으로 원산에는 입항하질 못한다.

3. 해상보안청은 동해日本海 방면의 해상보안에 대한 이상 유무를 확인하기 위해, 푸에블로Pueblo 함 피랍 사건 발생 당시 북조선 항구에 있었다고 여겨지는 고후쿠마루光複丸 외 3척에 대해 별첨과 같이 본국 귀항 후에 선장에게 여러 사정을 물었는데, 일반적으로 '나중에 북조선 측이 불만을 말하면 곤란하다.'고 하는 완고한 태도였다.

4. (우리 질문에 대해서 담당관에 관하여 조사한 다음에) 아사히마루朝日丸는 오사카 아사히 해운(주식회사) 소유 화물선(7,080톤)으로 상기 3.의 4척 외에도 북조선에 기항하고 있었다고 훗날 판명되었기에, 2월 3일 본□에 입항할 때 선장에게 사정을 조회해 봤더니, 1월 22, 23일경 흥남항을 기항했다고 할 뿐, 그 외는 일절 질문에 답하지 않겠다는 완고한 태도였기에 구체적인 사실에 관해서는 확

인하지 못했다.

5. 해상보안청도 이들 선박의 행동에 관해서는 '경우에 따라 북조선 측이 해당 선박의 기항 정지와 같은 보복 조치를 취할 염려'도 있기에, 일절 공표를 피하고 있다.

051　본 문서는 러시아 공사를 외무성에 초치하고 회담을 나눈 내용을 담고 있다. 본 문서에서는 인양과 귀환을 나누어 쓰고 있기에 본문의 번역도 이에 따랐다. 대화 가운데에 등장하는, 평신정 사건이란 1966년에 북조선 어선이 일본 망명을 요청하며 밀항한 사건을 가리킨다.

극비

오** 구아欧亜국장 대리-로자노프ロザノフ 공사

회담요지

1967.10.11. 10:30-12:15

동석자 테레후코テレフコ 관보

스*** 사무관

오** 구아국장 대리가 11일 로자노프 공사를 초치하여, '북조선 귀환 문제로 일찍이 일본 측이 타진 중이던 요코하마-나홋카 항로 소련 정기선의 청진 기항 가능성에 대하여, 소련 해운성이 답변을 보내왔는지' 물어봤더니 로자노프 공사는 "소련 측은 북조선 귀환 문제는 일적과 북조선적십자사가 담당하는 문제로서, 양 적십자 간에 합의가 이루어지기 전에는 본 귀국 문제에 직접 관계치 않는 정부 기관이 개입해선 안 된다고 생각한다. 소련 해운성도 같은 입장이기에, 일조 日鮮 양 적십자사가 의뢰하여 소련적십자사가 소련 선박의 기항 문제를 제기할 경우에는 본 건을 검토하는 것도 가능할 테지만, 현 단계에서 북조선적십자가 의뢰도 하질 않았는데 우송 문제에 관해 언급하는 것은 불가능하다고 생각한다."고 답했다.

뒤이어 우리는 지난 모스크바에서 행해진 일적과 북조선 적십자사의 교섭에서 소련 정부와 소련적십지사가 다양한 편의를 제공해 준 데에 감사를 표하며, 상기 교섭의 경위, 귀국을 희망하는 조선인 숫자 등 본 문제의 현황을 설명하고선 "일본 정부는 인도적인 입장에서 귀국을 희망하는 조선인에게는 그 귀국에 대해 가능한 한 협력할 생각이긴 하지만, 전후 처리 문제 가운데 유일하게 남은 인양 문제를 무기한 이어 가는 것은 불가능하니 조속히 정리하고 싶은 바이다."며 우리 입장을 설명했다.

이에 대해 로자노프 공사는 "소련 측은 일본-북조선 적십자사 간의 합의를 바탕으로 북조선에 돌아가는 사람을 인양자라고 생각하여 보통의 선객船客과는 엄격하게 구분짓고 있다. 지금까지 소련 측은 적십자 차원ライン에서 본 건 인양 문제 해결에 다양한 편의를 제공하였는데, 일본-북조선 양 적십자사 사이에 합의가 행해지지 않은 현 단계에선 소련이 국가적으로 어떠한 형태로 개입하는 것은 극히 곤란하다."며 적십자사끼리의 합의가 선결되어야 함을 강조했다.

동 회담에서는 2시간에 걸쳐 격론이 벌어졌는데, 이하 인양자와 통상 북조선 입국자와의 차이 등 회담의 중요 지점에 관해 기록 차원에서 다음과 같이 보고한다.

오**: 일본에 장기간 거주하다가 북조선에 돌아가는 사람들은 모두 인양자라고 생각하고 계신 겁니까?

로자노프: 협정 유무에 관계 없이 그들은 인양자입니다. 귀국희망자가 있는 경우, 귀국에 대해 북조선 측과 문제를 다시금 합의해놓을 필요가 습니다.

오**: 다시 말하면, 일반적으로 북조선에 돌아가는 사람들은 모두 인양자라고 하는 겁니까?

로자노프: 그렇습니다. 그들을 우송하기 위해서는 우선 일본적십

자사와 북조선적십자사 간에 모든 관련 문제를 해결해 두어야 합니다.

오**: 북조선 정부가 입국 비자를 주면 되는 것 아닙니까?

로자노프: 비자 문제만은 아닙니다.

오**: 이를테면 현재 귀국희망자 1만 7천 명 거의 전부가 북조선이 배선을 하거나 일본 측이 배선을 하여 어떠한 방법으로든 내년 3월까지 돌아간 후에, 예를 들어 내년 가을이 돼서 3~5명의 조선인이 귀국하겠다든가, 혹은 1개월이나 2개월 정도만 북조선에 일시 귀국하고 싶다고 희망해서 북조선 정부의 입국 허가를 취득할 경우는 어떤가요? 이 사람은 분명히 모스크바를 경유해서든 홍콩을 경유해서든 돌아갈 수 있겠지요?

로자노프: 이 경우도 북조선 측과 관련 문제에 관한 합의가 없다면, 소련은 수송을 할 수 없습니다. 일본과 북조선은 국교가 없기에 적십자사 차원線에서 합의를 봐야 합니다. 협정을 연장할지, 새 협정을 따를지, 그 형식이 어떻게 될지는 모릅니다.

오**: 이야기를 바꿔 보죠. 작년 12월 모스크바를 방문했을 때에, 저는 스다리코프스ダリコフ 극동부장과 시베리아樺太 거주 조선인 가운데 일본인 부인과 결혼한 자들의 귀국 문제에 관해 회담을 가졌는데, 스다리코프 부장님은 '일본을 경유해서 한국으로 돌아가는 것은 허용하지 못하지만, 북조선으로 돌아가는 것은 허용할 수 있을지도 모르겠다.'고 발언하셨습니다. 이 경우 북조선 입국 비자를 취득하여 일본에 들렀다가 배우자(부인)의 친척과 재회하고 성묘를 마친 후에 북조선에 들어갈 경우, 일본 · 북조선 양 적십자사는 그들의 입국과는 아무 관계도 없게 됩니다.

일본 거주자든 시베리아 거주자든 북조선 정부한테 비자를 받고 일본 정부가 출국 허가를 주기만 하면, 이 사람은 분명 자유롭게 북조선에 돌아갈 수 있을 것입니다. 그럼 이 가운데 적십자사는 아무런 관계가 없게 되질 않습니까?

로자노프: 저희들은 지금 인양자의 선박 문제를 심의하고 있는데, 갑자기 다른 문제를 제기하시는 이유를 모르겠습니다.

오**: 소련 선박의 청진 기항 문제가 양 적십자사 사이에 합의가 있기 전에는 해결될 것 같지 않다고 하니까, 다른 이야기를 하는 것입니다.

조선인이 북조선 입국비자를 취득하고 소련 선박의 티켓을 사서 이를 정부에 보여주기만 하면, 일본 정부는 이 사람에게 즉시 출국 증명서를 내줄 것을 분명히 해 두겠습니다. 이 자가 만약에 소련의 요코하마-나홋카 연락선을 탄다면, 소련에게 있어서 이 자는 통상적인 승객이기도 합니다. 이 자가 나홋카에서 하선하고 거기서부터 철도나 버스로 3~5시간 걸려 북조선에 입국해도 소련은 이를 저지할 수 없다고 생각합니다.

로자노프: 각각 특수한 케이스로서 그런 입국도 있을 수는 있겠지요. 다만 이 경우에도 일본과 북조선 사이에 새로이 입국 문제에 관해 이야기가 이루어질 필요가 있습니다.

평신정平新艇 사건 때에 소련은 조선인들을 소련 선박에 태워 북조선으로 수송했는데, 이때에도 일본과 북조선 간에 미리 합의가 되어 있었습니다.

오**: 평신정은 좋은 사례에 해당합니다. 이런 선례도 있으니, 북조선에 가고자 희망하는 사람 중에서 북조선 정부로부터 입국 비자를 발급받은 사람에게는 북조선 입국이 가능하게끔 배려해 주셨으면 합니다.

로자노프: 그들은 인양자가 아닙니다. 인양자란 일본에 살고 있고, 양 적십자사 간에 행해진 합의에 따라 북조선에 돌아가는 사람을 말합니다.

오**: 그와 같은 합의 없이 돌아가는 사람은 어떻게 합니까?

로자노프: 합의 없이는 돌아갈 수 없습니다.

오**: 이론적인 이야기지만 저는 오랫동안 일본에 살다가 북조선 입

국비자를 받고 나홋카를 경유하여 북조선에 들어가는 사람이 있을 때엔, 소련 측은 완벽한 제3자로서의 통상적인 편의만 제공해 주시면 되니까, 소련 측이 어떤 방해도 하지 않으리라 기대합니다.

로자노프: 이론적으로 이야기하면 입국은 할 수 있습니다. 다만 이 경우에도 그 사람의 북조선 입국에 관해 합의가 되는 것이 조건에 해당합니다.

오**: 오늘은 북조선 귀환 문제에 관해 자세히 이야기했는데, 여기에서 금세 해결될 문제도 아니니 오늘은 이걸로 이야기를 마치고자 합니다. 다만 일본 측 진의를 잘 이해하신 후에 오늘 토의의 상세를 모스크바에 전달해 주십시오.

로자노프: 알겠습니다.

오**: 저도 관계자에게 오늘 들은 소련 측의 견해를 전달하겠습니다.

052 　원래 제목에 방침(안)이라고 되어 있었는데, (안)에 취소선이 그어져 있다. 곳곳에 변동이 있으나 큰 틀은 044와 유사하다고 볼 수 있는데, 제2의 3과 제3에 소련과 소련적십자사에 관한 언급이 새로 생긴 것에 주목할 만하다.

북조선귀환협정에 관해
북조선적십자와의 회담에 임하는 방침

제1 기본 방침

　1966년 8월 23일자 각의 양해 및 1967년 4월 21일자 각의 보고와 같이, 소위 북조선귀환협정은 이미 소기의 목적을 달성했으니 종료시키고, 협정 종료 후에는 귀환희망자의 임의 출국을 인정할 것.

　따라서 이 회담에서는 협정 유효 기간 내에 귀환을 희망하는 신청자를 가급적 그 희망과 같이 귀환시키기 위한 조치에 대해 토의하기로 한다. 이 점에 관해 합의에 도달했다면 협정 종료 후의 귀환 희망자의 임의 출국에 관해, 양 적십자 간에 협력해야 하는 사항에 대해서도 토의하기로 하되, 새로이 협정의 체결을 맺진 않는다.

제2 교섭 요령

1. 협정 종료 전 조치에 관해

　　신청을 마감한 8월 12일 현재 귀환 신청자 수를 통고한 후에 이들 신청자는 협정유효기한인 11월 12일까지 귀환할 것을 희망하는 자들이므로 그 희망대로 귀환시키게끔 양 적십자는 협력해야 함을 강조하고,

　　일본 측은 그 송출에 만전을 기할 생각이니, 북조선 측도 그들을 받아들이는 데에 필요한 충분한 선박을 배선해야만 한다고 요구한다.

　　북조선 측이 배선의 증가(300인승 선박을 월 4회 이상)에 관해 성의를 보이지 않을 때에는 신청자가 그 희망과 같이 귀환하지 못하는 것에 대한 책임이 일절 북조선에 있음을 강조하고, 그 성의가 보일 때까지 회의의 속행을 거절한다.

　　북조선이 선박의 증가에 관해 성의를 보일 때에는 후술 2의 토의로 진전시킨다.

2. 협정 종료에 따르는 잠정조치

　　협정 유효 기간 내의 북조선 측의 배선 증가에 관해서도, 협정 유효 기간 내에 신청자의 귀환을 마칠 수 없다고 여겨질 때는, 잠정조치로서 '북조선 측이 이들을 인수하기 위해 충분한 배선을 일본わが国이 지정하는 항구에 할 것'을 조건으로 삼아, 너무 장기간이 아닌 일정한 기간에 한하여(1968년 3월 말일까지로 한다.) 협정 유효 시에 준하는 편의를 제공할 것을 밝히고, 북조선의 배선을 요구한다.

　　합의에 도달했을 때에는 배선 기간, 간격, 숫자 등 항구의 지

정과 편의 제공에 관한 합의서를 작성한다.

　이 합의에도 이르지 못할 때는 금번 회담을 중지한다.

3. 협정 종료 후 조치

　'본인의 자발적인 의사에 기반하여 귀환을 희망하는 자'에 대해서는, 필요한 출국 수속을 이행한다면 일반 외국인과 동일하게 임의로 출국하는 것이 가능하게끔 정부에서 배려하는 것으로 되어 있음을 알리고,

　　출국 수속

　　재산과 자금의 지참

　　빈곤자에 대한 부조

등에 관한, 정부의 취급방침에 관해 설명한다.

　'귀환희망자를 운송하는 선박'에 대해서는, 나홋카 정기항로선과 북조선에 취항하고 있는 화객선의 실태를 설명하고 '나홋카 항로 선박을 북조선에 기항시키는 것이 종국에는 가장 좋은 방법이므로 양 적십자가 협력하여 그것이 실현되게끔 소련에 압력을 가하자.'고 적극적極力으로 설득한다.

제3 기타

　배선의 증가와 나홋카 항로선의 북조선 기항에 대해, 소련적십자의 협력을 얻도록 노력한다.

O53　052과 동일한 내용이나, 3.의 제목 부분만 다르고 제4 항목이 추가되었다. 여기에는 제목의 (안)이 그대로 살아 있다. 4번 항목에는 모든 내용에 관해 정부의 지시를 구할 것이라고 쓰여 있다.

**북조선귀환협정에 관해
북조선 적십자와의 회담에 임하는 방침(안)**

제1 기본 방침

1966년 8월 23일자 각의 양해 및 1967년 4월 21일자 각의 보고와 같이, 소위 북조선귀환협정은 이미 소기의 목적을 달성했으니 종료시키고, 협정 종료 후에는 귀환희망자의 임의 출국을 인정할 것.

따라서 이 회담에서는 협정 유효 기간 내에 귀환을 희망하는 신청자를 가급적 그 희망과 같이 귀환시키기 위한 조치에 대해 토의하기로 한다. 이 점에 관해 합의에 도달했다면 협정 종료 후의 귀환 희망자의 임의 출국에 관해, 양 적십자 간에 협력해야 하는 사항에 대해서도 토의하기로 하되, 새로이 협정의 체결을 맺진 않는다.

제2 교섭 요령

1. 협정 종료 전 조치에 관해

신청을 마감한 8월 12일 현재 귀환 신청자 수를 통고한 후에 이들 신청자는 협정유효기한인 11월 12일까지 귀환할 것을 희망하는 자들이므로 그 희망대로 귀환시키게끔 양 적십자사는 협력해야 함을 강조하고,

일본 측은 그 송출에 만전을 기할 생각이니, 북조선 측도 그들을 받아들이는 데에 필요한 충분한 선박을 배선해야만 한다고 요구한다.

북조선 측이 배선의 증가(300인승 선박을 월 4회 이상)에 관해 성의를 보이지 않을 때에는 신청자가 그 희망과 같이 귀환하지 못하는 것에 대한 책임이 일절 북조선에 있음을 강조하고, 그 성의가 보일 때까지 회의의 속행을 거절한다.

북조선이 선박의 증가에 관해 성의를 보일 때에는 후술 2의 토의로 진전시킨다.

2. 협정 종료에 따르는 잠정조치

협정 유효 기간 내의 북조선 측의 배선 증가에 관해서도, 협정 유효 기간 내에 신청자의 귀환을 마칠 수 없다고 여겨질 때는,

잠정조치로서 '북조선 측이 이들을 인수하기 위해 충분한 배선을 일본이 지정하는 항구에 할 것'을 조건으로 삼아, 너무 장기간이 아닌 일정한 기간에 한하여(1968년 3월 말일까지로 한다.) 협정 유효 시에 준하는 편의를 제공할 것을 밝히고, 북조선의 배선을 요구한다.

합의에 도달했을 때에는 배선 기간, 간격, 숫자 등 항구의 지정과 편의 제공에 관한 합의서를 작성한다.

이 합의에도 이르지 못할 때는 금번 회담을 중지한다.

3. 협정 종료 후 조치

'본인의 자발적인 의사에 기반하여 귀환을 희망하는 자'에 대해서는, 필요한 출국 수속을 이행한다면 일반 외국인과 동일하게 임의로 출국하는 것이 가능하게끔 정부에서 배려하는 것으로 되어 있음을 알리고,

출국 수속

재산과 자금의 지참

빈곤자에 대한 부조

등에 관한, 정부의 취급방침에 관해 설명한다.

'귀환희망자를 운송하는 선박'에 대해서는, 나홋카 정기항로선과 북조선에 취항하고 있는 화객선의 실태를 설명하고 '나홋카 항로선을 북조선에 기항시키는 것이 종국에는 가장 좋은 방법이므로 양 적십자가 협력하여 그것이 실현되게끔 소련에 압력을 가하자.'고 적극적으로 설득한다.

제3 소련 적십자에 대한 협력 요청

배선의 증가와 나홋카 항로선의 북조선 기항에 대해, 소련 적십자의 협력을 얻도록 노력한다.

제4 청훈請訓

기타 사항 및 중요한 문제에 관해서는 매번 청훈을 요청할 것.

054 025와 동일문서.

북조선귀환 신청자 총계

1967.8.23.
북동아시아과

북조선귀환협정에 근거한 귀환 신청은 8월 12일에 중단되었는데, 일본적십자사에서 집계한 것은 다음과 같다.

신청자 총계		17,877명
내역	1967년 7월 말일까지 신청자	4,284명
	1967년 8월 1일부터 12일까지 신청자	13,593명

이 가운데 희망 시기가 분명한 것은 17,506명이다. (17,877명 중 371명은 법무성, 일본적십자사가 보류한 자들이다.)

그 내역은 아래와 같다.

8월	278
9월	469
10월	1,201
11월	15,558

055 035와 동일 문서

북조선 귀환 문제 처리 방침(안)

제1 기본 방침

1. 1966년 8월 23일자 각의 양해 및 1967년 4월 21일자 각의 보고

와 같이 북조선귀환협정(이하, 협정)은 1967년 11월 12일을 기해 종료시키고, 협정 종료 후에는 귀환희망자의 임의 출국을 허용한다.

2. 조적이 귀환 신청 완료자(귀환 신청자 가운데 협정 종료 시까지 귀환하지 못한 자를 일컬음, 이하 동일)에 관한 잠정조치 등을 토의할 의향을 밝히고 협정의 무수정 연장 주장을 고집하지 않을 경우에는 일적은 조적과 회담을 행한다.

3. 회담에서 일적은 귀환 신청 완료자에 관한 잠정조치(후술 제2)에 관해 토의하기로 하고, 이 점에 대해 합의에 도달하면 협정 종료 후 조치(후술 제3)를 설명한다. 이 경우, 새로운 협정의 체결은 맺지 않는다.

4. 상기 잠정조치에 대해 합의에 이르지 못한 채 1967년 11월 12일을 넘겼을 경우의 조치는 후술 제4에 따른다.

제2 귀환 신청 완료자에 대한 잠정조치

북조선 측이 귀환 신청 완료자를 인수하기 위해 가능한 한의 배선(월 4척의 배선을 요청)을 하는 것을 조건으로 삼아, 원칙적으로 1968년 3월 31일까지는 협정 유효시에 준하는 편의를 제공한다.

(注) 북조선 측의 배선을 보완하기 위해, 필요하다고 인정될 때는 일본 측에서 배선하는 것을 검토한다.

제3 협정 종료 후의 조치(상기 제2의 조치가 합의될 경우에 한함)

1. 협정 종료 후에 북조선행 출국희망자는 필요한 출국 절차를 이행한 후에 일반 외국인과 마찬가지로 임의로 출국할 수 있다.

출국희망자에 대해서는 출국증명서가 발급되고, 생활곤란자일 때는 출국할 때까지 필요한 원조가 주어진다.

2. 출국자의 선박에 대해서는 자신이 고른 방법(일반 화객선 등)에 따르는 것을 원칙으로 한다.

이에 따라 출국을 완료하지 못한 자가 상당수에 도달할 때는 그때마다 북조선이 이들을 인수하기 위하여, 일본 측이 지정하는 시기에 지정하는 항구에 배선을 하면 그 입출항을 인정한나. 이때 북조선에서 해당 선박을 타고 오는 자는 미리 일본 정부의 허가를 받아야 한다. 배선에 관한 연락사무는 일조 양 적십자 간에 실시한다.

제4 전기 제2.의 조치가 합의되지 않을 경우의 조치

1. 출국희망자는 필요한 출국 절차를 이행한 후에 일반외국인과 마찬가지로 자신이 고른 방법(일반 화객선 등)으로 임의로 출국할 수 있다.

   출국희망자에 대해서는 출국증명서가 발급된다.

2. 출국희망자 중 귀환 신청 완료자에 대한 조치로 다음 세 가지 안이 있다.

   갑. 협정 유효시에 준하는 편의를 제공하지 아니하고, 이들을 인수하기 위해 북조선 측이 배선해 와도 일본 입항은 인정하지 않는다.

   을. 이들을 인수하기 위해 북조선 측이 배선을 해도 본국 입항을 인정하진 않지만, 일정 기간에 한해 협정 유효시에 준하는 편의를 제공하기로 하고 이들을 송출하기 위해 일본 측에서 배선하는 것을 검토한다.

   병. 1968년 3월 31일까지에 한하여 협정 유효시에 준하는 편의를 제공하기로 하고, 이들을 인수하기 위하여 북조선 측이 배선해 오면 합의가 없는 상태에서도 일본 입항을 인정한다.

O56   056이 타자본이고 056-1는 첨삭이 들어있는 수기본이다. 056-2는 056-1을 첨삭시킨 최종 결과물인데, 마지막 단락에 조금 차이가 있다. 보통 타자본이 최종본인 경우가 많으므로, 056-1이 초안에 해당하고, 056-2가 청서(淸書)본에 해당하며(별도 중복된 페이지는 056-1의 첨삭 상태가 좋지 않아 새로 적은 것으로 보인다.) 이를 최종적으로 056로 타자로 옮겼다고 유추할 수 있다. 056-1은 056와 그 시작이 다르고, 056-2는 마지막 단락이 다르다. 056-2에는 별도 페이지로

마지막 두 문단이 다시 적혀 있는데, 왜 해당 페이지가 삽입되었는지 알 수 없다. 실제로 보낸 것, 즉 최종본은 066에 있는데 조금 변동이 생겼음을 알 수 있다.

5월 28일자 귀하의 연락貴電은 잘 받았습니다.

재일조선인 귀환에 관한 협정은 이미 종료된 것으로서 협정 종료에 따르는 여러 문제의 해결에 관해, 일적은 모스크바와 콜롬보 양 회담을 통해 인도적인 견지에 서서 '신청 완료 미귀환자'를 조속히 귀환시키기 위하여 제안을 하였고 또 협정 종료 이후 새로이 출국을 신청하는 사람들의 귀환 방법에 관해서도 설명했지만, 유감스럽게도 여러분들貴方께서 이 제안에 동의하지 않았기 때문에, 오늘의 상황에 이른 것입니다. 따라서 "그 책임은 전면적으로 어떤 이유도 없이 귀환사업을 일방적으로 종료시킨 일본에 있다."고 하는 여러분들의 주장에는 동의하기 어려운 바이며, 6월 말 배선에도 찬성하기 어렵습니다.

본 건에 관한 일본적십자사의 생각은 이미 모스크바와 콜롬보에서 충분히 설명을 하였으니, 새삼 회담할 필요도 없고 충분히 알고 계시리라 생각합니다.

056-1

-memo- 외무성안 제4안

5월 28일자, 6월 20일자 귀하貴電의 연락은 잘 받았습니다.

재일조선인 귀환에 관한 협정은 이미 명백하게 합법적으로 종료된 것입니다.

따라서 협정 종료에 따르는 여러 문제에 관해서는, 일적은 '일조 양 적십자가 인도적인 견지에 서서 협조하며 해결에 임해야 한다.'는 생각 아래, 콜롬보 회담에서 '신청 완료 미귀환자에 관한 조치와 이 조치가 종료된 후에 새로이 출국을 희망하는 자에 관한 취급방침'을 제안하고 설명하였는데, 유감스럽게도 여러분들貴方께서 이에 동의하시지 않았기에 오늘과 같은 사태에 이른 것입니다. 따라서 "그 책임은 어떤 이유도 없이 귀환사업을 일방적으로 종료시킨 일본에 있다."고 하는 여러분들의 비난은 전혀 이치에 맞질 않습니다.

이 같은 경위를 고려해서 일적은 5월 28일자 여러분들의 제안에는 찬성하기 힘들다고 답변을 드립니다. 동시에 본 문제에 대한 일적의 생각은 콜롬보회담에서 설명드린 바와 같으며, 이 생각은 지금도 변함 없음을 거듭 전하는 바입니다.

O56-2

5월 28일자, 6월 20일자 귀하의 연락은 잘 받았습니다.

재일조선인 귀환에 관한 협정은 이미 명백하게 합법적으로 종료된 것입니다.

따라서 협정 종료에 따르는 여러 문제에 관해서는, 일적은 '일조 양 적십자가 인도적인 견지에 서서 협조하며 해결에 임해야 한다.'는 생각 아래, 콜롬보 회담에서 '신청 완료 미귀환자에 관한 조치와 이 조치가 종료된 후에 새로이 출국을 희망하는 자에 관한 취급방침'을 제안하고 설명하였는데, 유감스럽게도 여러분들께서 이에 동의하시지 않았기에 오늘과 같은 사태에 이른 것입니다. 따라서 "그 책임은 어떤 이유도 없이 귀환사업을 일방적으로 종료시킨 일본에 있다."고 하는 여러분들의 비난은 전혀 이치에 맞질 않습니다全く当を失しています.

이 같은 경위를 고려해서 일적은 5월 28일자 여러분들의 제안에는 찬성하기 힘들다고 답변을 드립니다. 동시에 본 문제에 대한 일적의 생각은 콜롬보회담에서 설명드린 바와 같으며, 이 생각은 지금도 변함 없음을 거듭 전하는 바입니다.

일적은 여러분들이 이 생각에 대한 종래의 반대 태도를 철회하는 것이 본 문제를 실무적으로 처리하는 열쇠라고 생각합니다.

이 같은 경위를 고려해서 일적은 5월 28일자 여러분들의 제안에는 찬성하기 힘들다고 답변을 드립니다. 동시에 본 문제에 대한 일적의 생각은 콜롬보회담에서 설명드린 바와 같으며, 이 생각은 지금도 변함없음을 거듭 전하는 바입니다. 일적은 여러분들이 이 생각에 대한 종래의 반대 태도를 철회하는 것이 본 문제를 실무적으로 처리하는 열쇠라고 생각합니다.

057　1968년 5월 28일 조적은 일적에 귀환선의 6월 배선과 니기타에서의 회담재개를 제안하는 연락을 해 온다.(019, 065, 158문서) 본 문서는 이에 대한 방침을 어떻게 정하면 좋을지에 관한 문서에 해당한다. 1번 항목에서 이야기하는 처리방침은 044문서에 해당하고 내각관방장관 담화는 236번 문서, 국회답변자료는 본 문서철에 실린 국회답변자료로는 022 문서가 있는데, 국회답변자료는 날짜가 맞질 않는다.

　　　　　-memo-기자 회견 등 외부에 대한 공표 등은, 당분간 관청의 협의가 □때까지는 노코멘트했으면 한다.
북조선귀환에 관하여

1968.5.29.

북동아시아과

1. 본 건에 관해서는 지난해 11월 7일 "북조선北朝鮮귀환문제처리방침"과 1월 24일의 "내각관방장관 담화", 2월에 제58회 통상국회를 대비하여 각 성省 협의하에 작성된 "국회답변자료"가 있다. 이들이 내각관방 및 각 성의 관련 부처部局들의 일치된 방침이다.

　　그 후 제58 국회에서 '회담 재개에 응해도 좋다'고 하는 내용의 국회 답변이 행해진 적이 있는데, 이는 각 부처의 사무당국에 있어서는 상기 정부 방침을 변경하는 것은 아니라고 이해되어 왔다.

2. 금번에 북조선先方적십자가 보내온 전보來電가 도착搾到하게 된 경위
   는 불분명하지만, 지금까지의 경위와 우리 쪽 방침을 고려해 보면
   속칭 잠정조치 재개는 예산 조치가 취해지지 않았기도 해서 사무
   적으로는 전혀 고려할 수 없고 또 흔히 말하는 귀국사업의 연장도
   생각해 볼 수 없다.

3. 그러나 북조선에 귀환을 희망하는 자가 존재하는 이상에야 이를
   방치할 수는 없고, 어찌 되었든 외무성이 이처럼 북조선적십자의
   제안을 거절해야 한다는 입장만 취하기만 해선 문제가 해결되지
   않는다는 관점 아래, 가급적 문제가 적게 일어나는 방법으로 수습
   하는 방법을 생각해야 한다고 본다. 회담이 재개되었을 경우에 한
   국의 대일여론이 악화되는 것은 당연히 예상되는 바이나, 이에 대
   해서는 우선 콜롬보 회담에서 취한 태도에서 아무런 변경도 일어
   나지 않았음을 충분히 설명하여 양해를 얻게끔 한국에 손을 써야
   한다. 지난번 미노베美濃部 도쿄도지사가 행한 조선대학교 인가는
   지방자치단체의 행정조치였지만, 북조선적십자와의 회담 재개는
   일본 정부가 직접 관여하는 문제이다. 이에 따라 야기되는 한국
   측의 반향은 조선대학교 문제와는 비교가 되지 않을 정도로 클 것
   이다. 콜롬보 회담의 결렬□에는 한국은 어느 정도 포기하고 있던
   것이 실정이다.

4. 29일 오후 법무성(우** 입관국 차장), 후생성(후** 원호국 서무과장)
   과 본 건에 관해 의견 교환을 하였는데, 두 부서省 모두 현재 사무
   차원에서 문제를 추진할 수 없고, 관방장관이 정식으로 어떤 지시
   를 내리면 이후에 검토하겠다는 의견이었다.

058　원문에는 수기본이 있고 타자본이 있다. 조적의 제안에 대한 한국 측
의 반응과 일적이 직접 관방장관과 이야기하고 국제위에 연락을 취한 내용이 말
미에 실려 있는데, 본 내용은 021 문서를 비롯하여 다수의 곳에 등장한다.

북조선귀환에 관한 북조선 측 제안

아북 1968.6.3.

1. 북조선적십자는 5월 28일 전보로 일본적십자에게 '6월 말 귀환선을 니가타에 배선할 것'과, '그곳에서 회담을 행할 것'을 제안했다.

2. 지금까지의 상황에서 본 건 제안에 대해 일적으로부터 어떤 보고나 논의도 없었고 정부 부처와 관계 부서各省에서 적어도 사무 차원에서는 이를 검토하는 단계까지는 이르지 못했다. 또 이를 검토할 만하다는 의견도 나오지 않았다.

3. 북조선적십자의 전보는 "콜롬보 회담 결렬 이후로 4개월이 경과하였고 귀환희망자의 생활은 매우 곤란한 상황에 처했는데, 이 책임은 전적으로 어떤 이유도 없이 귀환사업을 일방적으로 중단한 일본에 있다."고 말하며, 기존의 일본을 비난하던 태도를 조금도 누그러뜨리지 않은 것으로 보인다.

4. 한국 정부는 본 제안에 관한 건을 중대시하여, 이미 도쿄와 서울 양쪽에서 '조선대학교 문제와 외국인학교법안이 폐지된 경위, 그리고 한국이 북조선에 대해 현재 긴장된 상황에 있는 와중Timing임을 고려하여 일본이 북조선의 제안을 받아들이는 일이 없도록' 강하게 요청을 하였다. 그리고 만약 회담이 행해지거나 한다면, 일한 우호에 심각한 영향이 있을 것이라고 시사했다.

   (이하 비밀 취급) 또한 북조선의 제안에 앞서, 일적이 적십자 국제위에게 5월 20일자 서간을 통해 "북조선적십자가 합의를 한다면 콜롬보 회담 때에 일단 합의를 본 속칭 '귀환신청 완료자에 대한 잠정조치' 등을 실시할 용의가 있다."고 연락한 바가 있는데, 일적은 이 서간에 관해 관계 각 부처各省와 사무 단계level에서 상담하지 않고, 바로 관방장관과 이야기한 후에 공개發出한 것 같다.

059 056-1과 동일문서에 해당한다.

5월 28일자 귀하의 연락貴電은 잘 받았습니다.

재일조선인 귀환에 관한 협정은 이미 종료된 것으로서 협정 종료에 따르는 여러 문제의 해결에 관해, 일적은 모스크바와 콜롬보 양 회담을 통해 인도적인 견지에 서서 '신청 완료 미귀환자'를 조속히 귀환시키기 위하여 제안을 하였고 또 협정 종료 이후 새로이 출국을 신청하는 사람들의 귀환 방법에 관해서도 설명했지만, 유감스럽게도 여러분들貴方께서 이 제안에 동의하지 않았기 때문에, 오늘의 상황에 이른 것입니다. 따라서 "그 책임은 전면적으로 어떤 이유도 없이 귀환사업을 일방적으로 종료시킨 일본에 있다."고 하는 여러분들의 비난은 전혀 이치에 맞질 않습니다.

이 같은 경위를 고려해서 일적은 5월 28일자 여러분들의 제안에는 찬성하기 힘들다고 답변을 드립니다. 동시에 본 문제에 대한 일적의 생각은 콜롬보회담에서 설명드린 바와 같으며, 이 생각은 지금도 변함 없음을 거듭 전하는 바입니다.

059-1 056과 동일 문서

5월 28일자 귀하의 연락貴電은 잘 받았습니다.

재일조선인 귀환에 관한 협정은 이미 종료된 것으로서 협정 종료에 따르는 여러 문제의 해결에 관해, 일적은 모스크바와 콜롬보 양 회담을 통해 인도적인 견지에 서서 '신청 완료 미귀환자'를 조속히 귀환시키기 위하여 제안을 하였고 또 협정 종료 이후 새로이 출국을 신청하는 사람들의 귀환 방법에 관해서도 설명했지만, 유감스럽게도 여러분들貴方께서 이 제안에 동의하지 않았기 때문에, 오늘의 상황에 이른 것입니다. 따라서 "그 책임은 전면적으로 어떤 이유도 없이 귀환사업을 일방적으로 종료시킨 일본에 있다."고 하는 여러분들의 주장에는 동의하기 어려운 바이며, 6월 말 배선에도 찬성하기 어렵습니다.

본 건에 관한 일본적십자사의 생각은 이미 모스크바와 콜롬보에서 충분히 설명을 하였으니, 새삼 회담할 필요도 없고 충분히 알고 계시리라 생각합니다.

060　조적이 보낸 제안에 대한 답신의 문구를 작성할 때에 만들어진 문서로 한국과의 관계에 신경을 쓰고 있다. 이로 인해 만들어진 것이 056~056-2에 해당한다.

북조선귀환 문제에 관하여

1968.6.17.
북동아시아과

1. 1월 박대통령 관저 습격사건과 푸에블로함 피랍 사건 등으로 드러난 북조선에 대한 한국의 강경한 자세는 한반도朝鮮半島에 중대한 긴장을 초래하고 있으며 우려되는 상황에 있다.

　　이 같은 정황에서 한국에 대해 일본이 적어도 외교적, 경제적 지지를 강화하는 것이 절대적으로 필요한데 이 가운데 북조선과의 관계는 특히 신중을 요한다. 조선대학교에 관해서는 지방자치단체의 문제라며 변명도 가능했지만, 본 건은 이와 같은 변명이 불가능하다.

2. 특히 일한 정기각료회의를 목전에 둔 이 같은 시기에 북송재개를 허용하겠다는 전보를 보내게 하는 것은, 이것이 한국 측에 알려질 때에 각료회의를 실패하게 만드는 효과를 가질 가능성이 크다. 또 만약에 이 반대 제안을 북조선이 수락했을 경우(수락할 가능성도

반반이다.) 일한 관계에 중대한 장애가 될 것이다. 따라서 외무성 사무 레벨에서는, 외교적 견지에서 볼 때 이 같은 내용의 답신을 일적이 발표하는 것에는 찬성하기 어렵다.

3. 따라서 아무래도 답신을 보낼 수밖에 없다면, 그 발신 전보 내용(안)発電案 중 그 첫 번째 페이지의 "전혀 이치에 맞지 않습니다."까지는 그대로 살리고, 여기에 이어서 다음과 같은 안案의 문장을 덧붙이고자 한다. (콜롬보에서 일적의 생각은 "충분히 설명을 마쳤다". 이로써 잠정조치와 이후의 조치에 관해 일적이 말하려는 의미도 포함된다는 것)

O61　060과 마찬가지로 조적이 보내온 제안에 대한 답신을 만들 때에 작성된 문서이다. 초두에 법무성 운운하는 부분을 보면 060문서를 토대로 회의를 가졌고, 이후 본 문서가 나왔으리라 예상할 수 있다. 본 061 문서를 수정한 것이 다음의 061-1번 문서인데, 061 문서 1번의 첫 번째 문단 마지막 문장 "다음과 같은 안의 문장으로 하면 어떨지 제안"이 "다음과 같은 안문으로 하고자 한다."로 되어 있고 괄호 안에 수정 요청 사항이 적혀 있다. 061-1에서는 본 제안에 대한 구체적인 문구가 적혀 있고, 각 부처별 의견과 참석자 명단이 적혀 있다.

북조선귀환문제

1968.6.17.

북동아시아과

17일 오후 법무성에서 본 건에 관한 회의를 열었다.

1. 외무성이 '일적의 전신안電信案에 관해 한국과의 관계를 생각해 보아도 일한정기각료회의를 목전에 두고 북송 재개를 허용하는 취지의 전신을 보내는 것이 한국 측에 알려질 경우에는 각료회의를 망칠 가능성이 높고, 또 만약에 이 반대 제안을 북조선 측

이 수락했을 경우(수락할 가능성도 반반이다.)에는 한일 관계의 중대한 장애가 될 것이다. 따라서 외교적 견지에서 보아 외무성 사무 레벨에서는 이 같은 내용의 답신 전보를 일적이 발표하는 것에는 찬성하기 어렵다. 따라서 아무래도 답신을 해야 한다면 그 전신안発電案에 관하여, 그 첫 번째 페이지의 "전혀 이치에 맞지 않습니다全く当を失しています."까지는 그대로 살리기로 하되, 이어 다음과 같은 안의 문장으로 제안하고자 한다(일본적십자사의 본 건에 관한 생각은 이미 콜롬보 회담에서 "충분히 설명을 마쳤음"에 따라, 잠정조치와 그후의 조치에 관해 일적이 말하려고 하는 의미도 포함하는 취지)

O61-1

-memo-17일 저녁, 미키 대신에게 북동아시아 과장이 본건에 관한 설명을 하니, 미키 대신이 "이 안과 같은 내용으로는 한국 설득은 어렵다, 아무튼 타이밍이 좋질 않다. 조금 더 시기를 보자"고 이야기하셨다.

북조선귀환문제

1986.6.17.
북동아시아과

17일 오후 법무성에서 본 건에 관한 회의를 열었다.

1. 외무성이 '일적의 전신안電信案에 관해 한국과의 관계를 생각해보아도 일한정기각료회의를 목전에 두고 북송 재개를 허용하는 취지의 전신을 보내는 것이 한국 측에 알려질 경우에는 각료회의를 망칠 가능성이 높고, 또 만약에 이 반대 제안을 북조선 측이 수락했을 경우(수락할 가능성도 반반이다.)에는 한일 관계의 중대한 장애가 될 것이다. 따라서 외교적 견지에서 보아 외무성 사무 레벨에서는 이 같은

내용의 답신 전보를 일적이 발표하는 것에는 찬성하기 어렵다. 따라서 아무래도 답신을 해야 한다면 그 전신안発電案에 관하여, 그 첫 번째 페이지의 "전혀 이치에 맞지 않습니다."까지는 그대로 살리기로 하되, 이어 다음과 같은 안의 문장으로 하면 어떨지' 제안.

"일본적십자사의 본 건에 관한 생각은 이미 콜롬보 회담에서 충분히 설명을 마쳤고, 현 단계에서 다시 회담할 필요를 인정치 않는 바입니다. 또한 6월 말 귀환선 입항도 허용할 수 없습니다."

이에 대해 법무성, 경찰청 모두 한국과의 관계를 고려하는 게 가장 큰 제약이라고 하며 동감을 표했다. 후생성은 '사무 레벨에서는 잠정조치와 회담 재개는 절대 반대이고 일적 제안에 있는 조치를 취해도 현재 일적 센터도 폐쇄되었는데 어떻게 하면 좋을지 고심하고 있다.'고 했다.

2. 결국 이 일적의 안에 따라 답신을 한다고 해도 시기를 어떻게 할지 그 내용은 어떻게 할지(일적의 안대로 할지, 외무성 안으로 할지)에 관해, 각 부처省에서 각각 검토하고 대신에게 올리기로 했다.

출석자
법무성 입관국   우**笛* 차장, 니***西* 총무과장
후생성 원호국   사***實* 국장, 후**福* 서무과장
외무성 아시아국 노*野* 북동아시아과장, 호***姍* 사무관
경찰청 경비국   도**富* 참사관, 나***中* 외사과장

062 5.28. 조적이 제안을 하고 일적은 이에 대해 6.24. 회답을 한다. 북측에서 회답을 기다리는 동안 성명서를 냈는데, 이를 보고하는 내용으로 해당 성명서는 063 문서에 해당한다. 첫행에서 이야기하는 북조선 외무성 대변인의 성명이 실린 조선통신 6월 20일자 기사는 063 문서의 첫 번째 기사에 해당한다. 같은 행에서 말하는 조선총련의 성명은 063 문서의 "일본당국은 재일조선공민에 대한 박해정책을 중지하라"라는 마지막 기사에 해당한다. 나머지 기사들은 참고차 그

대로 옮긴 것이다. 다만 원문에는 1번 기사와 2번 기사 사이에 "☆캄보디아수상, 조선정부친선대표단을 위한 환영 리셉숀"라는 별도 기사가 이어지는데 본 기사는 지면 관계상 생략하였다.

북조선 측 성명에 관해서

1968.6.22
북동아시아과

6월 18일자 북조선 외무성 대변인 성명과, 이를 지지하는 6월 19일자 재일조선총련의 성명은 다음 두 점에서 주목된다. (두 성명 텍스트 별첨)

1. 일본적십자를 비판하지 않고, 오로지 "일본당국"을 공격하고 있는 점
2. 일방적으로 일본 측의 책임을 지탄하고 또 회담 재개와 "귀국사업을 계속하여 보장할 것"을 요구하고 있는 점
   (상대는 이후의 응수에서도 콜롬보 때와 마찬가지로 15,000의 귀환 미완료자 처리에 대한 결정만으로 만족하지 않을 태도를 취할 것이라 생각된다.)

063

No.4628-1 제3 우편물 허가

조선통신
1968.6.20.(목)

☆조선민주주의인민공화국 외무성 대변인 성명
—— 재일조선공민의 민주적 민족권리를 짓밟는
일본당국의 범죄행위를 규탄하며

(KNS=동경) 평양 18일발 조선중앙통신에 따르면, 같은 날 조선민주주의인민공화국 외무성 대변인은 최근 일본에서 재일조선공민의 민주주의적 민족권리를 짓밟고, 이들에 대해 야만적인 파쇼 폭행을 한층 더 드러내고 있는 사토佐藤 반동 일당의 범죄 행위를 폭로하고 규탄하는 성명을 발표했다. 성명의 전문은 다음과 같다.

조선민주주의인민공화국 외무성 대변인 성명

최근 일본에서는 재일조선공민의 민주주의적 민족권리를 유린, 말살하려는 일본군국주의자들의 책동이 한층 더 노골적이게 되었다.

일본 반동 지배층은 재일조선공민의 귀국사업을 일방적으로 파괴하고선 그들의 민주주의 민족주의적 교육을 탄압하기 위해 악랄하게 책동하고 있다.

또한 지금 일본 각지에서는 재일조선인 학생에 대한 집단폭행과 재일동포 상공업자의 권익을 범하고, 동포를 살해하는 우려스러운 범죄행위가 끊임없이 일어나고 있다.

지난 6월 3일 일본 반동들에게 선동을 당한 일본 고교생이 동경조선중고급학교 고급부 1학년인 황용갑黃龍甲을 급습하고 아무 이유도 없이 구타를 가해 심한 상처를 입혔으며, 6월 5일에는 일본 고교생 50여 명이 동경조선중고급학교 고급부 3년생 한박수韓博守를 비롯한 다섯 명의 학생에게 집단폭행을 가해 그들을 중태에 빠뜨렸다.

5월 27일, 미야기宮城현에서는 십여 명의 무장 경관이 미야기 신용조합에서 근무하는 우리 동포의 집을 덮쳤고, 6월 4일에는 오사카 국세국国税局이 세무관리税務官吏와 무장 경관 120여 명을 투입시켜 교토시에 사는 재일조선상공업자의 자택과 점포, 사무소 등 12곳을 덮쳐 서류 등을 불법적으로 압수했다.

일본 당국의 비호 아래 일본의 불량배들은 4월 17일 시즈오카静岡현 후지富士시에서 재일동포 김기동金起東(35세)을 아무 이유 없이 흉기로 찔러 죽이고, 5월 8일에는 총련 홋카이도 본부 소라치空知 지부 소속의 김진지金鎭地 노인을 잔인하게 살해했다.

일본 반동들에게 직접적인 선동을 당하고 있는 파쇼분자와 일본 고교생 60여 명은 5월 11일, 동경조선중고급학교 고급부 2학년생 김남주金南姝 외 다섯 명을 단도로 찌르고 철봉과 곤봉(역: 원문 根棒)으로 마구 때리는 만행을 저질러, 김남주, 최강호崔剛鎬 두 학생에게는 치명상을 입히고 실신을 시켰으며 다른 학생들에게도 모두 깊은 상처를 입혔다.

같은 날 오후 3시경 20여 명의 일본 고교생이 동경조선중고급학교 3학년 고영은高英錫, 안상달安相達, 김광일金光一을 비롯한 수 명에게 집단폭행을 가했다. 5월 16일에는 일본 고교생 60여 명이 동경도 신주쿠역 구내에 잠복하고 있다가, 집에 돌아가는 조선인 학생 40명을 발견하자마자 "조선인을 죽여라"며 고함 지르고, 단도와 곤봉을 휘두르며 그들을 덮쳐 야만적인 폭행을 가했다.

이 일본 고교생들의 폭행을 보던 일본 경관은 온 힘을 다해 가해자를 감싸고, 도리어 피해자인 조선인 학생을 경찰서로 연행하여 취조하고 탄압하였다.

이 같은 중대한 사태에 대해 총련 대표가 일본 경시청에 항의를 해도, 경시청은 이런저런 구실을 대며 일본 학생들을 적극적으로 비호했다.

재일동포와 재일조선인학생에 대한 이 비열하고 악랄한 책동은 조선민주주의인민공화국에 대한 용서할 수 없는 적대행위이자, 60만 재일조선공민에 대한 중대한 도전이며 국제법과 기본적인권에 대한 난폭한 유린행위이다.

조선민주주의인민공화국 정부는 재일조선공민의 민주주의적 민족권리를 짓밟고자 미쳐 날뛰는 일본 사토佐藤 반동 일당의 범죄적 책동을 단호히 규탄한다.

　　조선민주주의인민공화국의 당당한 해외공민인, 재일조선공민을 외국인으로서 보호하고 그들의 민주주의적 민족권리를 보호하는 일은 일본 정부가 조선인민 앞에 지고 있는, 피할 수 없는 법적 권리이자 도의적 의무이다.

　　그럼에도 불구하고 일본 사토 반동 정부는 폭압기구와 우익 테러 분자들을 보내 무고한 재일조선공민의 생명과 재산을 마구 범하고, 그들에게 야만적인 탄압을 가하며 학살하고 있다.

　　일본 사토 반동 일당은 재일조선공민의 민주주의적 민족교육을 짓밟고 말살하고자 파쇼적 악법인 "외국인학교법"을 날조하고 그것을 국회에서 무리하게 통과시키려고 책동하는 한편으로, 재일조선공민이 만든 교육시설에 대한 파괴와 방화를 일삼으며 조선인 교원과 학생들을 체포, 구금, 살상, 구타하는 만행을 저지르고 있다.

　　일본 사토 반동 일당은 귀국사업을 파괴하기 위해 귀국협정을 불법으로 "파괴"하는 결정을 채택하고 조·일적십자회담을 두 차례에 걸쳐 파탄시키는 행위를 강행하여, 귀국사업을 사실상 중단 상태에 빠뜨렸다.

　　그뿐 아니라 일본 당국은 지난 5월 28일, 조선민주주의인민공화국적십자회 중앙위원회가 '현재 귀국을 기다리고 있는 귀국자들'을 태우러 온 귀국선을 니기타에 배선하고, 니가타에서 조·일적십자회담을 재개하자며 공명정대한 제안을 하였으나 지금까지 어떤 조치도 취하질 않았다.

　　이들 모든 사실은 사토 반동 정부가 재일조선인공민의 민주주의적 민족권리를 탄압하고, 말살하기 위해 얼마나 혈안이 되어 있는지를 잘 보여준다.

사토 반동 정부가 미 제국주의와 남조선 괴뢰 일당이 공화국 북반부에 대해 광기 어린 침략행위와 전쟁 소동騷動을 여느 때보다 노골적으로 드러낼 때에 재일조선공민의 민주주의적 민족권리를 유린하고 말살코자 미쳐 날뛰는 것은, 미 제국주의의 침략과 전쟁 정책을 더욱 충실히 받들어 남조선 괴뢰 일당과의 군사적 · 정치적 결탁을 강화하고 남조선 재침략의 길을 열어주려는 데에 있다.

60만 재일조선동포와 전 조선인민은 미 제국주의가 조선전쟁을 일으켜 일본 군국주의자를 동원하고 재일조선공민에게 야만적인 탄압을 강행한 역사적 사실을 기억한다.

사토 반동 정부는 어떻게 하더라도 재일동포에 대한 박해와 탄압책동을 정당화시킬 수 없고, 그 범죄적인 본질을 숨길 수 없다.

지금의 재일조선공민은 망국의 국민으로서 일본군국주의의 총검과 매질 아래 민족적 멸시와 학대를 받았던 어제의 조선인이 아니다.

그들에게는 위대한 영수領袖 김일성 동지의 현명한 지도 아래 나날이 융성 발전하는 영광스러운 사회주의 조국－조선민주주의인민공화국이 있다.

조선민주주의인민공화국의 해외공민으로서 사토 반동 정부의 민족차별정책에 반대하고 민주주의적 민족권리를 옹호하여, 적극적으로 일어서는 재일조선공민의 싸움은 완전히 정당한 것이다.

4천만 조선 인민의 경애하는 영수 김일성 동지가 위대한 공화국 정부 정강政綱에서 밝히셨듯이 "조선민주주의인민공화국 정부는 60만 재일동포를 비롯한 해외 모든 조선공민을 보호하고, 그들의 민족적 권리를 지키는 것을 자신의 신성한 의무로 보고 있다."

조선민주주의인민공화국 정부는 일본 당국이 재일조선공민의 민주주의적 민족 권리에 대한 유린행위와, 그들의 민족교육에 대한 부당한 탄압책동을 즉시 중단할 것을 강하게 요구한다.

일본 당국은 재일조선동포와 학생들에게 집단폭행을 가한 범죄자와 배후에서 조종한 자들을 체포하고 벌하여 두 번 다시 이 같은 도발행위가 반복되지 않도록 즉시 조치를 취해야 한다.

일본 당국은 귀국사업에 대한 파괴 책동을 즉시 멈추고, 조선민주주의인민공화국적십자회의 제안에 따라 지체 없이 귀국선을 받아들이고, 조·일 적십자회담을 재개하기 위한 조치를 강구해야 한다.

만약 일본 사토 반동 정부가 조선민주주의인민공화국의 거듭된 경고에도 불구하고, 재일조선공민의 민주주의적 민족 권리를 유린하고 재일동포에 대한 탄압책동을 계속한다면 이제부터 발생하는 모든 결과에 대해 전적인 책임을 지게 될 것이다.

1968년 6월 18일 평양

(중략)

☆귀국의 권리를 옹호하기 위한 재일조선인 중앙대회를 열다.

(KNS=동경) 6월 18일, 재일조선공민은 도쿄, 오사카, 교토, 효고, 아이치愛知, 히로시마, 야마구치, 후쿠오카 등지에서 대중집회를 갖고 재일조선공민의 조선민주주의인민공화국으로 귀국할 권리를 뺏고자 악랄하게 책동하고 있는 일본 당국의 부당한 행위를

단호히 규탄하고, 귀국사업을 계속하기 위한 조·일 적십자회담을 신속히 재개할 것을 강하게 요구했다.

도쿄에서는 이날 간다공립神田共立강당에서 귀국할 권리를 옹호하기 위한 재일본조선인 중앙대회가 열렸다.

대회에는 도쿄 도내 각 계층의 동포들과 귀국신청자들 2천 5백여 명과 함께 총련 중앙간부들이 참가했다.

회장 정면에는 4천만 조선 인민의 경애하는 위대한 영수 김일성 원사元帥의 사진画像이 정중히 걸려 있었다.

대회에서는 재일조선인 귀국대책위원회 이계백李季白 위원장이 보고 연설을 하였다.

보고자는, 일본당국이 박정희 일당과 결탁하여 조선민주주의인민공화국에 대한 적대시敵視 정책을 한층 더 노골적으로 드러내며 재일조선인 공민의 귀국 협정을 일반적으로 폐기했을 뿐만 아니라, 지난 8년 동안 행해진 귀국사업을 지속하는 것을 논의하는 조·일 적십자 간의 콤롬보회담을 파탄내고, 그로부터 5년이 지난 오늘에 이르기까지 재일조선공민의 귀국길을 막고선 어떤 성의 있는 조치도 취하지 않는 오만방자한 태도에 대해 치밀어 오르는 민족적 분노로 단호히 규탄했다.

보고자는 특히 지난 5월 28일, 조선적십자회 중앙위원회가 '귀국할 날만 애타게 기다리는 귀국신청자들을 태워 돌아오기 위해 6월 말에 귀국선을 니가타에 배선하는 것'과, '해당 귀국선에 적십자회 대표단을 파견하여 재일조선공민의 귀국 문제를 올바르게 해결하기 위한 조·일 적십자회담을 니가타에서 재개하는 것'을 일본적십자사에 제안한 사실을 상기시키며 다음과 같이 강조했다.

조선적십자회의 이 같은 제안은 4천만 조선인민의 경애하는 영수 김일성 원사가 재일조선공민에 보내주시는 따뜻한 배려로 만들어진 것이며 인도주의와 국제법의 여러 원칙에 전적으로 합치되는 정당한 것이다. 이에 재일 조선공민은 물론이거니와 광범위한 일본인민들은 조선적십자회의 이 같은 제안을 열렬히 지지하며 환영하고 있다. 그런데 일본 당국은 오늘에 이르기까지 조선적십자회의 이 같은 공명정대한 제안을 수용하려 들지 않을 뿐만 아니라 철저하게 귀국사업을 파괴하고자 부끄러운 줄도 모르고 책동을 하고 있다.

보고자는 일본 당국의 이 같은 귀국사업 파괴 책동이 결코 우연한 것이 아니라, 미 제국주의의 지도 아래 박정희 일당과의 정치적·경제적·군사적 결탁을 더욱 강화하면서 남조선 재침략을 본격화하는 일본 군사주의자의 침략적 야망과 밀접하게 관계됨을 폭로했다.

보고자는 이어 국제법과 인도주의 원칙에 비추어 보아도 재일 조선공민의 역사적 경위에 비추어 보아도, 일본 당국은 그들의 조국으로의 귀국을 보장해야 할 법적·도의적 책임에서 결코 벗어날 수 없음을 다시 한번 □하게 지적하며, 귀국희망자가 한 명이라도 있는 한 귀국사업을 계속할 것을 강하게 주장했다. 보고자는 특히 일본 당국의 부당한 책동에 따라 귀국길이 막혀버린 결과 수많은 귀국신청자와 귀국희망자가 맛보고 있는 고통에 대해 언급하면서 일본 당국은 귀국사업 파괴 책동을 즉시 멈추고, 조선적십자회의 제안과 같이 조·일 적십자회담을 조속히 재개할 것과 6월 말에 니가타에 입항하는 귀국선을 무조건 받아들일 것을 강력히 요구했다.

보고자는 마지막으로 일본 당국이 아무리 책동을 벌여도 4천만 조선인민의 경애하는 영수 김일성 원사의 따뜻한 품에 안겨 행복하게 살고자 하는 재일조선공민의 불같은 염원을 절대로 막을 수 없다고 강조하고, 전 재일동포는 신성한 민족의 권리인 귀국할 권리를 지키기 위한 투쟁을 더욱 강력히 펼칠 것이라고 말했다.

뒤를 이어 대회에서는 각계 동포의 대표들이 결의를 표명하고, 일본 당국에 귀국사업을 계속할 것을 강하게 요구했다.

대회에서는 또한 내빈으로 참가한 일본공산당 통일전선부장의 가네코 ****金子**씨, 일본사회당 출신 중의원 의원인 사노 스스무佐野進, 일조협회 부이사장 이나미***印南*, 일본모친母親대회 실행위원회 중앙상임위원 얀베 ***山家** 등 일본 각계 인사들이 연설을 하였다.

그들은 인도주의 사업인 재일조선공민의 귀국사업을 박정희 일당과의 정치적 거래의 도구로 삼아 파괴하려는 일본 당국의 조치를 엄하게 규탄하면서, 귀국할 권리를 지키기 위한 재일조선인의 정당한 투쟁에 굳건한 연대를 표명했다.

대회에서는 참가자들의 열렬한 박수로 사천만 조선인민의 경애하는 영수 김일성 수상에게 보낼 편지를 채택했다.

또한 일본 정부에 보낼 요청문을 채택했다. 대회가 끝난 후에 대표단이 일본 정부 당국과 일본적십자사 본사에 몰려가 항의·요청 행동을 벌였다.

☆**조선의 대중단체 등, 일본평화위원회에 연대전보**連帶電
——일미 "안보조약" 분쇄 투쟁주간을 맞이하여

(KNS=동경) 19일 평양발 조선중앙통신에 따르면, 조선의 대중단체는 일미"안보조약"을 분쇄하기 위한 투쟁주간을 맞이하여 18일, 일본평화위원회에 전보를 보냈다.

조국통일민주주의전선 중앙위원회는 그 전보에서 오늘날 일본인민이 침략적인 미일"안보조약"을 분쇄하고 조선 땅의 미 제국주의의 새로운 전쟁 도발과 미 제국주의의 베트남 침략에 반대하여 싸우고 있음을 지적하며, 일본인민의 이 같은 투쟁은 일본의 완전한 독립과 민주주의를 위한 싸움이자, 아시아와 세계평화를 위한 싸움임을 강조했다.

전보는 또한 "4천만 조선인민의 위대한 영수 김일성 원사 곁에서 굳게 단결한 조선인민은 공동의 적인 미 제국주와 일본 군국주의에 반대하여 단호히 싸울 것이며, 미 제국주의 침략자를 남조선에서 몰아내 조국 통일이라는 혁명 대업을 차지하기 위해 계속하여 끈질기게 싸울 것이다."고 강조했다.

이 외에 조선평화옹호 전국민족위원회와 조선아시아·아메리카 연대위원회, 조선직업총동맹, 조선사회주의 노동청년동맹, 조선학생위원회, 조선민주여성동맹도 각각 전보를 보냈다.

☆일본당국은 재일조선공민에 대한 박해정책을 중지하라.
──조선총련도 성명 발표

(KNS=동경) 재일본조선인총연합회 중앙상임위원회는 6월 18일자 조선민주주의인민공화국 외무성 대변인 성명을 지지하며 6월 19일 다음과 같은 성명을 발표했다.

조선민주주의인민공화국 외무성 대변인은 6월 18일 일본 당국이 재일조선공민에 대한 탄압과 박해정책을 중지하고, 재일조선공민의 인권과 민족교육, 귀국의 권리를 비롯한 제반 민주주의적 민족권리를 보장할 것을 강하게 요구하는 성명을 발표했다.

동 성명은 일본 당국이 재일조선공민과 학생에게 집단폭행을 가한 범인을 처벌하고 다시 이 같은 불상사가 발생하지 않도록 적절한 조치를 취할 것을 요구했다.

또 성명은 일본 당국이 재일조선공민의 귀국사업을 파괴하는 행위를 중지하고 조선민주주의인민공화국적십자회의 제안의 수용하여 조·일 적십자회담의 재개에 즉각 응할 것을 요구했다.

재일본조선인총연합회 중앙상임위원회는 60만 재일조선공민의 이름으로, 조선민주주의인민공화국 외무성 대변인의 본 성명을 전면적으로 지지한다.

오늘날 일본 정부는 조선민주주의인민공화국과 조선인민에 대한 적대시 정책을 더욱 노골적으로 추진하고 있고, 재일조선공민에 대한 민족적 차별과 박해를 한층 강화하고 있다.

특히 미 제국주의와 그 앞잡이 박정희 일당이 조선에서 새로운 전쟁도발책동에 미쳐 날뛰고 있는 것과 때를 같이하여 일본 당국이 재일조선공민에 대한 박해와 민주주의적 민족권리를 유린하는 행위는 나날이 심해지고 있다.

일본 당국은 재일조선공민의 민주주의적 민족교육을 억압하기 위해 지난 국회에서 "외국인학교법안"의 성립을 꾀하였으나, 이 "법안"이 세 차례 폐안이 된 후에도 민족교육에 대한 탄압의 뜻을 저버리지 않았다.

일본당국의 "반조선反朝" 선전과 민족배타적 선전이 격해지는 것과 궤를 맞추어, 일본 각지에서 재일조선동포와 조선인 학생에 대한 살상, 폭행 사건이 뒤를 잇고 있고, 조선인학교와 조선총련에 대한 파괴책동이 빈번히 일어나고 있다.

또한 일본 전국 각지에서 일본당국에 의해 재일조선인 상공업자에 대한 "강제사찰"과 기업활동에 대한 탄압사건이 격화되고 있다.

나아가 일본 당국은 과거 8년 동안 순조롭게 진행되던 재일조선공민의 귀국사업을 파괴하기 위해 귀국협정을 일방적으로 파기하는 배신행위를 저지르고, 조·일적십자 간의 모스크바 회담과 콜롬보 회담을 결렬시켰다.

콜롬보 회담에서 조선민주주의인민공화국적십자회 대표는 귀국사업의 앞길에 놓인 난관을 타개하고, 궁지에 몰린 재일조선공민을 계속하여 따뜻하게 맞이하기 위해 새로운 전환轉換적 조치를 제안하며, 온갖 성의 있는 노력을 다하였다.

조선민주주의인민공화국적십자회 대표는 이 새로운 제안에서 이미 귀국 신청을 마친 1만 7천여 명의 귀국희망자에 대해서는 종래와 같은 방법으로 2~3년 안에 귀국을 완료시키고, 그와 동시에 새로이 귀국을 희망하는 사람에 대해서는 귀국자의 일본 국내 비용도 조선 측이 부담하고, 일적이 귀국 업무를 계속 수행하지 못할 경우에는 조선총련이 대행해도 좋다는 입장을 표명하였다.

일본 당국이 이 제안을 받아들이지 못할 어떤 이유나 근거도 없다. 그러나 일본 당국은 2개월 동안의 회담에서 합의에 이르렀던 사항을 깡그리 무시하고, 어떤 합의문서의 작성에도 응할 수 없다는 태도를 고집하며 회담을 결렬로 끌고 갔다.

일본 당국이 부당한 정치적 목적을 위해 콜롬보 회담을 결렬시키고 나서 어느덧 9개월이 지났다.

일본 당국이 귀국사업을 중단시켰기에 이미 가재도구를 정리하고 오매불망 귀국날만을 기다리는 수많은 귀국신청자들은 현재 심각한 생활고와 가늠할 수 없는 불행을 맛보고 있다.

이 같은 실정에 비추어 조선민주주의인민공화국적십자회는 지난 5월 28일 현재 귀국날을 하루가 천추인 양 기다리는 사람들을 맞이하기 위해, 6월 하순에 귀국선을 니가타에 배선하는 것과 재일조선공민의 귀국문제를 올바르게 해결하기 위한 조·일적십자 회담을 니가타시에서 재개하는 것을 일적에 제안하였다.

이 제안은 4천만 조선인민의 경애하는 영수 김일성 수상의 재일동포에 대한 깊은 애정과 부모와 같은 배려의 표상으로서, 가장 합리적이고 공명정대한 것이다.

그런데도 일본 당국은 오늘에 이르기까지 이 제안에 대해 어떤 회답도 보내질 않았다.

재일 조선공민의 귀국사업을 계속 보장하라는 내외 여론이 고양되는 가운데, 지난 일본국회 중의원 예산위원회에서 일본 사토 수상은 "인도적 견지에서 귀국 문제를 협의하고 해결하겠다."고 밝혔고, 소노다 후생성 장관도 "찬성한다."고 말했다.

그런데 그 후의 여러 사실들은 일본 당국이 내외 여론을 기만하고 불순한 정치적 목적을 위해 귀국사업을 파괴하려는 태도를 견지하고 있음을 드러내고 있다.

우리는 일본 당국의 이 같은 부당한 태도에 강하게 항의하는 바이다.

역사적 사정과 국제법 및 인도주의 원칙에서 보면, 일본 당국은 응당 재일조선공민의 귀국사업을 마지막까지 보장해야 할 법적·도의적 책임을 지고 있다.

우리는 일본 당국이 조선민주주의인민공화국적십자회의 제안대로 조속히 귀국선을 받아들이고, 동시에 조·일적십자회담을 재개하여 재일조선공민의 귀국사업을 계속 보장하기 위한 구체적인 조치를 즉시 강구할 것을 강력히 요구한다.

우리는 또 일본 당국이 재일조선공민의 인권과 민족교육, 재일조선인 상공업자들의 기업활동 자유를 비롯한 제반 민주주의적 민족권리를 보장할 것을 강력히 요구한다.

오늘날 광범위한 일본 국민과 전 세계의 공정한 여론은 재일조선공민에 대한 일본 당국의 박해정책을 강하게 비난하고, 민주주의적 민족권리를 지키기 위한 재일조선공민의 정당한 운동에 적극적인 지지와 성원을 보내고 있다.

우리는 위대한 영수 김일성 수상 곁에서 강하게 단결하여 민주주의적 민족권리를 지키기 위해 더더욱 강력하게 싸울 것이다.

064　　일적이 조적에게 6.24. 회신을 하고 조적이 발표한 성명서에 관한 내용이 실려 있다. 세 가지 첨부 파일이 있는데, 5.28.에 조적이 제안한 전보(065, 019와 동일 문서), 이에 대한 일적의 회신(066), 일적의 회신에 대한 조적의 비난 성명(067)이 이에 해당한다. 다만 066문서는 앞에서 계속하여 나왔던 초안에서 마지막에 '~는 적십자 국제위원회에 답변을 드린 바입니다.…… 일적은 이 생각에 대한 여러분들의 방침 여하가 이 문제 해결의 진전에 기여할 것이라 믿습니다.'와 같은 문장이 추가되어 있다.

북조선귀환문제에 관한 북조선적십자 성명

1968.7.5
북동아시아과

1. 북조선 귀환문제에 관해, 일본적십자사는 북조선 적십자의 5월 28일자 전보(별첨1)에 대한 답신返電으로 '북조선귀환문제가 오늘의 상태에 이른 것은 일본 측의 책임이 아니고 일적 측의 생각은 콜롬보의 양 적십자 회담 때에서 변한 것이 없다.'고 6월 24일을 기해 회답(별첨2)했더니, 6월 30일이 되어 상대는 장문의 성명(별첨3)을 발표하고선 "일본 사토 반동정부와 일본적십자사"를 격렬하게 비난하고, "일본 당국은…귀국하려는 희망자가 있는 한, 귀국사업을 지금까지 해왔던 것처럼 계속 보장해야 한다.", "귀국사업이 중단 상태에 빠진 모든 책임은 전적全面的으로 일본 측에 있다." "언제라도 귀국선을 니가타에 배선할 용의가 있다.", "조·일적십자회담을 언제라도 재개할 수 있게끔 준비하고 있다."고 운운하였다.
2. 북조선은 작년부터 "미·일 제국주의"라고 하는 말로 일본을 미국과 같은 선상에 놓고 적대시하며 최근 그 대일비난논조를 점차 격화시키는데, 이 성명도 그 일환으로 보이기에 이 문제에 대한 상대의 비타협적인 태도는 이후에도 누그러들 가능성은 적다고 생각된다.

065

첨부1
5월 28일자 일본적십자사에 보내온 조선적십자회의 전보

재일조선인의 귀환 문제를 토의한 콜롬보의 조일 양 적십자의 회담 결렬 이후 이미 4개월이 경과하였습니다. 이 기간 동안 귀환을 희망하는 많은 사람들은 귀환사업의 중단으로 인해 그들이 사랑하는 조국으로 돌아오질 못하고 그 생활은 현재 매우 어려움에 처해 있습니다. 전면적으로 이 책임은 아무 이유도 없이 귀환사업을 일방적으로 중지한 일본에 있습니다.

본회는 현재 괴로운 생활에 허덕이며 귀환의 날만을 기다리고 있는 귀환신청자를 받아들이기 위해 6월 말경에 니가타에 귀환선을 보내기를 희망합니다. 그리고 이 귀환선에 우리 적십자회 대표단을 보내, 재일조선 공민의 귀국 문제를 올바르게 해결할 수 있도록 니가타에서 조일적십자회담을 재개할 것을 귀사에 제안합니다.

재일동포와 모든 계층의 일본인과 전 세계의 여론은 귀환사업의 계속과 조일 적십자회담의 재개를 강하게 바라고 있습니다.

본회는 본회의 정당한 제안에 대한, 귀사의 조속하고 긍정적인 회답을 기대합니다.

敬具

066

첨부2
6월 24일자 조선적십자회에 보낸 일본적십자사의 전보

5월 28일자, 6월 20일자 귀하貴電의 연락은 잘 받았습니다.

재일조선인 귀환에 관한 협정은 이미 명백하게 합법적으로 종료된 것입니다. 따라서 협정 종료에 따르는 여러 문제에 관해서는, 일적은 '일조 양 적십자가 인도적인 견지에 서서 협조하며 해결에 임해야 한다.'는 생각 아래, 콜롬보 회담에서 '신청 완료 미귀환자에 관한 조치와 이 조치가 종료된 후에 새로이 출국을 희망하는 자에 관한 취급방침'을 제안하고 설명한 바가 있습니다. 그러나 유감스럽게도 여러분들貴方께서 이에 동의하시지 않았기에 오늘과 같은 사태에 이른 것입니다. 따라서 "그 책임은 어떤 이유도 없이 귀환사업을 일방적으로 종료시킨 일본에 있다."고 하는 여러분들의 비난은 전혀 이치에 맞질 않습니다.

이 같은 경위를 고려해서 일적은 5월 28일자 여러분들의 제안에는 찬성하기 힘들다고 답변을 드립니다. 동시에 본 문제에 대한 일적의 생각은 콜롬보회담에서 설명드린 바와 같으며, 이는 적십자 국제위원회에 답변을 드린 바입니다. 이 생각은 지금도 변함없음을 거듭 전하는 바입니다.

일적은 이 생각에 대한 여러분들의 방침 여하가 이 문제 해결의 진전에 기여할 것이라 믿습니다.

067

첨부3

6월 30일자 조선민주주의인민공화국적십자 중앙위원회 성명 발표
—노골적으로 드러나는 일본 정부의 귀국사업 파괴 책동을 비난하며

1일 평양발 조선중앙통신에 따르면 6월 30일 조선민주주의인민공화국적십자회 중앙위원회는 최근 일본 사토 정부가 재일조선공민의 귀국사업을 파괴하려고 노골적으로 책동하고 있음에 관련하여 성명을 발표했다. 성명의 전문은 아래와 같다.

조선민주주의인민공화국적십자회 중앙위원회 성명

　일본 사토 반동정부는 재일조선공민의 귀국사업을 파괴하려고 하는 책동을 한층 더 노골적으로 드러내고 있다.

　지난 6월 24일, 일본적십자사는 귀국선을 6월 하순경 니가타에 배선하고, 그 배에 조선민주주의인민공화국적십자회 대표단을 파견하여 조·일적십자회담을 재개하자고 하는 우리 제안을 거부했다.

　이는 귀국사업에서 일본 당국이 지고 있던 법적, 도의적 의무에 대한 노골적인 배신행위이자, 조선인민과 전 재일조선공민에 대한 용서치 못할 도전행위이다.

　조선민주주의인민공화국적십자회 중앙위원회는 일본 당국이 어떤 정당한 근거도 없이 일·조적십자회담의 재개를 거부하고, 귀국 사업을 끝까지 파괴하고자 악랄하게 책동하고 있음을 격한 분노로서 규탄한다.

　재일조선공민의 귀국사업은 일찍이 일본 제국주의자가 조선인민 앞에 범한 역사적인 죄악을 씻는 사업의 일환으로, 일본 당국이 끝까지 책임을 지고 수행해야 하는 사업이다.

　일본 당국은 일본에 60만 재일조선공민이 있고, 그 가운데 스스로 영예로운 조국—조선민주주의인민공화국에 귀국하려고 하는 희망자가 있는 한, 귀국사업을 지금과 마찬가지로 계속 보장해야 한다. 그런데도 불구하고 일본 사토 반동 정권은 미 제국주의의 지시에 따라, 귀국사업을 파괴하기 위해 일방적으로 귀국협정 파기를 선언하고 1967년 8월 이래로 귀국신청 접수창구를 폐쇄해 버렸다.

일본 사토 반동 정부는 남조선 괴뢰 일당과 함께 귀국사업을 파괴하는 것에 관한 공동성명까지 발표하며 모스크바와 콜롬보에서 열린 조·일적십자회담을 난폭하게 파탄내고, 이후 니가카에 있는 귀국자 센터까지 폐쇄시키는 부당한 행위를 강행했다.

이들 모든 사실은, 일본의 사토 반동 정부가 재일조선공민의 귀국사업을 전적으로 파괴하기 위해 얼마나 비열하고, 그리고 계통 系統적으로 책동하였는지를 여실히 보여주고 있다.

일본 사토 반동 정부와 일본적십사가 아무리 변명을 해도 고귀한 인도주의사업인 귀국사업을 정치적인 목적 아래 파괴하려고 책동해 왔는지는 결코 숨길 수 없다.

이는 금번에 귀국선의 배선과 조·일적십자회담 재개에 관한 우리 제안을 일본 측이 거부할 때에, 귀국사업을 재개하면 "한일관계에 악영향을 끼친다."며 계속 말한 점에서도 여실히 드러났다.

일본 군국주의자들은 재일조선공민의 귀국사업을 파괴함으로서 미 제국주의의 침략과 전쟁정책을 한층 더 충실히 받들고, 박정희 괴뢰 일당과의 정치적, 군사적 결탁을 강화하여 남조선 재침략의 길을 더더욱 넓히려 하고 있다.

오늘날 미 제국주의자와 매국 역도 박정희 일당이 조선에서 기를 쓰고 새로운 전쟁 도발 소동을 벌이고 있음에 맞춰, 일본 군국주의자가 귀국사업 파괴 소동을 벌이고 있는 것은 우연의 일치가 아니다.

그러나 일본군국주의자는 어떤 책동을 벌여도 재일조선공민의 귀국길을 막을 순 없다.

4천만 조선인민의 위대한 영수 김일성 원사 주변에 반석과 같이 단결한 조선인민은 귀국사업을 파괴하려고 하는 일본 사토 반동 정부와 일본적십자사의 책동을 결코 용서치 않을 것이다.

 일찍이 일본 사토 반동 정부와 일본적십자사가 날조한 귀국협정 파괴 "결정"은 무효이며 누구도 인정하질 않는다.

 현재 재일조선공민의 귀국사업이 중단 상태에 빠진 모든 책임은 전적으로 일본 측에 있다.

 일본 당국은 귀국사업에 대한 무분별한 파괴 책동을 즉시 중지해야 한다.

 지금 일본에는 이미 귀국신청을 한 1만 7천여 명을 비롯하여 자신의 조국인 조선민주주의인민공화국에 돌아가려는 귀국희망자가 아직도 많이 남아 있다.

 그중에 이미 재산을 처분하고 의지할 곳도 없이 오로지 귀국선이 일본에 도착할 것만을 오매불망 기다리며 괴로운 나날을 보내는 사람이 많이 있다.

 일본 사토 정부와 일본적십자사는 현실을 직시하여 재일조선공민의 귀국문제를 올바르게 해결하기 위한 우리의 제안을 조속히 받아들여야 하고, 책임지고 즉시 귀국희망자를 귀국시키는 조치를 취해야 한다. 이는 조·일 양국의 인민과 전 세계 여론의 일치된 요구이다.

 조선민주주의인민공화국적십자회 중앙위원회는 귀국희망자들의 귀국에 대한 소원을 하루라도 빨리 실현시켜 주려는 일관된 동포애에서 시작되어 언제라도 귀국선을 니가타에 배선시킬 용의가 있다.

 이와 동시에 우리는 이 귀국선을 이용하여 니가타에 가서, 재일조선공민의 귀국 문제를 올바르게 해결하기 위한 조·일 적십자회담을 언제라도 재개할 수 있도록 준비하고 있다.

경애하는 영수 김일성 원사가 열어 놓으신 귀국길을 지키려는 재일동포들의 싸움은 나날이 높아지고 있다. 이는 전적으로 정당한 것이다.

전 조선인민은 경애하는 영수가 제시하신 공화국 정부의 위대한 10대 정강政綱이 나타내는 길을 따라, 재일조선동포의 귀국 권리를 포함한 모든 민주주의적 민족권리를 옹호하고, 한층 더 강력한 싸움을 전개할 것이다.

068　조적의 비난 성명에 대한 분석이 실려 있다. 다만 분명 이 문제가 재조명될 터이니 그 전에 방침을 세워 두는 게 나을 거라는 생각에서 외무성이 방안을 제시하는데, 이는 잠정조치를 시행하지 말고 잔여 인원을 일반외국인들과 동일한 방법으로 출국시키는 방법이었다. 본 문서는 069에서 새로 정리되어 작성된다. 069문서는 중간중간 변경이 생겼고, 명목을 강조하는 2번 항목이 새로 추가되었음을 알 수 있다.

북조선 문제에 관한 건

1968.7.8.
북동아시아과

본 건에 관해 최근 상대先方의 "성명"을 보면, 본 건이 당분간 움직일 가능성은 전혀 보이질 않아 우리 쪽에서 나서서 어떤 조치를 취할 필요는 없다.

그러나 재일조선인 중 북조선 귀환을 희망하는 자가 있는 것도 사실이고, 종래 조총련 운동과 국회심의 과정을 보면, 참의원 선거 후에 다시 문제화될 것도 예상이 된다. 따라서 정부는 다시 정치적인 차원 level에서 문제가 바람직하지 않은 방향으로 불타오르는 것을 예방하기 위해서, 또 이 문제에 대한 향후의 방침을 새롭게 결정짓기 위해서

관계 부처官庁 간의 의사 통일을 도모하고, 가능하다면 각의 차원에서 결정을 해 놓는 편이 좋겠다고 생각한다.

이에 대한 외무성의 생각은 다음과 같다.

(1) 우선 15,000명을 위한 취급에 관해 모스크바와 콜롬보에서 일본 측은 누차 설명을 하였고 또 6월 24일자 전보에서도 거듭 확인을 했는데, 이에 대한 상대의 태도가 전술한 바와 같은 이상에야 일본 측이 신청을 완료한 약 15,000명에 대해 협정의 예에 따라 귀환을 시키고자 배려를 할 필요는 이 단계에 이르러선 더더욱 없어 보인다. 또 북조선과 조총련의 생각은 콜롬보 회담과 이후의 성명을 보아도, 이전 협정에 따른 신청 완료자 문제만 따로 떼어놓고 다루는 것에 동의할 가능성은 없다고 판단되며, 이 문제를 실마리 삼아 장기간의 속칭 "귀환사업" 약정을 맺으려는 것처럼 보인다.

즉 현 단계에서 더 이상 신청 완료자 문제를 내세워 해결코자 하는 것은, 귀환 문제는 타결에 이르지 못한 채 도리어 문제를 혼란케 만들게 되리라 여겨진다.

따라서 향후의 방침은, 속칭 잠정조치는 실시하지 말고 신청완료자에 대해서는 이후 출국을 희망하는 자와 동일하게 다루기로 한다.

(2) (가) 재일조선인 중 출국을 희망하는 자는 일반 외국인과 동일하게 임의로 출국하는 것(개별자유출국)을 원칙으로 한다.

선편船便으로는 나홋카 항로, 특일特日선 이용에 따른 방법이 있다. 작년에 승선 가능한 특일선 취항수는 도합延 82회, 승선 가능 인원은 646명이었다. (법무성 입관국 조사)

에이와永和 해운, 도카이東海 선박을 이용할 경우, 비용(1인당 식비 포함)은 약 5,000엔이다. (운수성 외항과 조사)

나홋카 항로를 이용한 예는 올해 1월에 2명(1월 17일 출항)이 있다.

(나) 출국자는 (가) 방법을 따르지 못하는 사정이 있는 경우에는,

아래 북조선 측 배선을 이용할 수 있다.

북조선 측 배선은 다음 조건 아래 허용된다.

① 배선은 일본 측이 통보를 할 때마다 허용된다.

일본 측은 (나)에서 말하는 출국희망자가 상당수에 달했다고 인정될 때 통보한다.

상당수의 판단은 그때마다 관계 부처省 간에 행한다.

② 배선하는 항구는 니가타항으로 한다.

③ 선원 이외 승선자의 입항은 일본 정부의 허가를 필요로 한다.

(3) 향후 상대방이 일본의 책임 운운하는 태도를 개선한다면 상기 방침을 북조선 측에 제안하고, 만일 북조선 측이 받아들이지 않을 경우에는 본 문제는 향후 일절 다루지 않기로 한다.

(4) 상기 4.(역주: 원문 그대로)의 방침은 어떤 식으로 보아도 합리적이며 일본 정부가 양보할 수 있는 최대한의 것이다. 이 생각을 모두 一般에게 철저히 주지시키면 내외로 납득을 얻기 쉽지 않을까 생각한다.

또한 한국 측에 대해서는 사전에 이러한 방침을 충분히 통보하고 납득시키기로 한다.

069　068 설명 참조

북조선 문제에 관한 건

1968.7.15.
북동아시아과

1. 최근 북조선적십자의 "성명"을 보면, 본 건에 대한 북조선 측의 태도는 조금도 변화가 보이질 않으니 우리는 당분간 북조선 측에 대

해 어떤 조치intiative를 취할 필요는 없다고 생각된다. 그러나 재일 조선인 중 북조선 귀환을 희망하는 자가 있는 것도 사실이고 종래 조총련 운동과 국회 심의 과정을 보면 향후 이것이 다시 정치문제 화되는 것도 예상이 된다. 따라서 정부는 이 문제에 대한 향후 대처 방침을 검토해 두고, 가능하다면 관계 관청 간에 의견을 통일을 시켜 놓는 편이 바람직하다고 생각한다.

2. 물론 앞에서 말한 바와 같이 북조선 측의 태도가 변하지 않고서야 상대가 쉽사리 타협적인 태도로 나올 가능성은 없고, 다른 한 편으로 현재 한국과 북조선 간의 첨예한 대립 정세를 보아도 북조선이 이를 정치적으로 크게 다룰 것play-up이 명백한데 이것이 또한 필시 한국의 격한 반발을 초래하리라 생각된다. 때문에 실제로 행동으로 옮길 수 있는 방법이 머릿속에서 거의 떠오르질 않는다고 해도 좋을 정도이다. 그러나 일단 생각해 볼 수 있는 방법은 아래와 같은 정도가 아닐까 생각한다. (이 같은 하나의 복안腹案을 생각해 두는 것은 그 실현성은 차치하더라도, 우리 국회에 대한 대책으로 필요하지 않을까 생각된다.)

3. (가) 우선 15,000명에 대한 취급에 관해 기본적으로 재검토하기로 한다. 즉 이들 신청 완료자에 관해서 일본 측은 모스크바와 콜롬보, 양 회담에서 누차 설명하였고 또 6월 24일자 전보에서도 거듭 종래의 기본적인 생각을 확인했는데, 이에 대한 상대의 태도가 상기 6월 30일자 성명과 같은 이상에야 일본이 이 단계에 이르러 다시금 신청을 완료한 약 15,000명에 관해 협정의 예에 따라 귀환의 배려를 할 필요는 없어 보인다. 또한 콜롬보 회담과 이후의 성명, 그리고 일반적으로 격렬하게 일본을 적시하는 태도를 생각해 보면, 현 단계에서 '지난 협정에 따른 신청 완료자 문제를 떼어놓고 다루겠다.'고 일본 측이 재차 제안을 해도 북조선 측이 이에 동의할 가능성이 극히 희박하고, 도리어 이 문제를 실마리 삼아 장기간의 속칭 "귀환사

업" 약정取り決め을 맺으려고 한 콜롬보 회의 때의 입장을 고집하는 태도를 드러낼 공산이 커 보인다. (북조선 입장에서 보자면, 재일 조직에 대한 체면도 있으니 이제 와서 기존 태도를 바꾸기는 매우 어려울 것이다.) 즉 일본 측으로서는 현 단계에서 더 이상 신청자 문제를 내세워 해결하려고 하는 것은 귀환 문제는 타결에 이르지 못한 채 도리어 문제만 혼란케 만들게 되리라 생각한다. 이에 관해 적십자 국제위원회의 양해를 얻는 일은 어렵지 않아 보인다.

따라서 향후 방침은 속칭 잠정조치는 실시하지 않고 15,000명의 신청 완료자를 위한 특별취급은 일절 생각하지 않기로 하며, 향후 출국을 희망하는 자와 동일하게 다루기로 한다.

2. (가) 재일조선인 중 출국을 희망하는 자는 일반 외국인과 동일하게 임의로 출국하는 것(개별자유출국)을 원칙으로 한다.

注) 선편으로는 나홋카 항로, 특일선 이용에 따르는 방법이 있다. 작년에 승선 가능한 특일선 취항수는 총延 82회, 승선 가능 인원은 646명이었다. (법무성 입관국 조사)

에이와永和 해운, 도카이東海 선박을 이용할 경우, 비용(1인당 식비 포함)은 약 5,000엔이다. (운수성 외항과 조사)

나홋카 항로를 이용한 예는 올해 1월에 2명(1월 17일 출항)이 있다.

(나) 또 소련 측에 나홋카 항로(특히 요코하마·나홋카 항로 외에 니가타·나홋카 항로)의 북조선 정기기항을 배려해 달라는 요청을 다시 하는 것도 검토하기로 한다.

(다) 출국자가 이상의 방법에 따르는 것이 불가능할 때에는 아래 북조선 측 배선을 이용하는 것도 가능한 것으로 한다.

북조선 측 배선은 다음 조건 아래 허용된다.

① 배선은 일본에서 통보가 있을 때마다 허용된다.

일본은 출국희망자가 상당수에 달했다고 인정될 때 통

보한다.

상당수의 판단은 그때마다 관계부처省 간에 행한다.

② 배선하는 항구는 니기타항으로 한다.

③ 선원 이외 승선자의 입항은 일본 정부의 허가를 필요로 한다.

(3) 향후 상대방이 일본의 책임 운운하는 태도를 개선한다면 상기 방침을 일본적십자를 통해 북조선 측에 제안케 한다. 북조선 측이 수락하면 이를 실시하고, 거부하면 본 문제의 검토는 이로써 종결짓는다.

4. 상기 방침은 지금까지의 경위에서 볼 때, 현 단계까지 온 이상 일본으로서는 실로 합리적인 생각이고, 일본이 양보할 수 있는 최대의 것이다. 이 생각을 적십자 국제위를 비롯하여 내외로 철저히 주지시킨다면 일반의 이해를 얻는 것은 어렵지 않다고 생각한다.

또한 한국에 대해서는 사전에 이러한 방침을 충분히 통보하고 납득시키기로 한다.

070　문서의 제목을 보면 후생성 서무과장과 한국인 유골 봉환에 관한 이야기를 하다가 송환 이야기가 같이 나왔고, 이런 이유로 본 문서철에 실린 듯하다 (복사본). 다만 원 사료에 페이지 하단부가 잘려 있어 식별이 불가능한 부분이 있고, 문장을 보면 페이지가 이어질 것 같은데 더 이상 다른 페이지는 존재하질 않아 정확한 내용 확인이 쉽지 않다.

후생성 후** 서무과장과의 담화談
(한국인 유골의 건)

1968.7.23.
북동아시아 과장

후** 서무과장은 23일 점심을 함께 하며 북동아시아 과장에게 다음과 같이 이야기했다.

1. (한국인 유골 건에 관하여)

   야**씨의 이야기는 말한 것처럼 진행될 것이라고는 생각치 않는다. 후생성은 '일괄해서 한국에 인도하지 않는 한, 이 상태로 계속해서 후생성 창고 안치소에 보관하는 것도 타당치 않으니 공공단체의 유골안치소 중에 적당한 곳이 있으면 그곳에 옮기는 것도 하나의 방안'이라 생각하며 검토하고 있다. 후보지도 두세 곳 있다. 민간단체에 위탁하면 여러 문제가 일어나니까, 역시 지방 공공단체―혁신성革新色이 강한 도쿄는 피해서 가나가와神奈川현이나 사이타마埼玉현이 좋을 것 같다. 만약 그처럼 옮긴다고 해도 신문에서 떠들지 않게 조용히 옮길 예정이다.

   (우리가 '일괄 외무성에서 한국 측에 인도하는 것도, 아무튼 연고자를 찾는다고 하는 한국 당국을 신뢰하고 맡기는 것이니 원 쿠션을 두어 한국적십자에 가네야마 대사가 의탁하는(인도) 형식으로 하는 것도 여러 방법 중의 하나라고 생각하고 있다.'고 설명하였다.)

   (본 건은 후** 과장과 북동아시아 과장이 더 논의하기로 했다.)

2. 북조선귀환의 건

   북조선 본국의 태도가 그 성명처럼 강경하나 포괄적인 요구를 내리지 않는 것을 보면 이대로 압박圧力만 하며 본건을 온존溫存하는 것을 당분간의 전술로 삼는 것은 아닐지 생각된다. 재일 조선총련은 □□□□□ 더욱 □□한 라인을 생각했다는 것 같은데.

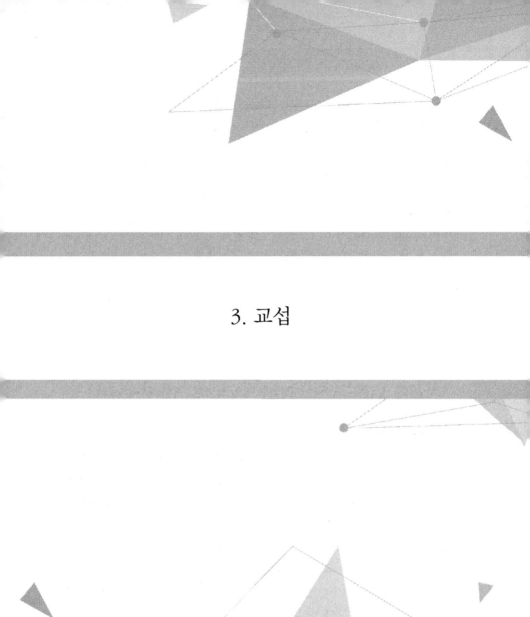

3. 교섭

071　　적십자 연맹이회사회의 회의 분위기를 보고하는 문서인데, 국제위가 일본에게 협조해 주는 인상을 받을 수 있다. 위원장 사무엘 고나르트는 레오폴드 브와시에(Léopold Boissier)의 뒤를 이어 1964년부터 1969년까지 국제위원장 (President og the International Committee)을 맡은 인물이다.

전신사본

총번호 (TA)34906　　　주관 아북

67년 9월 6일 21시 41분 헤이그 발

67년 9월 7일 06시 21분 본성本省 착

우시로쿠後宮 대사

외무대신 님

29회 적십자 연맹 이사회의 재일조선인 귀환 문제 토의

제229호 생략

6일, 일적 오** 과장이 본사 앞으로 전달 의뢰한 사항은 다음과 같음.

(1) 6일 대표자 회의 백두ヘき頭 북조선 대표가 일적이 귀환 협정을 일방적으로 파기했음을 강하게 비난하고, 협정 연장을 요구하겠다고 발언했다. (약 9분간)

(2) 고나르트Samuel Gonard 위원장은 북조선 측이 일적과 본 건에 관해 당지에서 충분히 토의를 거치지 않았음을 확인한 후에, '양 대표 간에 토의가 되지 않은 문제를 이 자리에서 제기하면 안 된다.'고 말하고선 1분 후에 토의가 종료될 것을 선언했다.

(3) 이후 소련의 미쉐레후ミチェレフ가 고나르트에게 '북조선의 이야기를 수용하여 협정을 연장하라고 일적에 말씀해 주시길 바란다.'고 말했더니, 고나르트는 본 건의 토의는 이미 종료되었다고 말하며 의사를 진행했다.

(4) 이어 회의는 요르단 난민 귀환 문제를 토의했는데, 알제리아 대표가 고나르트에게 다시 한번 '재일조선인 귀환 문제에 관해 일본과 북조선 사이에서 알선을 해야 한다.'고 해서 오**가 이에 반론하려고 손을 들었는데, 고나르트가 '본 건은 내정 문제로서 타사他社가 개입할 필요는 없다.'고 딱 잘라 말하며 토의를 막았다.

(5) 결국 고나르트의 호의적인 처치에 따라 본 건은 종결을 보았다.

소련에 전달伝電했다.

072　　본 문서에는 협상이 결렬되자 니가타에 주재하고 있던 국제위 대표의 귀국을 요청하는 내용이 담겨 있다. 이 대표단의 귀국 요청은, 인도주의를 표방한 일본의 귀국정책에 비교적 호의적이던 국적위가 그 스탠스를 바꾸게 된 트리거에 해당(075문서 참조)된다.

전신안

발전계発電係 일본 총総 제5088호 (제53△호)

기안 1968.2.8.(68.2.8. 발신)

발신 외무대신

착신 재제네바 나카야마

전달 재한국 대사관

건명 북조선 귀환

8일 일적 외사부장이 다음과 같은 연락을 해왔다.

일적은 1월 31일 적십자 국제위 앞으로 다음과 같은 취지의 전보를 타전했다.

일조 양 적십자 간의 콜롬보 회담이 1월 24일에 결렬되었기에, 북조선귀환협정에 기반한 업무는 완전히 종료되었다. 따라서 우선 잠정적으로 3월 31일까지 의뢰했던 국제적십자위 대표의 일본 주재는 1월 말까지나, 이후 불필요하긴 하지만 잔무처리도 있을 터이니 2월 말일 까지 해 주셨으면 한다.

(현재까지, 이에 대한 답장은 없다.)

한국에 전달했다.

073   072 문서에 한국에 전달되었다고 되어 있는데, 이를 전달한 문서에 해당한다. 이하 전달 문서에 대해서는 언급을 생략한다.

외무선 전신안
총 제5089호(제86호)
기안 1968.2.8.(68.2.8. 발신)
발신 외무대신
착신 재한 기무라 대사
건명 북조선 귀환

제네바에 보낸 왕전往電 제53^호 전달

074   제네바에서 온 공문이다. 회담 결렬에 따라 일본 측은 임의 귀환으로 노선을 변경하고자 하였고 그 과정에서 일적은 국제위 대표단의 귀국을 요청하였다. 이 요청에 대해 국제위는 이사회를 열고 조일 양 적십자 앞으로 회의를 재개하길 바란다는 연락을 할 계획을 세우는데, 그 배경에는 국제위의 인도적인 정신에 덧붙여 다른 공산권 국가들의 압력이 있었음을 알 수 있다.

전신사본
총번호 (TA)4661

주관 아북

1968년 2월 9일 15시 41분 제네바 발

1968년 2월 10일 00시 56분 본성 착

나카야마ナカヤマ 대사

외무대신님 앞

북조선귀환

제102호 생략 시급

왕전住電 제62호와 귀전貴電 아북 제53호에 관해

8일 밤 본사 공관公邸에 적십자 국제위 관계자를 초대했을 때 모노월モノワール 차장은 가**의 질문에 대해 다음과 같이 비공식적으로 이야기했다고 함.

1. 국제위는, 가와니시 일적 사장에게서 '2월 말을 기해 국제위 대표를 일본에서 귀국시키셔도 좋다.'고 하는 전보를 받았는데, 8일 국제위는 이사회를 개최하고 다음 두 가지를 결정했다.

   (1) 이번 회담 결렬은 매우 유감스러운 일이며 특히 약 15,000명의 귀환 미완료자에게 콜카타 협정에 따른 귀환길이 막힌 것은 인도적인 견지에서도 가벼이 볼 수 없고 향후 귀환 미완료자 가운데 경제적으로 어려운 자들이 사실상 귀국을 못 하게 될까 염려된다. 국제위는 콜롬보 회담에서 일적이 마지막까지 도리를 다했음을 잘 알고 있지만, 이번 회담 결렬에 따라 귀환 문제가 모두 종료되었으니 국제위 대표는 이제 귀국시켜도 좋다고 할 것이 아니라, 향후에도 계속하여 회담 재개의 가능성을 검토하시길 희망한다고 하는 취지의 전보를 일적에 회신하겠다.

   (2) 조적에 대해서도 '귀환 문제에 관해 양측 적십자사가 각각의 입장을 재차 고려한 후에 귀환 문제에 관한 회의 재개 가능성을 검토해 달라.'고 요청하는 내용의 전보를 타전하겠다.

2. 국제위가 이상의 결정을 내린 것은 신청완료 귀환 미완료자을 귀환
   시키겠다고 하는 인도적인 견지의 배려가 큰 이유이긴 하지만, 모
   스크바, 콜롬보 두 회담 기간 내내 동유럽의 여러 나라들 특히 소
   련, 폴란드, 헝가리 등이 국제위의 개입을 요청했던 것도 하나의
   이유가 된다.
3. 국제위는 다음 주에 조속히 상기1.과 같은 전보를 양 적십자사에
   타전할 생각이다.
4. 회담 결렬 후에는 동유럽의 여러 나라들과 조적에서 어필을 해 오
   진 않았다.

한국에도 전달하였다.

076　　074문서에서 국제위가 양 적십자사에 타전하겠다는 소식에 일본 측은
예상치 못했다는 반응을 보인다. 이에 따라 제내바 대사를 통해 국제위에 '①회담
결렬의 책임을 북한에 있고 이를 취하하지 않는 이상 재개해도 소용이 없다. ②일
적에 재개를 종용하는 연락은 하지 말길 바란다.'는 요청을 하도록 지시한다. 본
문 중에 관방장관 담화는 236번 문서에 해당한다.

외무성 전신안
총 제5419호(제59$^\triangle$호)
기안 1968.2.10.(68.2.10. 발신)
매우시급
발신 외무대신
수신 제네바 나카야마 대사
전달 재한국 대사
건명 북조선 귀환

귀전 제102호에 관해

1. 1월 25일자 귀전 제62호에 따르면 적십자 국제위는 회담 결렬에
   이른 사정을 충분히 이해했다고 보는데, 8일에 이르러 국제위가
   머리의 귀전과 같이 "결정"을 한 것은 조금 의외라고 생각되는 바,
   귀관貴使이 국제위에 대해 시급히 다음의 내용을 잘 표명해 두길
   바란다.

   (1) 일본 측은 특히 신청 완료자에 관해 '북조선귀환협정은 작년
       11월 12일에 종료되었지만, 인도적인 입장에서 금년 7월 말일
       까지 협정의 예에 따르는 취급을 하겠다.'고 하는 제안을 하였
       다. 상대도 이에 동의했음에도 불구하고 북조선 측이 최종 단
       계에서 협정 종료 후의 조치 문제와 엮어 일본 측의 성의 있는
       모든 제안을 거부한 바가 있다. 북조선 측이 이상과 같은 태도
       를 계속하여 견지하는 이상, 현 단계에서 일본 정부는 물론이
       거니와 일적도 '회담을 재개해도 전혀 도움이 되질 않는다.'고
       생각한다.

   (2) 따라서 일본 측은 국제위가 머리의 귀전과 같은 방침을 이사회
       의 정식결정으로 내세우는 것은 타당치 않다고 생각하며, 가능
       하다면 일적에 보내는 전보에는 이를 지양해 주시길 희망한다.

   (3) 그러나 국제위가 역시 머리의 귀전과 같이 일적에 타전을 하신
       다면 일적에서 그 답장에 상세한 설명을 할 것이다.

2. 귀관은 콜롬보 회담 종결에 즈음하여 관방장관 담화(왕전합往電合
   제279호 참조)와 이를 포함한 일적 설명서(□信合 제400호)를 적
   절히 이용하기 바란다.

한국에도 전달했다.

075 국제위가 일본의 의도와 다른 입장을 취하게 된 경위가 실려 있다. 즉
국제위는 국제위 대표의 귀국 요청을 계기로 일본 측이 재일조선인들의 조속 귀

환에 큰 관심을 갖고 있지 않았다고 파악했던 모양이다. 그리고 이로 인해 비교적 소극적인 자세로만 임해왔던 국적위가 적극적인 자세를 내세우게 된다.

전신사본

총번호 (TA)4641

주관 아북

1968년 2월 10일 23시 05분 제네바 발

1969년 2월 11일 07시 20분 본성 착

나카야마 대사

외무대신님 앞

북조선귀환

제105호 생략 매우시급

귀전 아북 제59호에 관해

　머리[冒頭] 귀전의 내용을 우선 가**를 통해 국제위에 말하게 했더니, 모노월 차장은 "신청 완료 귀환 미완료자에 대한 조치에 관해서는 양 적십자사 사이에서 사실상 합의를 보았음에도 불구하고, 북조선 측이 EVERYTHING OR NOTHING이라는 태도를 보이며 일적의 제안을 미지막 단계에서 거부한 것은 잘 알고 있다. 알고 계신 바와 같이 국제위는 콜카타 협정의 당사자가 아니기에, 본 건 귀환 회담은 양 당사자의 문제라고 보고 지금까지 침묵을 지켜 왔다. 그러나 이번 회담 결렬은 결정적인 것으로서 '국제위 대표를 2월 말을 기해 귀국시켜도 좋다.'고 하는 일적 사장의 통보를 접하고선, 국제위는 약 17,000명에 달하는 귀환 미완료자의 신상에 생각이 미쳤다.(일적도 귀환 미완료자들의 귀환에 관해서는 긴급하게 해결해야 할 문제로 생각하시리라 본다.) 때문에 인도적인 견지와 국제위의 입장에서 보면, 일적에 답신을 하는 이 시기에 국제위의 견해를 표명하지 않을 수 없다. 귀관의 이야기의 취지는 충분히 유념하겠다."고 말했다. 또 가**가 '나카야마 대사가 월요일(11.00 A.M.)에 국제위를 방문하기로 되어 있으니, 일적에 보내는 전보는 아무튼 기다려 주었으면 좋겠다.'고 말하자, 상대는 이를 이해했다고 했다. 우선 이를 먼저 보고 드린다.

한국에도 전달했다.

077

외무성 전신안
총 제5420호(제95호)
기안일 1968.2.9.(68.2.10. 발신)
보통
발신 외무대사
수신 재한 기무라木村 대사
건명 북조선 귀환

제베바에 보내는 왕전往電 제59호 전달

078 수신은 본래 '재외공관발송일람표'라고 하여 135개 공관이 표로 되어 있고 여기에 수신하는 곳을 동그라미로 쳐 놓은 형태이나 편집의 편의상 표는 생략하고 해당 수신처만 나열하여 기입하였다. (이하, 동일) 다만 별첨 문서(북조선에 넘어간 재일조선인들이 쓴 편지)는 동봉되어 있지 않다.

공신公信안
번호 아북합亞北合 제590호

기안일 1968.02.09.
발신 외무대신
수신 수신처 참조
건명 북조선의 근황近情

　북조선의 근황
　본 건에 관해 공안조사청이 제공한 별첨 자료는 북조선귀환선을 타고 북조선에 귀환한 사람들이 일본에 보낸 답장을 모아 기록한 것으로 북조선의 물질 결핍 상황 등을 전하고 있습니다. 이에 최근 북조선의 동향과 관련하여 참고차 송부합니다.
수신처: 미국, UN, 캐나다, 쿠바, 오스트리아, 체코슬로바키아, 프랑스, 독일, 헝가리, 네덜란드, 폴란드, 루마니아, 스위스, 제네바, 소련, 영국, 미얀마, 캄보디아, 스리랑카, 중화민국, 인도, 인도네시아, 대한민국, 라오스, 말레이시아, 파키스탄, 필리핀, 싱가폴, 태국, 베트남, 콜카타(총), 홍콩(총), 부산(총), 호주, 뉴질랜드, 아르헨티나, 아랍연합, 세네갈, 탄자니아

079　주제네바 대사가 국제위를 방문하고 모너월 차장과 면담한 내용을 담고 있다. 현재로선 재개를 해도 의미가 없고, 관련하여 임적에 연락하질 말라는 요청을 하고 있는데, 이는 076문서의 지시에 따른 내용이다. 2번의 이야기는 049문서에 실려 있다.

전신 사본
총번호 (TA)4975 주관 아북
68년 2월 12일 22시 54분 제네바 발
68년 2월 13일 08시 02분 본성 착

                                          나카야마 대사

외무대신 님

북조선귀환
제107호 생략 시급
왕전 제105호 관련
  12일 본직은 적십자 국제위원회를 방문하였으나 고나르트 총재가
부재중이었기 때문에 모노월 차장과 면담했는데, (가** 동석) 회담의
개요는 다음과 같음.
1. 우선 본직이 '국제위는 인도적인 입장에서 17,000명의 귀환 미완료
   자에 대한 국제위의 PREOCCUPATION을 표명하시겠다고 하셨는
   데, 일본 측은 실로 이들 귀환 미완료자를 인도적인 입장에서 귀환
   시키기 위하여 약 2개월에 걸쳐 도리를 다하며 교섭에 임했음에도
   불구하고 북조선이 마지막 단계에서 협정 종료 후의 조치와 결부
   시켰기 때문에 회담이 결렬된 것이다. 일본 측으로선 회담을 재개
   하라는 말을 들어도, 북조선이 이와 같은 태도를 바꾸지 않는 이상
   에야 무엇을 논의해야 할지 모르겠다.'고 말하고, '현재 국제 및 국
   내 정세로 보면 본 건 국제위 결정에 따르는 타전이 행해질 경우에
   는 정치적 반향도 충분히 예상想ぞう되는 바이니, 일적에 보내는 타
   전에는 이를 자제해 달라.'고 요청했다.
2. 이에 대해 모노월 차장은 "콜롬보 회담 결렬의 경위는 충분히 이해
   하고 있지만, 일적이 보낸 '교섭 결렬의 통보를 받은 2월 말을 기해
   국제위 대표를 귀국시켜도 좋다.'는 의사표시에 대해 무언가 답변
   을 해야만 한다. 8일날 이사회는 일적 전보에 대한 국제위의 태도
   를 결정했다."고 말하고, '국제위는 8년 전에 본 건이 정치적 색채
   가 강한 문제라고 해서 거론하지 않겠다고 하는 분위기가 강했지
   만, 인도적인 입장에서 국제위의 개입을 요구하는 일본 측의 강한
   요청에 따라 국제위가 개입하게 되었다.'며 그 경위를 이야기한 후

에, "국제위는 이미 3월까지 국제위 대표 설치를 결정 짓고, 예산까지 계상해 놓았는데 일본 측의 사정으로 2월 말까지 이를 거둬들이라고 요청을 받으니 매우 곤란하다."며 곤혹스러운 기색을 내비쳤다. 또 지난번 나홋카 경유로 북조선에 귀환하기 위해 요코하마를 출항한 두 명의 한국인(외무대신이 스리랑카에 보낸 전보 아북 제24호)의 귀국이 확인되었는지 질문한 후에, '만약 무사히 북조선에 귀국했다면 북조선 귀국 루트가 있다고 하는 전례가 된다.'고 말했다.

　마지막으로 "사실 일적이 국제위 앞으로 또 서간을 보냈다는 연락을 막 받았다. 이에 우선은 이를 검토하겠다. 그때까지 일적 앞으로 보내는 타전은 보류하겠다. 다만 이후에 어떤 서한을 교환하더라도 여기에 인도 문제가 하나 남는다는 것은 부정할 수 없다."고 말했다.

3. 마지막으로 본직이 '고나르트 총재에게도 가까운 시일 내에 말씀드릴 예정인데, 저희日本側는 이후에도 귀 위원회와 충분히 긴밀한 연락을 취하고 싶다.'고 말하면서 회담을 마쳤다.

한국에도 전달하였음.

080　079 문서에 연결된 문서로서, 국제위가 일적에 보낼 회신에 대한 일본 정부의 의견에 대한 문의와, 일적에 국제위에 보낸 서간의 사본을 요청하는 내용이 실려 있다.

전신사본
총번호 (TA)4976　　　주관 아북
68년 2월 12일 22시 45분 제네바 발
68년 2월 13일 08시 04분 본성 착

외무대신 님

북조선귀환
제108호 생략 긴급
왕전 제107호에 대해

1. 본 건 회담 중 모노월 차장은 "국제위는 일적의 전보에 대해 무언가 회신을 할 필요가 있고, 그때 국제위는 인도적인 입장에서 본 건 회담 결렬에 대한 견해를 표명할 수밖에 없다고 보는데, 일본은 어느 정도의 표현이라면 수용할 수 있겠는가?"라고 질문했다. 이에 관해 본직이 참고하고자 하니 귀견을 회신해 주길 바란다.

2. 일적이 국제위에 보낸 서간과 전보의 복사본은 향후 본직이 참고하고자 하니, 송부해 주길 바란다.

081　회담 결렬 이후 사건의 발달이 되었던 일본적십자사가 국제위에 보낸 편지가 실려 있는데, 080에서 제네바 대사가 요구했던 서간이 이에 해당한다. 제일 밑줄에 프랑스어 문서를 별전한다고 되었는데, 이는 083 문서로 전달된다. 기안일이 1월 13일로 되어 있는데, 108호 전신사본에 대해 언급하고 있는 것을 보면 2월 13일의 오타일 것이다.

외무성 전신안
총 제 5689호(제61△호)
기안 1968.1.13.(2.13. 발신)
매우시급
발신 외무대신
주신 재제네바 대사 나카야마
건명 북조선 귀환

귀전 제108호에 관하여

1월 31일자 적십자 국제위원회 고나르트 위원장에게 일적 사장이 보낸 전보는 다음과 같으니, 참고하시길 바란다.

재일조선인 북조선귀환협정은 작년 11월 12일을 기해 종료되었습니다. 당시 귀하에게 연락드린 대로 12일까지 돌아가는 것을 희망하여 신청하였지만, 협정 기간 내에 귀환하지 못한 사람들을 귀환시키기 위해 '북조선적십자회가 필요한 선박의 파견을 행하고 너무 길지 않은 기간에 한해 (구)협정의 예에 따른 원조 업무를 행하는 것'에 관하여 조적과 합의가 되면, 아무리 빨리 해도 귀환 원조 업무가 올해 3월 말까지는 계속될 것이라는 전제 아래 귀 위원회 특별대표단 주재에 관해서도 3월 말까지 주재를 부탁드렸고, 귀 위원회에게서 동의를 받은 바가 있습니다. 일적은 이에 관해 작년 11월 27일부터 콜롬보에서 조적과 회담을 벌였지만, 이 잠정조치 문제와 이후의 귀환 방법에 관해 (구)협정이 유효했을 때와 유사한 업무의 속행을 노리는 조적 사이에서 최종적인 합의가 성립되지 않았기에, 유감스럽게도 회담은 올해 1월 24일 중지할 수밖에 없게 되었습니다.

이 때문에 정부 관계 당국에서 귀환 업무는 모두 중지하는 것으로 결정을 하였습니다.

이 같은 급격한 정세의 변화에 따라, 다년간 원조를 해 주셨던 귀 위원회 특별대표단도 더 이상 주재하시는 수고를 하지 않으셔도 됩니다. 그렇지만 귀 위원회 대표단의 잔무 정리 관계도 있으리라 생각되어 1개월 동안, 즉 2월 말까지 동 대표단에 주재를 부탁드리려 합니다.

이에 다년에 걸친 귀 위원회와 대표단의 협력에 거듭 감사드리며, 본 건에 대해 이해를 해 주시면 감사드리겠습니다.

타전한 프랑스어 문서仏文는 별지와 같음.

082 079 문서 2번 말미에 일적이 국제위에 서간을 보냈다고 되어 있는데 본문은 이를 확인해 주는 내용에 해당한다. 본문을 보면 일적은 이를 보낸 적이 없다고 말하고 있다.

외무성 전신안
총 제5717호(제63호)
기안 1968.2.13.(2.13. 발신)
매우시급
발신 외무대신
수신 주 제네바 대사 나카야마
건명 북조선 귀환

귀전 제107호에 관해
머리의 귀전 2. 모노월 씨가 "일적이 또 서간을 보냈다." 운운했다고 되어 있어 일적에 확인해 봤더니 그런 사실이 없는데, 어쩌면 국제위원회의 재일대표가 어떤 연락이나 보고를 한 것을 모노월 씨가 혼동했을지도 모른다고 함. 우선 이를 알린다.

083 080 문서에서 이야기한 일적이 국제위에 보낸 서간문에 해당한다. 2월 말까지 국제위 대표를 귀국시켜 달라는 내용이 담겨 있다.

외무성 전신안
총 제5685호(제62호)
기안 1968.2.13.(2.13. 발신)
매우시급
발신 외무대신
수신 재제네바 나카야마 대사

건명 북조선 귀환

왕전 제61$^\triangle$호 별전

COPIE

le 31 Janvier 1968

INTERCROIXROUGE GENEVE

POUR PRESIDENT GONARD
JE VOUDRAIS PORTER A VOTRE CONNAISSANCE QUE L
ACCORD CALCUTTA SUR RAPATRIEMENT DES COREENS A
EXPIRE LE 12 NOVEMBRE 1967 ET COMME NOUS AVONS PRIS
CONTACT AVEC VOUS ALORS CMA SUPPOSANT QUE NOTRE
OPERATION DE RAPATRIEMENT SE POURSUIVRAIT JUSQU A LA
FIN DE MARS 1968 SI UN NOUVEL ACCORD SERAIT ETABLI
AVEC LA CROIX ROUGE NORDCOREENNE QUE CELLE CI
ENVOIE LES BATEAUX NECESSAIRES ET QUE NOUS
FOURNISSIONS PENDANT UN DELAI QUI N EST PAS SI LONG
ASSISTANCE PREVUE PAR L ACCORD EXPIRE AUX 17,000
COREENS QUI SE SONT INSCRITS POUR LE DEPART AVANT L
ECHEANCE FIXEE ET QUI N ONT PU QUITTER LE JAPON CMA
NOUS VOUS AVONS PRIE DE MAINTENIR VOTRE MISSION
SPECIALE A TOKYO JUSQU A FIN MARS ET VOUS Y AVEZ
CONSENTI STOP NOTRE DELEGATION TENAIT ENTRETIEN
AVEC DELEGATION NORDCOREENNE A COLOMBO DEPUIS LE
27 NOVEMBRE DERNIER POUR REGLER CETTE QUESTION MAIS
LA CROIX ROUGE NORDCOREENNE NE VISANT QU A PROLONGER
OPERATION SEMBLABLE A CELLE MENEE SOUS L ACCORD

EXPIRE POUR SUS DIT MESURES TEMPORAIRES AINSI QUE POUR RAPATRIEMENT DANS LE FUTUR CMA AUCUN ACCORD DEFINITIF N A ETE ATTEINT ET ENTRETIEN A MALHEUREUSEMENT ECHOUE LE 24 JANVIER STOP AINSI NOS AUTORITES GOUVERNEMENTALES ONT DECIDE DE TERMINER TOUTE OPERATION DE RAPATRIEMENT STOP DE CE SOUDAIN CHANGEMENT DE CIRCONSTANCES NOUS SOMMES OBLIGES DE VOUS PRIER DE NE MAINTENIR PLUS VOTRE MISSION SPECIALE STOP CEPENDANT CROYANT QUE VOTRE MISSION SPECIALE AURA DES AFFAIRES QUI RESTENT A LIQUIDER NOUS VOUDRIONS QUE VOTRE MISSION SERAIT MAINTENUE POUR UN MOIS DE PLUS CMA JUSQU A FIN FEVRIER STOP DANS L ATTENTE DE VOTRE REPONSE FAVORABLE ET AVEC NOS REMERCIEMENTS REITRES POUR LA COOPERATION DU CICR ET MISSION SPECIALE DE LONGUES ANNEES.

JITSUZO KAWANISHI PRëSIDENT JAPANCROSS G17

084 일적이 재스리랑카 대사와 싱가폴 대사에게 한 감사인사를 전달하는 문서이다. 원문에는 별첨이라고 되어 있는데, 007 문서가 본 문서에 해당한다.

공신안
아북합 반공신半公信
기안 1968.2.13.(2.16. 발신)
발신 오** 아시아국장
수신 재스리랑카Ceylon 히나타日向 대사, 재싱가폴 요시다吉田 대사
건명 다나베田辺 일본적십자사 부사장 서간 전달에 관해

다나베 일본적십자사 부사장 서간 전달에 관해

금번 일본적십자가 귀하貴使에게 사의를 표명하는 다나베 부사장 서간의 전달을 의뢰하였기에, 본직 앞으로 온 의뢰장 사본을 동봉하여, 별첨과 같이 송부합니다.

-부속 첨부-

085　제네바 대사가 고나트르 총재를 방문하고 보고한 내용이 실려 있다. 076 문서에 따라 일본의 의견을 전달하자 국제위 의장은 일적에 답신을 보내되 주제네바 대사의 의견을 들은 다음에 결정하겠으나 오래 지연시킬 수 없다고 하곤, 지금이야말로 국제위가 나설 때라고 말하며 강한 의향을 내비친다. 087 문서는 본 문서에 대한 보충분에 해당한다.

전신사본

총번호 (TA)5396　　　　　주관 아북

68년 2월 15일 15시 07분 제네바 발

68년 2월 16일 00시 27분 본성 착

　　　　　　　　　　　　　　　　　　　　나카야마 대사

외무대신 님

북조선귀환

제117호 생략 시급

왕전 제107호에 관해

14일 본직은 적십자 국제위원회 고나르트 총재를 방문하였는데, 회담 개요는 다음과 같다. (갤로판ギャロパン 사무국장, 모노월 차장, 가** 동석)

1. 우선 본직이 머리冒頭의 왕전 1.의 취지에 따른 일본 측의 입장을 설명하고, 특히 '일본 측은 인도적인 입장에서 2개월 동안 신청 완료 귀환 미완료자들을 귀환시키고자 최선을 다하였으므로, 북조선 측이 태도를 고치지 않는 한 국제위가 회담 재개를 제안하서도 이제 와서 대체 무엇을 교섭하면 좋을지 모르겠다. 국제위의 결정은 북조선 측을 지지하고 일본 측을 비판한다고 비춰질 우려가 있다. 선의로 행한 인도적인 행위가 우리를 창피하게 만들고 예상치 못한 정치적 파문을 불러일으킬 수 있는 점에 주의하여 일적에 보내는 전보는 보류해 달라.'고 요청하였다.

2. 이에 대해 고나르트 총재는 "귀하貴使의 이야기의 취지는 잘 알겠지만, 어떤 이해대립이 있더라도 인도적인 입장에서 국제위가 해야 할 사명을 수행하지 않으면 안 된다."며 국제위의 입장을 설명하고, "다만 과거 8년간 설치되었던 국제위 대표를 갑자기 귀국시키라고 이야기를 하시면 사실 좀 곤란하다."고 가볍게 언급한 후에 "일본 측의 입장도 충분히 알겠으니, 일적에 보내는 답신의 표현 내용에 관해서는, 일적이 편지를 보내는 것을 기다렸다가 귀하와도 사전에 잘 상의한 다음에 결정짓기로 하겠다."고 말했다. 또 "그런데 북조선이 이미 11월 6일자, 12월 19일자로 어필アッピール을 보냈고(왕전往電 제62호 2.) 이번 교섭 결렬에 관해서도 언제 북조선이 어필을 보낼지 모르는데, 그럴 경우에는 북조선에 답신을 보내야만 하기도 하고 사태는 돌변하니까 이해해 주길 바란다."라고 말하고, 일적에 보내는 답신도 섣불리 지연시킬 수 없음을 암시했다.

마지막으로 고나르트 총재는 "저는 이 분야의 오랜 경험을 통해, 금번 국제위 결정에 대해 귀하만큼 비판적인 견해를 갖진 않는다. 저는 지금이 정말로(역: 원문 まさみ) 국제위로서 그 사명을 다해야 할 때라고 믿고 있다."고 말을 맺었다.

한국에 전달했다.

086　일본에 있는 국제위 대표로부터 일적이 국제위에 서간을 보낼 준비를 하고 있다는 연락이 온다. 이에 관한 보고와 지시를 요청하는 내용이 실려 있다.

전신사본
총번호 (TA)5394　　　　　주관 아북
68년 2월 15일 14시 47분 제네바 발
68년 2월 16일 00시 23분 본성 착

　　　　　　　　　　　　　　　　　　나카야마 대사

외무대신 님

북조선귀환

제118호 생략
귀전 아북 제63호, 왕전 제108호와 왕전 제117호에 관해
　머리 귀전의 '일적 서간 발신 유무'에 관하여 고 총재와의 회담 후에 모노월 차장에게 물어봤더니, 국제위는 "재일 대표가 '일적이 현재 국제위에 보낼 편지를 준비중이며 이번 주중에 발신할 예정'이라고 연락을 했다."고 하기에, 우선 이를 보고한다.
　또 머리의 왕전 제108호 1.에서 부탁드린 점과 향후 이야기의 진전에 관해 귀건을 회신해 주길 비란다.

089　본 문서는 085문서에 대한 회신인데 정부는 고나르트의 반응을 고나르트가 상황을 잘못 이해하고 있다고 파악하고 이에 대한 지시를 내리고 있다. 3번 항목은 1, 2번 항목과 글씨체가 완전히 다른데, 작성이 된 후에 별도로 추가해 넣은 것으로 보인다.

외무성 전신안

총 제6121호(제68△호)

기안 1968.2.14.(2.15. 19:11 발신)

매우시급

발신 미키 대신

수신 재제네바 나카야마 대사

전달 재한국, 미국, 소련 대사

건명 북조선 귀환

귀전 제108호에 관하여

1. 수 차례의 귀전에 따르면 국제위는 귀환 미완료자의 취급에 관해 인도적인 견지에서 이를 문제시할 태도를 취하고 있는 것처럼 보이는데, 일본 측은 귀환 미완료자 가운데 실제로 귀환하는 자는 종래의 실적으로 보면 10~20% 정도로 예상(작년昨年 콜롬보 래전來電 259호 참조)하며, 이들을 포함하여 재일조선인 중 북조선행 출국을 희망하는 자에 관해서는 이미 일반 선편에 따른 출국길이 열려 있으니 인도적인 견지에서 하등의 문제가 될 만한 일은 없다는 입장에 있다. 따라서 현재 일본은 본 건에 관한 종래의 방침을 수정할 의사는 없다.

2. 따라서 혹시 모르니 귀관이 상기 일본 측의 생각을 고나르트 총재에게도 다시 이야기하여 이해를 시켜 주시길 바란다.

  이에 따라 국제위가 일본 측의 생각을 이해한다면 딱히 새로운 견해 표명 등은 필요치 않으리라 생각되는데, 만약 견해를 표명한다고 해도 "일반 선편에 따른 귀국의 예도 있으니, 재일조선인의 북조선행 개별출국에 관해서는 향후에도 편의가 제공될 것을 기대한다." 정도의 표현이라면 지장은 없다.

3. 또 일적은 잔무 정리를 위해, 국제위에게 주일대표의 체재滯在를 3월 말까지로 하기로 했다고 타전했다고 함(별전別伝과 같음)

한·미·소에 전달했다.

090　68호(089문서)의 보충설명에 해당한다. 1번의 내용은 079문서의 회신에 해당한다. 주지하고 있는 바와 같이 김동희는 1965년 베트남전 파병을 거부코자 군에서 탈영, 8월 15일 일본으로 밀항하였다가 일본 경찰에 적발된다. 형을 마치고 오무라 수용소에 있으며 망명을 요청하였으나 뜻이 이루어지지 않다가 68년 소련적 나홋카행 선박을 타고 북으로 향한다. 이후 그의 행적은 알려진 바가 없다. 대한민국 외교사료관에 관련 문서철 '김동희 육군 탈영별 망명사건'(공개번호 3273, 등록번호 3549)이 소장되어 있다.

외무성 전신안

총 제6140호(제69△호)

기안 1968.2.15.(2.15. 19:58 발신)

매우시급

발신 미키 대신

수신 재제네바 나카야마 대사

건명 북조선 귀환

왕전 제68△호에 관하여

1. 귀전 제107호의 "두 명의 한국인"에 관해 북조선에 도착했다고 하는 북조선 보도는 아직 보이질 않는데, 다수의 조선총련계에게 전송을 받으며 1월 17일 요코하마 출항 소련선 바이칼호로 출국했으니 북조선에 귀국한 것은 틀림없어 보인다.
2. 또 이것보다 한 편便 뒤의 1월 26일 요코하마 출항 바이칼호를 통해 밀항자 김동희金東希-kIM DONG HUI(한국 병역에 복무하다가 베트남에 가는 것을 반대하여 밀입국했다고 하며, 오무라 수용소에 수용되었던 자)가 출국하고 2월 2일 평양에 도착했다. 이에 관해서는 도착 상황 등을 북조선이 대대적으로 보도했다.
3. 김동희 건은 일본 각 신문사我が新聞에 특종으로 보도되었는데, 그 외에 오무라 수용소에 수용되었던 자들 중 통상적인 선편을 통해 출국을 허가했지만 법무성이 한국 측의 반발을 피하기 위해 발표

하지 않은 건도 이전부터 상당수 있다고 함.(이 부분은 귀직이 잘 이해하시길 바란다.)

4. 또한 일반 선편에 관해서는 작년 9월 18일자 왕신 아북 제367호를 참고하시길 바란다.

한·미·소에 전달함.

087　085 문서에서 했던 보고(고나르트의 발언)에 대한 보충분에 해당한다. 이는 089 문서와 같이 일본 정부가 상황을 잘못 이해하고 있기 때문이다. 향후 재제네바 대사가 앞으로 취해야 할 태도에 대한 지시를 요청하고 있다.

전신사본

총번호 (TA)5442　　　　주관 아북

68년 2월 15일 21시 13분 제네바 발

68년 2월 16일 06시 2분 본성 착

　　　　　　　　　　　　　　　　　　　나카야마 대사

외무대신 님

북조선귀환

제122호 극비 매우 시급

귀전 아북 제68호에 관해

　귀전과 당부의 왕전이 어긋난 모양인데, 본직과 고나르트 총재와의 회담 상황模樣에 대한 보충 및 소견은 다음과 같음.

1. 고 총재는 갤로판ギャロバン과 모노월에게 충분히 브리핑을 받은 듯, 교섭의 경위나 일본의 입장도 상세히 알고 있었다. 특히 17,000명에 달하는 신청 완료 귀환 미완료자 가운데 실제로 귀환할 것처럼

보이는 자는 겨우 10~20%에 그치는 것도 잘 알고 있었다.

　다만 고 총재는 '사정은 충분히 알겠으나 2천이든 3천이든 귀국을 희망하는 자가 있는데, 실현에 큰 어려움이 있다는 것은(일반 편선이라곤 해도 빈곤자에게는 사실상 커다란 제약일 것이다.) 인도적인 문제에 해당한다. 과거 8년 동안 본 사업에 간접적이나마 관여해 온 국제위로서는 일적이 보낸 전보도 받기는 했으니, 이제 어떤 의사표시를 하는 것이 그 입장에서 당연한 것이라고 믿는다.' 는 것이다. 이에 대해 본직이 '이 같은 의사표시를 하는 것은(특히 회담 재개를 포함하여 생각을 달리 하는 것은) 불가능을 강요하는 것과 마찬가지라서, 일본을 곤란하게 만들 뿐만 아니라 마치 북조선의 억지스러운 주장을 지지하는 결과가 되는 게 아닌가.'며 반박했더니, 고 총재는 '적십자에는 적십자의 입장이 있음을 생각해 주길 바라고, "최근에 특히 정치 문제가 얽혀서 저희의 인도적인 활동이 제약을 받는 사례가 적지 않은데, 너무 주위 사정만 봐주다 보면 결국 적십자 활동은 불가능케 된다. 따라서 '인도적인 견지에서 행하는 적십자의 입장'을 용감하게 표명해야 한다고 본다."고 말하고, 마지막으로 "일적이 보낸 다음 편지(일적 발신 번호는 1.280호라고 함)를 기다렸다가 어떤 답장을 보낼지, 또 그 문자와 어구를 어떻게 할지 등은 충분히 생각하려 하는데, 국제적십자의 입장도 생각해 주길 바란다. 특히 북조선적십자에서 어떤 접근이 있을 경우에는 이를 묵살할 순 없다."고 정중하긴 했지만, 그의 소신을 분명히 밝혔다.

2. 일적이 '국제위 주일대표가 3월 말까지 체재해도 좋다'는 제안을 한 것은 대단結構한 조치라고 생각한다. 물론 2월 말까지로 끝내 달라고 한 일적의 당초의 말투言い方에 국제위가 약간 충격을 받은 부분도 있으나, 상대가 이 문제에 연연하며 감정적으로 되진 않은 것 같으니 참고하길 바란다.

3. 이상과 같이 국제위는 이제 분명히 주도권을 쥐기로 한 듯하여,

머리의 귀전 속 제언도 해 보긴 하겠으나 상대의 표현들いん도 꽤나 확실하기에 금새 정리가 되리라 낙관은 어려워 보인다. 물론 본직은 앞으로도 인도적인 문제는 남기지 않는 선에서 힘껏 국제위 설득에 임할 생각이나, (가) 우리가 철저히 서간 발송은 불필요하고, 발송될 경우에는 격하게 반론할 것이라는 위압적인 자세로 교섭해야 할지, 그렇지 않으면 (나) 국제위가 끝까지 서간 발송을 고집할 경우는 '어쩔 수 없다'는 전제하에 서간의 표현을 가급적 무해한 것으로 하게끔 노력해야 할지, 향후의 기본방침에 관해 느끼시는 바라도 회보해 주시길 바란다.

한국에 전달하길 바란다.

088　제네바 대사가 089문서의 2번 항목에 나오는 표현에 대한 구체적인 수준을 묻는 질문에 해당한다.

전신사본
총번호 (TA)5447　　　　주관 아북
68년 2월 15일 21시 24분 제네바 발
68년 2월 16일 06시 07분 본성 착

　　　　　　　　　　　　　　　　　　　나카야마 대사
외무대신 님

북조선귀환

제123호 극비 매우시급
귀전 아북 제68호와 왕전 제122호에 관해
　머리의 귀전 2.에 따르면 "재일조선인의 북조선행 개별출국에 관해서는 향후에도 편의가 제공되기를 기대한다.” 정도로 견해를 표명하는 것이라면 지장이 없다고 되어 있는데, 일적이 이를 듣고 어느 정도의 편의를 제공하려고 생각하는지, 만약 생각하고 있다면 어느 정도의 내용인지, 이후 교섭의 참고로 삼고자 하니 회신 부탁드린다.

091 089문서 3번 항목에 나오는 내용으로 2월말에 귀국해 달라는 일적의 요구가 적혀 있다.

외무성 전신안
총 제6125호(제70$^\triangle$호)
기안 1968.2.15.(2.15. 발신)
매우시급
발신 외무대신
수신 재제네바 나카야마 대사
전달 재한국, 미국, 소련 대사
건명 북조선 귀환

왕전 제68$^\triangle$호 별전
　15일 일석이 국세위 앞으로 보낸 전보는 다음과 같음.

> 　1월 31일자 제가 보낸 전신捫電 외사 제17호를 통해 귀 위원회 대표단을 2월 말까지 존치시켜 달라고 부탁드렸는데, 나카야마 대사를 통해 귀 위원회의 사정도 들었으니 3월 말까지 주재하시는 것으로 해 주십사 합니다. 이에 허가의 답장을 기다리겠습니다.

한·미·소에 전달함.

092

외무성 전신안
총 제6122호(합슴 제647호)
기안 1968.2.15.
시급
발신 외무대신
수신 재한 기무라, 재미 시모다下岀, 재소 나카가와中川 대사
건명 북조선 귀환

제네바 앞으로 보낸 왕전 제68△호를 전달

093

외무성 전신안
총 제6141/6143호(합슴 제648호)
기안 1968.2.15.
시급
발신 외무대신
수신 재한 기무라 대사, 재미 시모다 대사, 재소 나카가와 대사
건명 북조선 귀환

제네바 앞으로 보낸 왕전 제69△호를 전달

094

외무성 전신안
총 제6126/6128호(합슴 제649호)

기안 1968.2.15.

시급

발신 외무대신

수신 재한 기무라 대사, 재미 시모다 대사, 재소 나카가와 대사

건명 북조선 귀환

제네바 앞으로 보낸 왕전 제70△호를 전달

095　　087과 088 문서 중 제네바 대사가 서간을 보내는 것에 대한 어떤 태도를 취해야 하는가?, 그리고 일본 측에서 제공하는 편의사항의 정도에 대한 답변에 해당한다. 이중 국제위의 서간에 대해서는 '서간을 보내는 것은 막을 수 없으니 최대한 서간의 표현에 관여'(087문서 3. (나))하도록 지시를 내리고 있다.

외무성 전신안

총 제6296호(제73△호)

기안 1968.2.16.(2.16. 발신)

매우시급

발신 외무대신

수신 제네바 나카야마 대사

전달 재한국, 미국, 소련

건명 북조선 귀환

귀전 제122호와 제123호에 관해

1. 머리의 귀전 제122호 3.의 방침은 (나)로 진행할 수밖에 없다고
   생각한다. 서간의 표현은 왕전 제68호 2.가 적당하다고 생각된다.
   아무튼 너무 위압적인 자세로 국제위를 압박하는 것은 귀직이 보
   내온 연락貴電의 경위도 있으니, 도리어 유리하지 못할 거라 본다.

2. "'편의 제공'은 일본 정부가 행하는 것이지만...'이라는 내용은
   ① 일반 외국인과 마찬가지로 소정의 수속을 밟으면 출국을 어떻게 막지 못할 뿐만 아니라, 여권을 소지하고 있지 않은 특수한 사정을 고려하여, 출국 증명서를 발급하는 것.
   ② 생활 곤란자에 대해서는 출국할 때까지 필요한 원조를 해주는 것.
   의 두 가지이다.
3. 일적에서는 콜롬보 회담 결렬에 이른 경위에 관해 관방장관에게 제출할 보고서를 현재 작성하고 있는데, 이 보고서 완성 후에 이를 토대로 적십자 국제위 앞으로 경위 설명과 감사의 뜻을 표명하기 위한 서간을 다음주 중에는 발송할 의향이라고 한다.

한·소·미에 전달함.

096

외무성 전신안
총 제6182/6184호(합 제656호)
기안 1968.2.15.
보통
발신 외무대신
수신 재한 기무라, 재미 시모다, 재소 나카가와
건명 북조선 귀환

제네바 래전來電 제108호(총4976) 전달

097

외무성 전신안
총 제6185/6186호(합 제657호)
기안 1968.2.15.
보통
발신 외무대신
수신 재미 시모다, 재소 나카가와 앞
건명 북조선 귀환

제네바 래전 제107호(총4975) 전달

098

외무성 전신안
총 제6187/6188호(합 제658호)
기안 1968.2.15.
보통
발신 외무대신
수신 재미 시모다, 재소 나카가와
건명 북조선 귀환

제네바 래전 제102호(총4661) 전달

099

외무성 전신안

총 제6217/6218호(합 제659호)
기안 1968.2.15.
보통
발신 외무대신
수신 재미 시모다, 재소 나카가와
건명 북조선 귀환

제네바 래전 제105호(총4849) 전달

100

외무성 전신안
총 제6209/6210호(합 제660호)
기안 1968.2.15.
보통
발신 외무대신
수신 재미 시모다, 재소 나카가와
건명 북조선 귀환

제네바 래전 제59호(TA5419) 전달

101

외무성 전신안
총 제 6297/6299호(합 제666호)
기안 1968.2.16.

시급
발신 외무대신
수신 재한 기무라, 재소 나카가와, 재미 시모다
건명 북조선 귀환

제네바 래전 제73△호 전달

102

외무성 전신안
총 제6432/6434호(합 제682호)
기안 1968.2.16.
보통
발신 외무대신
수신 재한 기무라, 재소 나카가와, 재미 시모다
건명 북조선 귀환

제네바 래전 제123호(총5447) 전달

103

외무성 전신안
총 제6341/6343호(합 670호)
기안 1968.2.16.
보통
발신 외무대신

수신 재한 기무라, 재소 나카가와, 재미 시모다
건명 북조선 귀환

제네바 래전 제118호(총5394) 전달

104

외무성 전신안
총 제6354/6355호(합 671호)
기안 1968.2.16.
보통
발신 외무대신
발신자 외무대신
수신 재미 시모다. 재소 나카가와
건명 북조선 귀환

제네바 래전 제117호(총5396) 전달

105

외무성 전신안
총 제6474/6475/6476호(합 679호)
기안 1968.2.16.
보통
발신 외무대신
수신 재한 기무라, 재소 나카가와, 재미 시모다

건명 북조선 귀환

제네바 래전 제122호(총5446) 전달

106　UN 일본 대사에게 본건의 현황에 대해 참고차 보낸 서류들의 리스트
에 해당한다.

공신안
아북 제62호
발신일　1968.2.20.
공신일　1968.2.19.
기안　　1968.2.19.
발신자　미키 외무대신
수신자　U.N. 쓰루오카鶴岡 대사
건명　북조선귀환

아북 제62호
1968년 2월 19일

U.N. 대표부 대사님

외무대신

북조선귀환
콜롬보에서의 북조선귀환 교섭이 1월 24일 결렬된 경위에 관해서는,
1월 25일자 일반정보 제1항의 기무라 내각 관방장관 담화 등으로 알
고 계시시라 생각되는데, 최근 적십자 국제위가 이 문제에 관해 상당
한 관심을 보이고 있어 정부는 재제네바 나카야마 대사를 통해 국제
위에 대한 설득諒解 공작을 펼치고 있기에, 본 건에 관한 내왕전來往電

사본(별첨)을 참고하길 바라며 하기와 같이 송부한다.

기

1.	제네바 래전	제102호
2.	〃	제105호
3.	〃	제107호
4.	〃	제108호
5.	〃	제117호
6.	〃	제118호
7.	〃	제122호
8.	〃	제123호
9.	제네바 앞 왕전	제53호
10.	〃	제59호
11.	〃	제61호
12.	〃	제62호
13.	〃	제63호
14.	〃	제68호
15.	〃	제69호
16.	〃	제70호
17.	〃	제73호

부속 첨부

107　러시아의 신문에 일본 공산당의 두 의원에 대한 기사가 게재되었는데, 북송에 있어 일본 정부를 비난하는 것이 주된 내용에 해당한다. 본문에서 언급하고 있는 두 의원 이름이 가타카나로 적혀 있는데, 당시 일본공산당의 田代文久, 林百郎로 보인다.

전신사본

총번호 (TA)7147　　　　주관 아북

68년 2월 28일 15시 15분 모스크바 발
68년 2월 28일 23시 13분 본성 착

나카야마 대사

외무대신 님

북조선귀환 교섭

제408호 평平

　28일 프라우다ブラウダ-PKomsomolskaya Pravda는 타스タス-TACC 보도로 일본공산당日共의 하야시, 다시로 두 의원이 정부에 대해 북조선 귀환 교섭 재개를 요구했음을 보도하며, "일본 정부는 한국南鮮과의 속칭 국교정상화 이후, 한국 정부의 압력에 의해 귀환 교섭을 일방적으로 중단했다."고 말했다.

108　구라우치 외상의 국회 발언에 대한 한국언론을 전하고 있는 내용이다. 본문에 나오는 경향일보 기사는 68년 3월 8일자 1면 2단 "모든 외교경로 통해 저지_ 외무부, 북송회담재개설을 중시"로 '외무부의 한 고위당국자는 8일 상오 구라우찌 일본 외무성정부차관이 적당한 시기에 일본이 북괴적십자사와 교포북송회담을 재개할 것이라고 중의원에 증언을 한 데 대해 "국회에서의 발언이기 때문에 일본정부의 태도를 주시한다"고 말했다. 이 당국자는 "일본이 북괴와의 북송협상을 재개할 경우 모든 외교 경로를 통해 엄중항의, 이를 저지할 준비가 돼 있다"고 말했다'와 같다.(원문 한자를 한글로 변환, 띄어쓰기 임의 채택)

전신사본
총번호 (TA)8509　　　　주관 아북
1968년 3월 8일 18시 20분 서울 발
1968년 3월 8일 19시 30분 본성 착

기무라 대사

외무대신 님

북조선귀환 문제

제223호 평

8일자 당지 각 신문들은 구라우치藏內 외무 정무차관이 7일 국회에서 야당 의원의 질의에 대해 "북조선 귀환 사후 처리를 위해 적당한 시기에 북조선적십자와 교섭을 재개할 것을 검토하고 있다."고 발언했다는 동경 특파원 전보를 게재했는데, 경향신문이 '이에 관해 외무부 고위 간부高官가 "일본 정부의 태도를 주시하고 있으며, 북조선과 교섭을 재개할 경우에는 각종 외교 루트를 통해 엄중히 항의하고 이를 저지할 준비가 되어 있다."고 말했다.'고 보도했다.

109

외무성

국사国社 제71호
1968년 2월 29일

UN 대표부 대사大使 님

외무대신

북조선귀환문제에 관한 소련적십자 의장 대리의 서간에 관해

작년 9월 1일자 귀신貴信 제2478호에 관해 ECOSOC 결의 728F (XXVⅢ)에 기반하여 송부된 통신에 관해서는, 작년 3월 22일자 왕신往信 국사 제95호를 통해 통보한 바와 같이 정부는 원칙적으로 회답을 하지 않을 방침인데, 본 건 통신에 관해서도 신중히 검토했더니 북조선 귀환 문제는 인도적인 문제라곤 해도 정치문제적인 측면도 있어 UN 총회 제1위원회의 "조선문제"의 향후 심의에도 영향을 끼칠 가능성을 내포하고 있다고 생각된다. 때문에 그 처리에 신중을 기할 필요가 있어 인권위원회 자리에서 문제의 일면만 다루다가 역으로 오해를 낳고 분란을 초래하는 일은 피하고자 회답을 하지 않기로 했다.

또 북조선귀환문제에 관한 대외적 설명은 1월 30일자 왕신 아북합㙓北合 제400호를 통해 송부한 일적 설명을 필요에 따라 활용했으면 한다. 이 설명은 2월 15일자 information bulletin에 넣어 모든 재외공관에 배포되었는데 혹시 몰라 이를 첨언한다.

본 통신 사본 송부처 대한민국, 소련, 제네바(대)

110

공신안
아북합 제1302호
기안 1968.3.15.(3.19. 발신)
발신 외무대신
수신 재한국 기무라 대사, 재소련 나카가와 대사, 재미 시모다 대사,
　　　재제네바(대) 나카야마 대사, 재스리랑카 대사 히나타 대사, 재
　　　U.N. 쓰루오카鶴岡 대사
건명 북조선귀환

북조선귀환
11월 30일자 왕신 아북합㙓北合 제400호에 관해

일적이 작성한 모스크바 회담, 콜롬보 회담에 관해 일적 이사회에 제출한 다카스기 외사부장 보고서 사본(별첨1, 별첨2)과 적십자 국제위원회 위원장 앞으로 보내는 보고서 사본(일문과 영문 별첨3, 별첨4)

을 참고차 송부한다.

부속 공편空便(행行)

111　국제위가 일적에 보낼 서간의 초안을 제내바 대사에게 보내자, 제네바 대사가 이를 즉시 외무성에 보고한다. 국제위가 기존 입장에서 크게 변동을 보이지 않기에 이에 대해 대응을 하겠다는 내용을 담고 있다. 112는 문서의 별전에 해당한다.

전신사본

총번호 (TA)11181　　　주관 아북

68년 3월 25일 20시 53분 제네바(대) 발

68년 3월 26일 05시 57분 본성 착

　　　　　　　　　　　　　　　　　　　나카야마 대사

외무대신 님

북조선귀환

　제265호 극비, 시급

　25일, 적십자 국제위원회가 '북조선귀환협정 중지에 관해 국제위가 일적에 보내는 서간의 초안(별전別電 제266호)'를 송부했는데, 본직이 지금껏 누차 국제위에 말했음에도 불구하고 이번 서간의 초안에서 국제위는 당초 입장을 조금도 바꾸지 않았기에, 본직은 조속히 그 수정을 국제위와 협의할 생각이다. 따라서 본 서간 초안의 취급에 관해 주의할 점이 있다면 시급히 회신해 주시길 바란다.

112　111문서의 별전으로, 콜카타 협정은 종료되었지만 아직 출국하지 못

한 인원들에 대한 효과는 유효하다고 말하며 협상을 재개할 것을 촉구하는 내용
이 주를 이룬다.

전신사본

총번호 (TA)11182   주관 아북
68년 3월 25일 20시 56분 제네바 발
68년 3월 26일 05시 58분 본성 착

나카야마 대사

외무대신 님

북조선귀환

제266호 극비 시급
왕전 제265호 별전

J'AL L'HONNEUR D'ACCUSER RECEPTION DE VOTRE LETTRE......

AINSI QUE LE PRESIDENT KAWANISHI M'AVAIT DEJA DEMANDE PAR SA LETTRE DU 2 NOVEMBRE 1967, J'AI ETE HEUREUX DEMAIN TENIR LA MISSION SPECIALE DU COMITE INTERNATIONAL DE LA CROIX-ROUGE A TOKIO JUSQU'AU 31 MARS 1968. EN VOUS REITERANT MES REMERCIEMENTS POUR LE BIEN VEILLANT ACCUEIL QUI A ETE RESERVE A NOS DELEGUES, JE CONSIDERE MAINTENANT QUE, LES OPERATIONS DE RAPATRIEMENT ETANT SUSPENDU ESSANS QUE L'ON PUISSE ENTERVOIR QUAND ELLES REPRENDONT, LE MOMENT EST VENU POUR LE CICR DE RETIRER SA MISSION. LE COMITE RESTE BIEN ENTENDU A VOTRE DISPOSITION SI CETTE SITUATION SE MODIFIAIT, ET SI SON CONSOURS ETAIT A

NOUVEAU RECUIS.

JE SAIS CETTE OCCASION POUR VOUS EXPRIMERA NOUVEAU LESPRE OCCUPATIONS QUE MES COLLEGUES ET MOI-MEME EPROUVONS A L'EGARD DES COREENS INSCRITS POUR LE DEPART A DESTINATION DE LA COREE DU NORD AVANT L'ECHEANCE FIXEE PAR L'ACCORD DE CALCUTTA MAIS QUI N'ONT PAS ENCORE PU PARTIR.

LES DEMANDES DE CES COREENS, DONT L'EFFECTIF A ETE RAMENE DE 17,000 A 15,000, ONT ETE REGULIEREMENT EN REGISTREES ET, PAR CONSEQUENT ACCEPTEES, SOUS L'EMPIRE DE L'ACCORD DE CALCUTTA MAIS SONT DEMEUREES JUSQU'ICI SANS SUITE. IL EST EVIDENT QU'EN OE QUI LES CONCERNE, CET ACCORD CONTINUE A PRODUIRE SES EFFETS EN DEPIT DE SA NON-RECONDUCTION EN 1967.

J'EXPRIME DONC LE SOUHAIT QUE LA CROIX-ROUGE DU JAPON VEUILLE BIEN EXAMINER A NOUVEAU CE QU'ELLE POURRAIT FAIRE POUR RENDRE TRES PROCHAINEMENT POSSIBLE LE RAPATRIEMENT DE CES DERNIER INSCRITS, QUI NE SAURAIENT ETRE TRAITES DIFFEREMMENT DES RAPATRIES QUI LE SONT PRECEDES.

J'ADRESSE LE MEME APPEL A LA CROIX-ROUGE DE LA REPUBLIQUE DEMOCRATIQUE POPULAIRE DE COREE.

113　별전으로 보내어 온 112 문서, 즉 일적에 보낼 초안에 대한 대응책이 적혀 있다. 국제위의 회신의 내용을 오류라고 지적하며 문구의 변경을 수정케 할 것을 지시하고 있다. 본 서간문의 수정의 결과물은 114문서로 보내져 온다.

외무성 전신안

총 제12995호(제151º호)

기안 1968.3.26.(3.26. 발신)

매우시급

발신 미키 외무대신

수신 재제네바 나카야마 대사

전달 재미·재소·재한국 대사

건명 북조선 귀환

귀전 제265호에 관해, 조속히 관계 부처省庁 및 일적과 협의한 결과 다음과 같다.

1. 말할 것도 없이 콜카타 협정은 신청자가 귀환을 신청했는지 여부에 관계없이 1967년 11월 12일에 종료된 것이다. 신청자 문제에 관해 일본은 인도적으로 해결할 의도가 있었기에 모스크바와 콜롬보에서 장기간에 걸친 교섭을 했지만 합의에 이르지 못하였고, 상대방이 배선을 해 주겠다며 협력도 하질 않았기 때문에 이들이 귀환치 못하게 된 것이다. 따라서 적십자 국제위 초안 가운데 특히 "협정은 1967년에 갱신되지 않았지만, 적어도 이들의 신청에 관해선 그 효력이 계속된다. 운운"은 본 건에 관한 경위를 무시한 데에다가, 기본적으로 그릇된 인식이라고 할 수밖에 없다. 귀직의 수 차례의 설명에도 불구하고 적십자 국제위가 이 같은 취지를 서간에 적은 것은 이해하기 어렵다. 우리는 자유출국의 길을 열어 두었고, 이후에도 개별출국의 편의를 도모할 용의가 있음은 두말할 나위가 없다.

2. 따라서 적십자 국제위에 대해 다음과 같이 서간 초안의 수정을 제안하시는 게 어떨까 생각된다.

   (이쪽에서 귀전 제266호를 별전 제52△호와 같이 번역하여 각 부처들省等과 논의한 것으로, 이하는 이 일본어 번역문에 따르는 것이니

혹시 몰라 이를 남겨 둔다)

(1) 제1안

"출발하지 못한 조선인"까지는 원안대로 하고, "~에 관해서" 이하 말미까지를 삭제한다. 대신에 "~의 문제에 관해서는 일본적십자가 모스크바와 콜롬보에서의 교섭을 통해 그 해결에 노력하신 것은 충분히 알고 있지만, 향후에도 이 사람들의 출국을 위해 인도적인 고려가 행해지길 희망하는 바입니다."로 한다.

(2) 제2안

"염려하고 있는 것을 말씀드리려고 합니다."까지는 원안대로 하고, "이들 조선인의 신청은……먼저 귀환한 사람들과 다른 취급을 받아서는 안 됩니다."까지는 삭제한다.

(3) 제3안

"…현재까지 미해결 상태로 되어 있습니다."까지는 원안대로 하고, "이들 신청에 관한 한…다른 취급을 받아서는 안 됩니다."까지를 삭제한다.

미, 소, 한국에 전달함.

114   113문서에는 별전이 있다는 말이 별도로 존재하지 않으나, 본 문서는 그 첫행에 본 문서가 113문서의 별전임을 밝히고 있다.

외무성 전신안
총 제12999호(제152△호)
기안 1968.3.26.(3.26. 발신)
매우시급
발신 외무대신
수신 재제네바 나카야마 대사

전달 재미, 재소, 재한국 대사
건명 북조선 귀환

제네바 앞으로 보낸 왕전 제151[○]호 별전
　서간을 수령함을 알리게 되어 영광입니다. 이미 가와니시 사장이 1967년 11월 2일자 서간을 통해 요망하신 대로, 저는 적십자 국제위원회 도쿄 주재 특별사절을 1968년 3월 31일까지 지속하기로 하였습니다. 다시 한번 저희 대표가 받았던 배려 깊은 접대에 사의를 표합니다. 귀환사업이 언제 재개가 될지 모른 채 중단되었기 때문에 적십자 국제위원회는 이제 사절을 귀국시킬 때가 왔다고 생각합니다. 물론 위원회는 만약에 정황이 변하여 저희委員会의 협력이 다시 필요케 될 때에는 언제라도 도움을 드릴 생각입니다.
　저는 이번 기회에 다시 한번 제 동료와 저 자신이 '콜카타 협정에 의거하여 정해진 기일 이전에 북조선으로 출발하고자 등록하였으나 아직 출발하지 못한 조선인들'에 관해 염려하고 있음을 말씀드리려 합니다.
　이들 조선인의 신청은(그 숫자는 17,000에서 15,000으로 감소했습니다만) 콜카타 협정하에 정식正規으로 등록되고, 수리되었지만 현재까지 미해결 상태로 남아 있습니다. 협정은 1967년에 갱신되지 않았지만, 이들 신청에 관한 한 그 효력은 유지되고 있습니다.
　마지막에 등록한 이들이 먼저 귀환한 사람들과 다른 취급을 받아서는 안 됩니다. 저는 일본적십자가 이들의 귀환을 가능한 한 조기에 가능케 하기 위한 방법을 다시금 검토해 주실 것을 희망합니다.
　저는 이와 동일한 요청을 조선민주주의인민공화국적십자에도 보내겠습니다.

미, 소, 한에 전달함.

115

외무성 전신안
총 제13000/13002호(합 제1187호)
기안 1968.3.26.
보통
발신 외무대신
수신 재미 시모다 대사, 재소 나카가와 대사, 재한 가미카와 임시대리
　　대사
건명 북조선 귀환

제네바에 보낸 왕전 제152△호 전달

116　　113 문서에 대한 추가 설명에 해당한다. 적십자사가 일적에 보낼 회신
문의 초안 중 협정 종료 후의 효력의 상실과, 일본이 인도적인 목적 아래 잠정
조치를 제안하였음에 관해 언급하고 있다.

외무성 전신안
번호 총 제13113호(제155△호)
기안 1968.3.27.(3.27. 18:19 발신)
매우시급
발신 외무대신
수신 재제네바 나카야마 대사
전달 재미, 재소, 재한국
건명 북조선 귀환

왕전 제151호에 관해

적십자 국제위에게 설명을 할 때는 혹시 모르니 머리의 왕전 내용에 덧붙여 다음과 같은 점을 강조해 두시길 바란다.

1. 귀환 미완료자에 대해 구 협정에 기반한 취급에 관해서는 머리의 왕전과 같이 작년 11월 12일 콜카타협정 종료와 함께 법적인 기초는 사라지게 되어, "등록의 효력"이 이들에게 계속되던 것은 아니다.

2. 콜롬보 회담에서 일본 측이 귀환 미완료자에 대한 잠정조치를 제안한 이유는 귀환 미완료자에 관한 "등록의 효력"이 협정 종료 후에도 계속된다고 해석해서가 아니라 '이들 귀환 미완료자가 조기에 귀환하기를 희망한다면, 협정과는 무관하게 인도적인 입장에서 호의적 배려에 따라 조치하려'고 한 것이다.

미, 소, 한국에 전달함.

117

외무성 전신안
총 제12996/12998호(합 1186호)
기안 1968.3.26.
보통
발신 외무대신
수신 재미 시모다 대사, 재소 나카가와 대사, 재한 가미카와 임시대리
　　　대사
건명 북조선 귀환

제네바에 보낸 제151©호 전달

118

외무성 전신안
번호 총 제13041/13043호(합 제1190호)
기안 1968.3.26.
보통
발신 외무대신
수신 재미 시모다 대사, 재소 나카가와 대사, 재한 가미카와 임시대리
　　　대사
건명 북조선 귀환

제네바 내전 제266호(총11182) 전달

119

외무성 전신안
총 제13034/13036호(합 제1191호)
기안 1968.3.26.
보통
발신 외무대신
수신 재미 시모다 대사, 재소 나카가와 대사, 재한 가미카와 임시대리
　　　대사
건명 북조선 귀환

제네바 왕전 제265호(총11181) 전달

120

외무성 전신안
총 제13114/13116호(합 제1199호)
기안 1968.3.27.
보통
발신 외무대신
수신 재미 시모다 대사, 재소 나카가와 대사, 재한 가미카와 임시대리
　　　대사
건명 북조선 귀환

제네바 왕전 제155△호 전달

123　　일적에 보낼 서간을 수정하고자 제네바 대사는 국제위를 방문하고 회담을 갖는다. 이는 116문서의 내용에 기초한 것인데 인도적인 입장에 대한 일본 측의 태도에 국제위가 문제를 삼으며 이를 받아들이지 않는다. 본문의 제73호 문서는 095문서에 해당한다.

전신사본
총번호 (TA)11770　　　　주관 아북
68년 3월 28일 16시 52분 제네바 발
68년 3월 29일 01시 36분 본성 착

　　　　　　　　　　　　　　　　　　나카야마 대사
외무대신 님

북조선귀환

제280호 극비 시급

귀전 아북 제151호와 제155호에 관해

1. 27일 본직은 적십자 국제위원회를 방문하고 갤로판 사무국장과 일적에 보낼 서간(안)에 관해 협의했는데, 회담의 개요는 다음과 같다. (금번은 모노월 차장 동석) 회담 개요에 관해 어떤 의견이 있다면 시급히 회답해 주시길 바람.

   (1) 우선 본직이 '작년 11월 12일을 기해 콜카타 협정이 종료되어 신청 귀환 미완료자에 대한 협정 취급의 법적 근거는 소멸되었지만, 본 협정 종료 후에도 자유출국의 길이 열려 있어 어떤 인도적인 문제도 남아 있지 않다. 그러나 일본 정부는 출국자에 대해서 편의 공여를 제공할 방침이다.'고 설명했더니, "갤"은 일본 정부의 협정에 대한 해석에 관해서는 법률론의 하나로써 이해를 나타냈지만, 인도적인 문제는 남아 있지 않다는 견해에 대해서는 "콜롬보 회담 중에는 일본 측이 인도적인 입장에서 성의를 다하셨는데, 회담 중지와 동시에 하룻밤 새에 인도적인 문제가 남아 있지 않다고 하는 태도를 보이시는 것은 받아들이기 어렵다."며 이에 강하게 반발했다. 이어 "갤"은 일본 정부가 제공하는 편의의 내용(귀전 아북 제73호에 따라 설명)에 대한 설명을 요구한 후, "편의 제공도 쌍방bilateral이 아니면 실효성은 없지만 쌍방 교섭이 되면 정부 문제가 개입되어, 적십자의 모순을 느낄 때가 있다. 다만 다년간의 경험으로 이를 극복해야만 한다고 본다."며 적십자의 입장을 강조했다.

   (2) 마지막으로 본직이 "국제위는 '쌍방 교섭을 외치며 불가능한 것을 요구하고 정치적으로 매우 민감한 사태가 유발되는 것을 요구'하기보다는, '국제위는 문제 해결을 위한 인도적인 배려를 요망한다.'는 취지로 서간(안)을 검토하셨으면 좋겠다. 일본도 제공할 수 있는 편의 내용에 대해서는 다시 본국에 문의하겠다."고 말했더니, "갤"은 28일 이사회에서 조속히 검토하겠다고 약속하고 회담을 종료했다.

121   제네바 대사가 국제위와 회담을 갖고나서, 국제위에 일방적인 주장만을 내세우는 것이 소용이 없을 것이라 생각했는지 일본 정부가 자주적으로 제공할 수 있는 혜택에 대해 문의를 하는 내용을 담고 있다.

전신사본

총번호 (TA)11765   주관 아북

68년 3월 28일 16시 17분 제네바 발

68년 3월 29일 01시 17분 본성 착

                                        나카야마 대사

외무대신 님

북조선귀환

제281호 극비 시급

왕전 제280호에 관해

1. 국제위와의 회담 개요는 머리의 왕전과 같은데, 본직은 '구체적인 문자나 어구에 관한 문제는 본질론이 해결되면 자연히 해결될 것'이라는 입장으로 회담에 임했으니 양해 바란다.

2. "법률론은 법률론이라 쳐도 여기에 인도적인 문제가 하나 남는다."는 국제위 입장도 고려하여, 이번 기회この際에 우리가 자주적으로 편의 공여를 제공하는 깃도 가능하지 않겠는가? 따라서 일본 측이 제공할 수 있는 편의 공여로서 이미 통보해 주신 것 이외에 어떤 것들을 생각할 수 있을지 회답해 주시면 좋겠다.

124   일적이 국제위에 국제위 대표의 귀국을 요청했다는 정보가 들어오자, 관련 정보를 제네바에 보내는 내용에 해당한다. 125는 본 124의 별전으로 일적이 국제위에 보낸 서한(귀국 의사 재확인 요청, 126문서)을 전달하는 문서이다.

외무성 전신안

총 제13406호(제158△호)

기안 1968.3.28.(3.28. 18:59 발신)

매우시급

발신 외무대신

수신 재제네바 나카야마 대사

전달 재미, 재소, 재한 대사

건명 북조선 귀환

왕전 제70호에 관해

적십자 국제위원회 주일대표단의 존속 문제에 관해서는 수 차례의 내전과 왕전(귀전 제105호, 제107호, 제122호와 왕전 제59호, 제61호, 제68호, 제70호)과 같다. 일적은 3월 말일을 기해 이것이 폐쇄될 것이라고 예상했는데(이미 국제위가 주일대표단에게 3월 말일을 기해 사무소를 폐쇄하겠다고 통보했다는 정보가 있음), 지금까지 정식으로 국제위가 일적에 이 같은 내용을 통고하지 않았기 때문에, 일적으로서는 사무 수속를 하는 데에 문제도 있으니 확인을 하고 싶다며, 27일 국제위에 별전과 같이 연락했다고 한다. 참고하시길 바란다.

관련 정보가 있다면 회답을 바람.

미, 소, 한에 전달했음.

125

외무성 전신안

총 제13373호(제159△호)

기안 1968.3.28.(3.28. 18:21 발신)

매우시급
발신 외무대신
수신 재제네바 나카야마 대사
전달 재미, 재소, 재한 대사
건명 북조선 귀환

제네바에 보낸 왕전 제158호[△] 별전

126

INTERCROIXROUGE GENEVE

REFERRING OUR CABLE FEBRUARY FIFTEENTH WE
BELIEVE YOUR COMMITTEE HAS NO OBJECTION TO
YOUR SPECIAL MISSION'S STAY IN TOKYO UNTIL END
OF MARCH STOP YOUR CABLE REPLY ON THIS MATTER
MOST APPRECIATED CORDIALLY.

JAPANCROSS.

122　　124번 문서에 관련하여 화답하는 내용으로, 일적이 국제위에 다시 한
번 국제위 대표의 귀국을 요청하는 서한을 보내오자, 국제위는 국제위 대표(특별
대사)의 귀국 문제에만 먼저 답변을 하겠다고 했다며 보고한다.

전신사본

총번호 (TA)11766 　　　주관 아북

68년 3월 28일 16시 20분 제네바 발

68년 3월 29일 01시 26분 본성 착

　　　　　　　　　　　　　　　　　　　나카야마 대사

외무대신 님

북조선귀환

제282호 평 시급

왕전 제280호와 귀전 제158호에 관해

회담 종료 후에 모노윌 차장이 가**에게 "27일 일적은 국제위에 동경 주재 특별사절의 3월 말 귀국에 관해 시급히 회답을 요구하는 전보를 보냈다. 본 건에 관한 국제위의 회답 서한을 나카야마 대사와 현재 협의중인데, 일적이 재차 전보를 보냈으니 본 건 회답에 관한 부분만 상기 서한에서 떼어내, '조속히 일적의 제안에 동의하겠다.'고 회답하겠다."고 말했다고 한다.

127

외무성 전신안

총 제13407/13409호(합 제1219호)

기안 1968.3.28.

보통

발신 외무대신

수신 재미 시모다 대사, 재소 나카가와 대사, 재한 가미카와 임시대리
　　대사

건명 북조선 귀환

제네바에 보낸 왕전 제158[△]호 전달

128

외무성 전신안
총 제13374/13375/13376호(합 제1220호)
기안 1968.3.28.
보통
수신 재미, 재소, 재한
발신 외무대신
건명 북조선 귀환

제네바에 보낸 왕전 제159[△]호 전달

129　　주제네바 대사가 일본이 자발적으로 제공할 수 있는 편의제공에 대하여 문의를 한 내용에 대한 회답과, 서한 작성에 있어 주의할 점을 지시하고 있다. 본문 중의 제73호 문서는 095 문서에 해당하고, 제68호 문서는 089 문서에 해당한다. 122 문서에서 국제위가 우선 대표 귀국에 관한 건에 대한 회답을 하겠다고 했는데, 5번 항목을 보면 본 전보가 일적에 도착하였음을 알 수 있다.

외무성 전신안
총 제13715호(제166[△]호)
기안 1968.3.29.(3.29. 20:53 발신)
시급

발신 미키 대신
수신 재제네바 나카야마 대사
전달 재미, 재소, 재한
건명 북조선 귀환

귀전 제280호와 제281호에 관해
1. 적십자 국제위가 일본 측의 협정 해석에 대해 이해를 표한 점, 일본 주재사무소를 3월 31일을 기해 종료시키는 것을 확인한 점에 관해서는 귀직의 노력을 높이 산다.
2. 일본 측의 편의 제공에 관해서는 왕전 제73호와 같고, 이것으로 희망자의 출국은 충분히 달성될 수 있다고 보기에 현 단계에서 이 이상 특별한 조치는 고려하고 있질 않다.
3. 또한 귀직이 알아 두길 바라는 점은 다음과 같다.
   (1) 인도적인 문제 운운에 관한 왕전 제68호의 설명은, '모스크바, 콜롬보 교섭이 결렬되고 자유 출국의 원칙으로 바꾼 것 자체는 나홋카 항로를 비롯한 연 250척의 선편도 있기에 인도적인 문제가 되질 않는다.'는 것으로, 일본 측은 귀국희망자의 출국을 막을 생각은 털끝만치도 없고 향후에도 변함없이 인도적인 정신으로 이 문제에 임할 것이다.
   (2) 또 우리가 받은 인상은, 통상적인 루트가 있음에도 이 루트를 활용하려고 하지 않는 것이 도리어 북조선 측의 정치적인 자세라고 여겨진다. 이미 일반 선편으로 출국한 2명의 선례로 있고 (왕전 제 69호와 같음) 또 김순자(41세)와 자녀 2명이 입관에 출국을 신청해서 출국증명서를 발급받고 3월 6일 하바롭스크 ハバロフスク 호로 귀환할 예정이었다가 이것을 취하한 경우가 있는데, 이는 본인들에게 압력이 가해졌기 때문이 아닌가 생각된다.
4. 그리고 우리는 적십자 국제위가 북조선 측에 보내는 서간에 대해서

도 그 사본을 받고 싶다.

5. 일적은 29일, 3월 말을 기해 국제위 대표의 사무소를 폐쇄하는 것에 관해 정식으로 통보하는 전보를 수령했기에, 4월 3일 대표 수명에게 일적 유공훈장을 수여할 예정이라 한다.

미, 소, 한국에 전달함.

130

외무성 전신안
총 제13716/13718호(합 제1240호)
기안 1968.3.29.
발신 미키 대신
수신 재미, 재소, 재한 대사
건명 북조선 귀환

제네바에 보낸 제166△호 전달

131 제네바 대사가 일적에 보낼 서간에 관해 모노월 차장과 간담한 후에 보고하는 내용으로 서간 문제가 그렇게 급한 의제로 보이지는 않아 보이는데, 이는 132 문서의 2번 보고로 명확해진다.

전신사본
총번호 (TA)12147   주관 아북
68년 3월 29일 11시 26분 제네바 발
68년 3월 30일 20시 19분 본성 착

외무대신 님

북조선귀환

제293호 생략

왕전 제280호에 관해

　29일, 일적에 보낼 서간에 대한 국제위 결정에 관해 가네다가 문의했더니 모노월 차장은 다음과 같이 이야기했다고 한다.

1. 28일 이사회에서는 서간 문제를 다루지 않았다.

2. 다음 이사회는 4월 4일로 예정되어 있는데, 서간 문제는 현재 의제에 포함되지 않았다. 다음 이사회 전에 고나르트 총재 자신이 본 건에 관해 결정을 내릴지, 총재가 이사회와 상의할지, 나(역: 모노월)는 모른다.

132　　서간 작성에 있어 주의할 점을 지시한 129 문서에 대한 회답에 해당한다. 이 문서를 보면 제네바 대사가 현장에서 느낀 바로는, 일본 정부가 편의를 제공하지 않으면 서간 작성에 있어 그다지 진전이 없을 것처럼 보였던 것 같다. 3, 4 항목에서 일적을 국제위에 보내줄 것을 요구하고 있는 것도 이와 같은 이유일 것이다.

전신사본

총번호 (TA)12148　　　　주관 아북

68년 3월 30일 11시 26분 제네바 발

68년 3월 30일 20시 19분 본성 착

나카야마 대사

외무대신 님

제292호 극비 시급

귀전 아북 제166호에 관해

1. 머리의 귀전 1.에서 "국제위가 일본 측의 협정에 대한 해석에 관해 이해를 표했다."고 되어 있는데, 국제위는 협정 당사자도 아닌 입장이기에 '법률론적으로는 일본 측當方의 주장에 귀를 기울이고 여기에 이의를 제기하는 것challenge을 삼가하기로 했다.'는 정도가 현상황実情으로, 유감스럽게도 여전히 '법률론을 떠나선 등록완료자가 협정이 정한 바와 동일한 조건으로 귀국할 수 있게끔 진행되어야 한다.'고 하는 생각은 전혀 변함없어 보인다.

   따라서 상대가 법률론에서 한 걸음 양보한 형태가 되긴 하지만, 그렇다고 우리 요구注文대로 서간(안)의 수정에 응할지의 여부는 여전히 낙관적이지 않다. 특히 상대가 기대하고 있는 일본의 편의제공이 귀전 제73호에서 한 걸음도 나아가지 못한 상황에서는 더더욱 그러하리라 생각된다.

2. 또한 본직이 국제위 수뇌부와 접촉하며 느낀 바로는, 국제위 대표가 도쿄에서 귀국하는 문제에 관한 협의가 국제위 수뇌부에서 무의식적이긴 해도 일시적으로 조금 소원疎隔해진 느낌을 주는 것처럼 보였음은 부정하기 어렵다.

3. 물론 본직은 향후에도 국제위 설득에 전력을 다할 생각이긴 하나, 이제 일적 수뇌부가 제네바에 와서 국제위 간부와 간담할 기회라도 갖는다면 본 건뿐만 아니라 이후의 국제위와의 관계를 원활하게 만드는 데에 기여하는 바가 적지 않다고 확신한다.

4. 따라서 상황을 보시고 일적 간부들의 제네바 방문 가능성에 관해 관계자들과도 시급히 협의해 주셨으면 하니, 결과 회신 부탁드린다.

133　모노월 차장과 일적에 보낼 서간의 내용에 대해 나눈 이야기를 보고하고 있는데, 국제위는 일본 측이 협정 종료 이전에 제공했던 편의를 이후에도 계속하여 제공해야 한다고 의견을 모았음을 알 수 있다.

전신사본

총번호 (TA)12149　　　　주관 아북
68년 3월 30일 11시 34분 제네바 발
68년 3월 30일 20시 20분 본성 착

　　　　　　　　　　　　　　　　　　　　　나카야마 대사

외무대신 님

북조선귀환

제294호 극비 시급
왕전 제293호에 관해
　모노월 차장이 또한 "등록 완료자에 관해서는 이미 귀환한 자와 동일한 취급을 받아야 한다고 하는 것이 일적에 보내는 서간의 핵심이다. 이는 실제로 콜롬보 회담에서 일적이 제안한 생각과 궤를 같이한다. 국제위는 등록 완료자의 법적지위가 소멸되었는지 아닌지의 문제에 관해서는 협정당사자가 아니기에 간섭touch하질 않겠다."고 말해서, 가**가 "콜롬보 회담의 일적 제안은 일본의 호의적 조치로서 어쩌다 보니たまたま 협정과 같은 내용의 편의를 제공하겠다는 것에 지나질 않는 것이라서, 협정이 종료된 지금에 와서도 편의 제공의 내용을 협정 유효시와 동일케 하라는 귀하의 의견에는 따르기 어렵다."고 반박했더니, 모노월 차장은 '사견을 말씀드릴 수 있지만, 방금 말씀드린 것이 국제위의 결정'이라고 말했다.

134

외무성 전신안
총 제13932/13933호(합 제1256호)
기안 1968.3.29.
발신 외무대신
수신 재미 시모다 대사, 재소 나카가와 대사, 재한 가미카와 임시대리
　　대사
건명 북조선 귀환

제네바 래전 제282호(총11766)를 전달

135

외무성 전신안
총 제13943/13945호(합 제1260호)
기안 1968.3.29.
발신 외무대신
수신 재미 시모다 대사, 재소 나카가와 대사, 재한 가미카와 임시대리
　　대시
건명 북조선 귀환

제네바 래전 제281호(총11765) 전달

136

외무성 전신안

총 제13947/13949호(합 제1261호)

기안 1968.3.29.

발신 외무대신

수신 재미 시모다 대사, 재소 나카가와 대사, 재한 가미카와 임시대리
　　　대사

건명 북조선 귀환

제네바 래전 제280호(총11770)를 전달

137　　국제위 총재가 일적과 조적에 보낼 서간 발송에 대한 결제를 하였음을 보고 하는데, 일본 측(대사)의 요청대로 콜카타 협정의 법적 해석은 하질 않기로 하겠다고 하고 있다. 외무성이 제안한 수정안은 113문서에 들어 있다.

전신사본

총번호 (TA)12302　　　　주관 아북

68년 4월 1일 12시 32분 제네바 발

68년 4월 1일 20시 38분 본성 착

　　　　　　　　　　　　　　　　　　　나카야마 대사

외무대신 님

북조선귀환

제295호 극비 매우시급

왕전 제292호에 관해

　1일 적십자 국제위원회 모노월 차장이 가**에게 다음과 같은 연락을 했다고 한다.

1. 일적에 보낼 서간에 대해 고나르트 총재는 다음과 같이 결재했다.

(1) 이미 결정한 바와 같이 일·조 양 적십자사 앞으로 국제위의 견해를 표명하는 서간을 발송한다.

(2) 그러나 서간(안)에 대해서는 나카야마 대사가 행한 코멘트를 충분히 고려하여, 콜카타 협정의 법적 해석을 표명하는 표현은 하질 않기로 한다. (우리 측 제3안의 수준線으로 초안을 잡았다.)

2. 오늘이나 내일 중 일적에 보내는 서간과, 동시에 같은 내용의 서간을 조적에 발송할 텐데, 그 사본을 나카야마 대사에게 보내겠다.

138

외무성 전신안

총 제14185/14187호(합 제1278호)

기안 1968.4.2.

발신 외무대신

수신 재미 시모다, 재소 나카가와, 재한 기무라

건명 북조선 귀환

제네바 래전 제294호(총12149)를 전달

139

외무성 전신안

총 제14190/14192호(합 제1280호)

기안 1968.4.2.

발신 외무대신

수신 재미 시모다, 재소 나카가와, 재한 기무라
건명 북조선 귀환

제네바 래전 제293호(총12147)를 전달

140

외무성 전신안
총 제14182/14184호(합 제1277호)
기안 1968.4.2.
발신 외무대신
수신 재미 시모다, 재소 나카가와, 재한 기무라
건명 북조선 귀환

제네바 래전 제292호(총12148)를 전달

141

외무성 전신안
총 제14492/14494호(합 제1303호)
기안 1968.4.3.
발신 외무대신
수신 재미 시모다, 재소 나카가와, 재한 기무라
건명 북조선 귀환

제네바 래전 제295호(12300)를 전달

145   132 문서에서 제네바 대사가 일적 대표단 파견을 요청한 건에 대한 회답으로, 일적 측에서도 본인들의 사정으로 이를 거부하고 있다.

외무성 전신안
총 제14813호(제178호)
기안 1968.4.3.(4.4. 15:52 발신)
시급
발신 미키 외무대신
수신 재제네바 나카야마 대사
전달 재미, 재소, 재한 대사
건명 북조선 귀환

귀전 제292호 3.과 4.에 관해
  일적에도 전달하고 상세히 설명하며 협의했지만, 일적은 현 단계에서 제네바現地에 대표를 파견하는 것은 제반사정으로 인해 곤란하다고 하기에 우선 이를 알린다.

미, 소, 한에 전달함.

146

외무성 전신안
총 제14814/14816호(합 제1326호)
기안 1968.4.3.
발신 미키 대신
수신 재미, 재소, 재한 대사
건명 북조선 귀환

제네바에 보낸 제178°호 진달

144   국제위가 일적과 조적에 보내는 서간이다. 142와 143이 별전으로 되어 있는데, 142 문서가 조적에 보낸 문서이고, 143 문서가 일적에 보낸 서간이다. 내용은 콜롬보 회담의 결렬에 대한 유감 표명과 재개 요청이 주를 이룬다. 다만 일적에 보낸 서간에는 앞 세 문단에 일본 측에 대한 감사와 대표 귀국에 대한 내용을 담고 있다. (148 문서에서 일부 수정을 요청하고 있다.)

전신사본
총번호 (TA)13064   주관 아북
68년 4월 4일 18시 17분 제네바 발
68년 4월 5일 03시 40분 본성 착

                                                       나카야마 대사

외무대신 님

북조선귀환
제311호 극비
왕전 제295호에 관해
  적십자 국제위원회는 4월 2일자를 기해, 일적 앞으로(별전 제312호) 그리고 조적 앞으로(별전 제313호) 각각 서간을 발신했다. 우선 이를 보고한다.

142

전신사본
총번호 (TA)13065   주관 아북

68년 4월 4일 18시 19분 제네바 발
68년 4월 5일 03시 40분 본성 착

나카야마 대사

외무대신 님

북조선귀환

제313호 극비
왕전 제311호 별전別電

DEAR SIR,

WE REFER TO OUR EXCHANGE OF LETTERS OF NOVEMBER 6 AND DECEMBER 28, 1968. CONCERNING THE REPATRIATION OF KOREANS FROM JAPAN.

WE HAVE SINCE LEARNT THAT FRESH DISCUSSIONS AT COLOMBO BETWEEN DELEGATIONS OF BOTH NATIONAL SOCIETIES CONCERNED ACHIEVED NO MORE THAN THOSE WHICH PREVIOUSLY TOOK PLACE IN MOSCOW.

THE INTERNATIONAL COMMITTEE OF THE RED CROSS CONVEYS TO BOTH NATIONAL SOCIETIES ITS CONCERN ON THIS SUBJECT IT WOULD. IN FACT, APPEAR THAT THERE ARE SOME 17,000 KOREANS WHO HAD LAST YEAR EXPRESSED THE WISH TO GO TO YOUR COUNTRY BUT HAVE BEEN UNABLE TO DO SO AS THE REPATRIATION OPERATIONS WERE CALLED OFF AT THE END OF 1967. AND FOR THE TIME BEING THERE IS NO INDICATION OF WHEN THEY MIGHT BE RESUMED.

ALTHOUGH NOT A PARTY TO THE CALCUTTA AGREEMENT UNDER WHICH THESE APPLICATIONS FOR REPATRIATION WERE MADE, THE INTERNATIONAL COMMITTEE OF THE RED CROSS EXPRESSES THE WISH THAT THE TWO NATIONAL SOCIETIES WILL AGAIN EXAMINE THAT WHAT THEY CAN DO TO MAKE IT VERY SOON POSSIBLE FOR THESE REMAINING APPLICANTS TO BE REPATRIATED. FOR ITS PART IT IS DISPOSED TO CO-OPERATE IF THESE OPERATIONS ARE RESUMED AND ITS ASSISTANCE AGAIN BECOMES REQUIRED.

THIS SAME APPEAL HAS BEEN SENT TO THE JAPANESE RED CROSS.

YOURS SINCERELY,

SAMUEL A. GONARD

143

전신사본

총번호 (TA)13066   주관 아북

68년 4월 4일 18시 23분 제네바 발

68년 4월 5일 03시 42분 본성 착

나카야마 대사

외무대신 님

북조선귀환

제312호 극비
왕전 제311호의 별전

DEAR SIR,

I HAVE THE HONOUR TO ACKNOWLEDGE RECEIPT OF
YOUR LETTER(G-41) OF MARCH 15 AND TO THANK YOU
FOR THE FULL INFORMATION WHICH YOU KINDLY SENT
ME CONCERNING THE DISCUSSIONS WHICH THE JAPANESE
RED CROSS HAD IN COLOMBO WITH THE RED CROSS OF
THE DEMOCRATIC PEOPLE'S REPUBLIC OF KOREA IN
CONNECTION WITH THE REPATRIATION OF KOREANS
FROM JAPAN. I ALSO DULY RECEIVED THE MESSAGES SENT
TO ME ON JANUARY 31(G-17) AND FEBRUARY 15(G-36).

AS PREDIDENT KAWANISHI REQUESTED IN HIS LETTER
OF NOVEMBER 2, 1967. I WAS PLEASED TO MAINTAIN THE
SPECIAL MISSION OF THE INTERNATIONAL COMMITTEE OF
THE RED CROSS IN TOKYO UNTIL MARCH 31, 1968.

I REITERATE MY THANKS FOR THE WELCOME EXTENDED
TO OUR DELEGATES. AND NOW THAT THE REPATRIATION
OPERATIONS HAVE BEEN DISCONTINUED SINE DIE I
BELIEVE THE TIME HAS COME FOR THE ICRC TO WITHDRAW
ITS MISSION. THE COMMITTEE REMAINS, OF COURSE, AT
YOUR DISPOSAL SHOULD A CHANGE OCCUR IN THE
SITUATION AND ITS ASSISTANCE AGAIN BE REQUIRED.

ALTHOUGH THE INTERNATIONAL COMMITTEE IS NOT A
PARTY TO THE CALCUTTA AGREEMENT, I AVAIL MYSELF

OF THIS OPPORTUNITY TO EXPRESS AGAIN MY COLLEAGUES AND MY OWN CONCERN WITH REGARD TO THE KOREANS REGISTERED FOR DEPARTURE TO NORTH KOREA BEFORE THE CLOSING DATED DECIDED UPON AT CALCUTTA, BUT WHO HAVE NOT YET BEEN ABLE TO SAIL.

THESE APPLICATIONS HAVING BEEN MADE IN THE MANNER PRESCRIBED, I HOPE THAT THE JAPANESE RED CROSS WILL ONCE MORE EXAMINE WHAT IT CAN DO TO ENSURE REPATRIATION OF THE REMAINING APPLICANTS VERY SHORTLY.

I AM SENDING THE SAME APPEAL TO THE RED CROSS OF THE DEMOCRATIC PEOPLE'S REPUBLIC OF KOREA.

YOURS SINCERELY

SAMUEL A. GONARD

147

1968년 4월 4일

재제네바 나카야마 대사 각하

아시아국 참사관

그간 연락드리지 못했는데, 건승하고 계신 것 같아 기쁘게 생각합니다.

지난 왕전 제178호로 우선 연락드린 '일적 대표가 제네바貴地에 가는 문제'에 관해서는 다음과 같은 사정이 있으니, 귀직께서 염두해 주십사 말씀드립니다.

1. 본 건에 관한 결론은 왕전과 같은데, 좀더 상세히 말씀드리면 일적 다나베田辺 부사장에게서 대략 다음과 같은 느낌을 받았습니다.

   (1) 일본 측의 지금까지의 방침과 절충 방식은 틀리지 않았기에 수정할 필요가 없다.

   (2) 그러나 15,000명의 취급은 인도적인 문제로서 어떻게든 처치를 해야 하니, 본인은 제네바에 가도 좋다고 생각한다.

   (3) 그럴 경우 본인의 생각으로선 우선 국제위에게 "국제위가 북조선에게 '일본 측의 이야기는 지당하며, 북조선이야말로 최종 단계에서 잠정조치를 걷어차지 않았는가? 이 점을 재고해 달라'고 이야기를 해 주길 바란다."고 요청하고 싶다. 만약 북조선이 이에 응한다면―본인도 응할 가능성은 별로 없다고 생각하지만―우선 잠정조치를 부활시키고 매달 정기배선을 부활시켜 배가 움직이는 동안에 잠정조치 종료 후의 문제에 관한 교섭을 위해 회담을 재개하는 것을 생각해도 좋지 않은가? 잠정조치 종료 후 선편의 문제는 '상당수가 될溜った 때마다'라고 하지 말고, 1년에 2-3회 배선을 허용하는(다만 조적의 승선 대표에 대해서는 일본 정부의 허가를 필요로 한다.) 선line으로 하려는 생각을 국제위에 제시하고자 한다.

2. 저희는 후생성 등과도 협의하였지만, 다나베 부사장에게서 상기와 같이 느낀 것이 명확해 질 경우 일적 수뇌부를 제네바에 출장 보낸다면 귀전 제292호의 취지와도 상당히 멀어지고, 또 일본 정부의 각의 레벨에서 재검토를 거쳐도 도저히 내세울 수 없는 새로운 방침을 실제로 국제위에 비공식적으로 타진하게 될지도 몰라(이는 반드시 북조선에도 전달된다고 봅니다.) 도리어 사태를 복잡하게 만들 우려가 없다고는 보기 어렵습니다. 애초에 상대가 교섭을 결렬시켰는데 우리가 잠정조치를 부활시키고 거기에다가 잠정조치 종료 후의 문제에 관해 회담을 재개할 것을 제안하는 것들을 저희

는 전혀 생각치 않고 있습니다.

3. 또 혹시 몰라 말씀드리자면 법무성은 물론 후생성도 잠정조치를 부활시킬 생각은 추호도 없고(이미 2월 말일을 기해 니가타 센터는 폐쇄되었고, 지난 4월 3일 적십자 대표에 대한 유공훈장 수여식도 행해졌습니다.) 잠정조치 종료 후의 취급으로서 기존에 생각해 왔던 문제에 관해서도 정기배선을 약속commit할 생각은 적어도 현재로서는 전혀 없습니다.

148   국제위의 서간에 대한 수정을 요구하고 있다. 조적에 보낸 서간이 이에 해당하는데, 이는 본서의 142 문서이다.

전신사본

총번호 (TA)13574   주관 아북

68년 4월 5일 16시 30분 제네바 발

68년 4월 6일 01시 05분 본성 착

                                          나카야마 대사

외무대신 님

북조선귀환

    호외 극비 매우시급

    5일자 귀전 호외에 관해

    아래와 같이 다시 송부再電한다.

    ...IT IS DISPOSED TO CO-OPERATE IF THESE OPERATIONS ARE RESUMED AND ITS ASSISTANCE AGAIN BECOMES REQUIRED.

THIS SAME APPEAL HAS BEEN SENT TO THE JAPANESE RED
CROSS.

YOUR SINCERELY

SAMUEL. A. GONDAR

-memo-총번호 제13065호의 말미를 상기와 같이 정정 바랍니다. (전신과)

149

외무성 전신안
총 제15800/15802호(합 제1402호)
기안 1968.4.5.
발신 외무대신
수신 재미 시모다, 재소 나카가와, 재한 기무라 대사
건명 북조선 귀환

제네바 래전 제312호(총13066)를 전달

150

외무성 전신안
총 제15797/15799호(합 제1401호)
기안 1968.4.5.
발신 외무대신
수신 재미 시모다, 재소 나카가와, 재한 기무라 대사
건명 북조선 귀환

제네바 래전 제311호를 전달(총13064)

151

외무성 전신안

총 제15861/15862/15863호(합 제1413호)

기안 1968.4.6.

발신 외무대신

수신 재미 시모다, 재소 나카가와, 재한 기무라 대사

건명 북조선 귀환

제네바 래전 호외(총13314) 전달

152

외무성 전신안

총 제15832/15833/15834호(합 제1404호)

기안 1968.4.5.

발신 외무대신

수신 재미 시모다, 재소 나카가와, 재한 기무라 대사

건명 북조선 귀환

제네바 래전 제313호(총13065) 전달

153　　본 문서는 서울에서 온 연락으로, 한국 정부가 "조적이 일적에 '6월말에 니가타에 선박을 배선하려 하는데, 이 배에 조적 대표를 태워 보낼 테니 귀환 문제를 협의하자'는 제안을 했는데, 이에 관방장관이 긍정의 뜻을 내비쳤다"는 정보를 입수하여, 이에 대한 항의를 하는 내용으로 이루어져 있다.

전신사본

총번호 (TA)20978   주관 아북

68년 5월 30일 18시 40분 서울 발

68년 5월 30일 20시 26분 본성 착

쓰게栃植 임시대리대사

외무대신 님

북조선귀환

제571호 극비 시급

1. 30일 강 아주국장은 본직의 내방을 요구하고, 다음과 같이 말했다.

　　정보에 따르면 북조선적십자가 일본적십자에게 서간을 통해 '재일조선인의 북조선귀환을 위해 6월 말 니가타에 북조선 선박을 배선하고, 또 이 배로 북조선적십자 대표가 일본에 건너가 일본적십자 대표와 북조선귀환 문제에 관해 협의를 하겠다.'고 제안했더니, 기무라 관방장관이 '일본 정부가 이 제안을 수락할 가능성을 내보였다.'고 한다. 한국 정부의 북조선귀환 문제에 관한 입장은 외교 채널과 기타 수단을 통해 반복하여 일본 정부에 설명하고, 또 항의해 왔기에 지금 이 자리에서 반복하진 않겠지만 콜롬보 회의가 결렬된 후에 일본 정부는 우리들에게 '북조선귀환센터를 폐쇄하고 국제적십자 도쿄사무소도 폐쇄되었으니, 일본 정부 각층(working level as well as higher level)은 본 건을 재차 안건에 올리지 않을 것'을 약속하였다. 그런데 돌연 종래보다 좋지 않은 형태, 즉 '북조선의 배를 일본에 회항시키고, 북조선적십자 대표가 일본에서 일본적십자 대표와 협의를 행한다.'는 제안을 북조선적십자가 하였는데, 북조선에 대한 한국민과 정부의 감정이 특히 1월 21일 무장 게릴라 침입으로 인해 매우 sensitive하게 되어 있는 현시점에서, 일본 정부가 북조선의 제안을 수락하는 사태가 일어난다면 우리는 이를 tolerate할 수 없다. 따라서 이 자리에서 일본 정부에게 본 건에 대한 한국 정부의 확고한 견해를 표명하며, 동시에 일본 정부가 기존 입장을 따라 북조선의 제안을 받아들이지 않을 것을 서둘러 천명하기를 요구한다.

2. 이에 본직이 '한국 정부의 요청申入은 본국 정부에 전달해야 하겠지만, 재일 한국대사관에서도 직접 일본 정부에 이야기申入를 하셔야 한다.'고 말해 두었는데, 상대가 본 건에 관한 일본 정부의 태도의 천명을 집요하게 추궁하리라 생각하니, 본 건의 사정과 상대에 대한 대답 방식에 관해 조속히 답변해 주길 바란다.

154   한국에서 '북조선의 회담 재개 요청'에 대한 신문기사를 전하고 있다. 가령 68년 5월 30일 조선일보 1면 기사에는 "북송회담 재개될 듯_북괴제의에 日 수락 시사"라는 기사를 실었고, 경향신문은 1면에 "북송회담 재개에 반대_정부태도밝혀", 동아일보는 1면에 "'『북송회담』저지' 嚴대사_일적서회담재개용의 발표"와 같이 실려 있다.(원제는 국한문 혼용) 원문에서 이야기하는 홍부부장관 자리에는 당시 홍종철 씨가 있었다.

전신사본

총번호 (TA)20973   주관 아북

68년 5월 30일 18시 30분 서울 발

68년 5월 30일 19시 34분 본성 착

쓰게 임시대리 대사

외무대신 님

북조선귀환

제570호 평

  30일자 당지 각 신문은 모두 '북조선적십자사가 일적에 대해 북조선 귀환 회담 재개를 요청하였고, 일본 측은 이를 수락할 용의가 있음을 암시했다.'고 하는 도쿄 특파원의 전보電를 실었고, 석간 각 신문은 이에 관해 '홍 공보부 장관이 30일 담화를 발표하여 "아직 정식 보고를 받진 않았지만, 우리 정부의 계속적이고 강력한 반대에도 불구하고 선량한 재일 교포를 사지에 몰아넣는 비인도적 북조선귀환에 관한 회담을 굳이 재개하려는지 도무지 이해할 수 없다. 우리 국민의 대일감정과 일한 양국의 우호에 있어 매우 우려스럽다.'고 하는 정부 입장을 밝혔다.'고 보도했다.

155

외무성 전신안
총 제24742호(제136호)
기안 1968.5.30.
보통
발신 외무대신
수신 재부산 모리森 총영사
건명 북조선 귀환

한국에 보낸 왕전 531△호 전달

156

외무성 전신안
총 제24774호(제137호)
기안 1968.5.30.

보통
발신 외무대신
수신 재부산 모리 총영사
건명 북조선 귀환

한국에 보낸 왕전 530△호 전달

157　　외무성이 대사관에 신문 보도에 대한 주일 한국대사관의 항의와 반응을 전달하는 내용으로, 한국 정부는 이를 공식적으로 부정해 주길 요청하고 있다. 이에 관해서는 외무성도 실제로 몰랐던 듯하다(162 문서 참조). 다만 서두에 29일 저녁 한국 대사를 만났다고 되어 있는데, 이는 30일의 오기처럼 보인다.

외무성 전신안

총 제24773호(제530△호)
기안 1968.5.30.(5.30. 20:33 발신)
시급
발신 외무대신
수신 재한국 쓰게 임시대리대사
전달 재부산 모리 총영사
건명 북조선 귀환

29일 저녁 도쿄在京 한국대사관 김 서기관이 북동아시아 과장을 찾아와, 이날 북조선 귀환에 관한 조간 각지 보도에 대하여 하기와 같이 이야기했으니 참고하시기 바랍니다.
　조선대학교 인가 이후로 한국의 국내 여론은 여전히 일본의 북조선 문제에 관련된 기본 태도에 대해 중대한 불안감과 불신을 품고 있고, 또 한국은 특히 북조선이 가하는 직접적인 위협에 대처할 필요가 있기에 일본에 대해 다양한 이해와 협력을 바라는 시기이기도 하여, 북조선적십자와 회담을 재개 운운하는 보도는 충격이다.

만약 일본 정부의 입장에 변화가 없다고 할 수 있으면, 이를 공식적으로 밝혀주길 바란다. 그렇지 않으면 일본의 핵 알러지 이상으로 북조선에 대해 예민한 한국의 반발심으로 인해, 이 문제는 필히 한국에서 다시 한번 매우 큰 반일 여론을 초래하리라 보니 잘 처리해 주길 바란다.

(이에 대해 북동 아시아 과장이 '북조선 적십자가 일적에 보낸 전보에 관해서는 오늘 아침 처음 알게 된 것이며, 일본 정부 사무 당국의 생각考え方은 아직 전혀 없는 상태白紙'라고 말해 놓았다. 또 북조선 적십자의 전보는 27일 일적에 도착하였다.)

부산에 전달했음.

158　　154 문서에서 북조선 적십자가 보낸 전보를 전하고 있다. 본 문서는 본서의 019, 065 문서와 동일하다.

외무성 전신안
총　제24741호(제531호)
기안 1968.5.30.(5.30. 19:38 발신)
시급
발신 외무대신
수신 재한국 쓰게 임시대리대사
전달 재부산 모리 총영사
건명 북조선 귀환

왕전 제530$^\triangle$호에 관해
북조선 적십자가 일적에 보낸 전보는 다음과 같음

159

(번역문)

평양 1968년 5월 28일 발
5월 29일 착

조선민주주의인민공화국
적십자회 중앙위원회

일본적십자사 앞(전보)

재일조선인의 귀환 문제를 토의한 콜롬보의 조일 양 적십자의 회담 결렬 이후 벌써 4개월이 경과하였습니다. 이 기간 동안 귀환을 희망하는 많은 사람들은 귀환사업의 중단으로 인해 그들이 사랑하는 조국으로 돌아오질 못하고 그 생활은 현재 매우 어려움에 처해 있습니다. 전면적으로 이 책임은 아무 이유도 없이 귀환사업을 일방적으로 중지한 일본에 있습니다.

본회는 현재 괴로운 생활에 허덕이며 귀환의 날만을 기다리고 있는 귀환신청자를 인수하고자 6월 말경에 니가타에 귀환선을 보내기를 희망합니다. 그리고 이 귀환선에 우리 적십자회 대표단을 보내, 재일조선공민의 귀국 문제를 올바르게 해결할 수 있도록 니가타에서 조일적십자회담을 재개할 것을 귀사에 제안합니다.

재일동포와 모든 계층의 일본인과 전 세계의 여론은 귀환사업의 계속과 조일 적십자회담의 재개를 강력하게 요망하고 있습니다.

본회는 본회의 정당한 제안에 대한, 귀사의 조속하고 긍정적인 회답을 기대합니다.

경구敬具

160　　본 문서에는 일적이 외무성과 상의 없이 국제위와 조적에 취한 연락에 관해 제네바와 한국에 사실을 통고하는 내용이 담겨 있다.

외무성 전신안

총 제25038/25039호(제348*호)

기안 1968.5.31.(5.31. 21:45)

시급

발신 외무대신

수신 재제네바 나카야마 대사

전달 재한국 쓰게 임시대리대사, 부산 모리 총영사

건명 북조선 귀환

아시아 국장으로부터

1. 28일 북조선적십자는 일적에게 귀환선의 6월 배선과 니가타에서의 회담 재개를 별전과 같이 제안하였다. 현재 일적에선 본 건 제안에 대해 우리에게 어떤 보고나 상담도 없기에 정부 부처部内에서는 적어도 사무적으로는 본건을 검토하지 않고 있다.

2. 또한 본 건 제안에 앞서 일적이 국제위에게 5월 20일자 서간을 통해 '북조선적십자가 합의한다면, 콜롬보 회담에서 이야기했던 속칭 귀환신청자에 대한 삼성조치를 실시할 용의가 있다.'고 연락했다는데, 일적은 이 서간에 관하여 관계 각 부처各省와 사무 레벨에서 상담하지 않고, 관방장관과 이야기를 한 후에 발송한 것 같다. 사후에 별도로 입수한 이 서간의 텍스트를 참고차 발송한다. 당분간この頃 귀직은 이 내용을 잘 명심하시길 바란다.

한국, 부산에 전달함.

161   별전으로 159문서와 동일한 내용(복사본)이 실려 있다. 본문에선 이를 생략하였다.

외무성 전신안
총 제25627호(제349호)
기안 1968.5.31.
시급
발신 외무대신
수신 재제네바 나카야마 대사
건명 북조선 귀환

왕전 제348호 별전

162   한국대사관에서 항의의 뜻을 전하기 위해 방문하였다. 회담 재개에 대한 우려의 뜻을 표하면서도 사실 이를 막을 수 있는 방법은 없다고 생각해서인지 어떤 이유 때문에 받아들이는 것이며 그 내용은 무엇인지 알려 달라고 요청한다. 외무성 참사관은 연락이 왔다고 해서 바로 대화가 되는 것은 아니라고 응수하면서도, 당장은 아니지만 언젠가 그럴 때가 올 것이라는 여운을 남긴다.

외무성 전신안
총 제25041호(제543△호)
기안 1968.5.31.(5.31. 22:06)
시급
발신 미키 대신
수신 한국 쓰게 임시대리대사
전달 재제네바 나카야마 대사, 부산 모리 총영사
건명 북조선 귀환

귀전 제571호에 관해

1. 31일 도쿄東京 한국대사관 안安 공사는 가*** 참사관을 찾아 와, '이번 북조선적십자의 제안에 관해 북조선 측은 조선대학교 인가와 외국인학교법 폐안과 같이 한국 측을 물리친 여세를 몰아 이 같은 움직임에 나선 것으로, 매우 효과적인 타이밍을 노린 것이니만큼 만약 회담이 시작되게 된다면 매우 어려운 사태가 되어 일한 관계에 심각한 영향을 끼칠 것이 염려된다.'며 훈련에 따라 우려의 뜻을 표명하였다. 동시에 도쿄의 대사관만의 견해로서 '일본 측이 이 제안을 받아들일 것이라고는 생각치 않으나 만일 북조선의 제안을 받아들인다면 어떤 생각에 의한 것인지, 또 실시 내용은 무엇인지에 관해 흉금을 터놓고 사전에 알려줬으면 좋겠다.'고 요청했다.

2. 이에 대해 가*** 참사관이 본 건에 대해, '일적에게서 아직 아무런 연락アプローチ도 없는 상태이지만 북조선적십자의 전보는 변함없이 일본을 비난하고 있어 대화가 되질 않는 바이기에 우리들은 종래의 방침을 바꾸지 않고 있다. 북조선 측이 콜롬보 회담을 결렬시켰기에 무슨 말을 걸어온다고 해서 바로 어떻게 되는 것どうということ은 아니다. 일적이 본건을 어떻게 다룰지 조용히 지켜볼 것이다.'고 대답하며, '다만 북조선에 돌아가고 싶어하는 사람이 있다는 문제가 남은 것도 사실이기 때문에, 돌아가고 싶어하는 사람을 돌려보낸다는 것을 생각할 수밖에 없는 사태도 일어날 수 있음을 지적해 두고 싶다.'고 응수하였다. 회담 내용은 추후 발송하겠다.

3. 이상과 같이 북조선 제안에 관해서는 일적에게서 연락도 없고, 정부 부처에서도 사무적으로 어떤 검토가 행해지지 않는 단계이므로 염두해 두길 바란다.

제네바, 부산에 전달함.

163

외무성 전신안
총 제25244/25245호(합 제2205호)
기안 1968.5.31.
발신 미키 대신
수신 재제네바 나카야마 대사, 부산 모리 총영사
건명 북조선 귀환

서울 래전 제571호 전달

164　조적이 보낸 회담 개최 요청에 대한 외무부의 서간을 수교한 것을 보고하는 문서이나, 한일정기각료회담을 2개월 앞둔 상황에서 서로 이를 크게 문제삼지 않을 것에 동의하였음이 적혀 있다. 165는 엄대사의 서간이고, 여기에 첨부된 166은 외무부 장관의 항의 서한이다. 외무부 장관의 서한의 주된 요지는 '대통령 관저 습격 사건, 푸에블로 사건으로 대북 감정이 고조되었는데 조선대학교 승인 등이 한국 국민들에게는 큰 충격이었다. 양국의 우호를 위해 회담에 응하질 말기 바란다.'는 것이다.

외무성 전신안
총 제25487호(제548△호)
기안 1968.6.3.(6.3. 21:57 발신)
시급
발신 미키 대신
수신 재한국 쓰게 임시대리대사
전달 재제네바 나카야마 대사, 부산 모리 총영사
건명 엄대사와 본 대신 간의 간담

왕전 제543호에 관해

1. 3일 엄재경 한국대사(4일 연락을 위해 귀국 예정)가 본 대신을 내방하여 이번 북조선의 회담 개최 제안을 받아들이는 일이 없도록 강력히 요망하는, 최 외무부 장관의 서간(송부)을 수교하며 '본국 정부에서도 이번 움직임을 염려하고 있다.'고 이야기했기에, 본 대신이 본 건 제안에 관한 이야기는 듣지 못했기에 본국 정부에도 그렇게 보고하시길 바란다고 답변하였다.

2. 이어 엄 대사는 '8월 개최 예정인 일한정기각료회담에 관해 7월 중에 사무적으로 문제를 검토하고 간격을 좁혀 두어, 각료 회담에서 모든 걸 결정짓는 일은 되풀이하고 싶지 않다. 다행히도 한국 측 요구는 정리되어 가는 것 같다. 일본 측의 중점 사항에 관해서도 계속 말해 줬으면 좋겠다.'고 했기에 본 대사가 '이에 찬성한다.'고 대답했다.

3. 또 본 간담은 상기 2.의 각료회의 준비에 관해 논의했다고 하기로 했는데, 북조선 송환에 관해서는 '이런 때에 특히 외부에 자극적인 형태로 전달되는 것은 피해야 한다.'는 점에 엄 대사도 동의하였기에, 1.에 관해서는 일절 이야기를 나누지 않은 것으로 하기로 하였으니 염두해 두길 바란다.

부산, 제네바에 전달했다.

165

별첨

JUNE 3, 1968

Excellency

I have the honour to transmit the enclosed telegraphic letter of His Excellency Mr. Kyu Hah Choi, Minister of Foreign Affairs of the Republic of Korea addressed to Your Excellency.

Accept, Excellency, the renewed assurances of my highest consideration.

Min Yung Um
Ambassador

His Excellency
  Mr. Takeo Miki,
    Minister for Foreign Affairs, Japan

166

June 1, 1968

Dear Mr. Minister,

I wish to send you this message to invite your personal attention to an urgent issue of a serious concern to the Government and people of the Republic of Korea.

I am quite surprised at the alleged report that a responsible high-ranking official of the Japanese Government has recently indicated the possibility of accepting the recent proposal made by the north Korean communists to resume talks on the scheme for deportation of Korean residents in Japan to the communist-occupied northern part of Korea. No doubt, you are well aware of the strong opposition and repercussion of the people of the Republic of Korea against the scheme as consistently demonstrated since the beginning of such deportation in 1959. You may vividly recall that the national feeling of the Korean people was greatly disturbed by the so-called Colombo meeting, which was designed to send Koreans in Japan to the north under the excuse of "aftermath measures" even after the expiration of the so-called Calcutta Agreement.

I believe that you are fully aware that the Korean people are full of anger against the acts of aggression on the part of the north Korean communists as evidenced by the infiltration of armed raiders from the north to attack the presidential residence on January 21 and the incident of the USS Pueblo on January 23 of this year. It is reminded that the impact on the sentiment of our people caused by the recent approval which the Japanese authorities have given to the so-called Chosun Daehakkyo(Chosen Daigakko) in Japan run by the subversive Chochongryon (Chosoren) has yet to be relieved by the Japanese Government taking remedial measures as early as possible.

Recalling the repeated assurances by responsible officials of the Japanese Government not to re-enter into negotiations with the north Korean communists, whose incorrigible deviousness was unequlvocally testified even at the so-called Colombo meeting, I would like to request Your Excellency to be good enough to demonstrate your statesmanship and exercise your influence to take immediate steps not to accept the reported north Korean communists proposal.

I sincerely hope that you will see to it that there be no more deportation of Korean residents in Japan to the communist-occupied northern part of Korea for the mutual interests and promotion of cooperation between our two countries, for which we have so strenuously striven this far since the normalization of our relations.

With best regards, I remain.

Sincerely yours,
Kyu Hah Choi
Minister of Foreign Affairs,
Republic of Korea

His Excellency
Mr. Takeo Miki,
Minister for Foreign Affairs,
Japan.

167

외무성 전신안
총 제25040/25041호(합 제2186$^{\triangle}$호)
기안 1968.5.31.

시급
발신 외무대신
수신 한국 쓰게 임시대리대사, 부산 모리 총영사
건명 북조선 귀환

제네바에 보낸 왕전 제348*호 전달

168

공신안
아북 제235호
공신일시 1968년 6월 1일
발신 외무대신
수신 재제네바 나카야마 대사
전달 재한 쓰게 임시대리대사, 재부산 모리 총영사
건명 북조선 귀환

왕전 제348호에 관해
일적이 적십자 국제위에 보낸 서간을 별첨과 같이 송부한다.
(부속 첨부)

169   주일대사와 외무대신 간의 간담 메모를 송부하는 공신안인데, 첨부 문서는 들어 있지 않다. 마찬가지로 170 문서 또한 안공사와 외무성 참사관 간의 간담 내용을 보내는 문서인데, 여기에도 첨부 문서는 들어있지 않다.

공신안
아북 제617호

공신일시 1968.6.6.(6.7. 발신)
수신 재한국 마에다 임시대리대사
발신 외무대신
사본 송부처 재부산 모리 총영사, 재제네바 나카야마 대사
건명 북조선 귀환 문제에 관해

아북 제617호
1968년 6월 6일

재 대한민국 대사님

외무대신

북조선 귀환 문제에 관해

　왕전 제548호에 관해, 엄대사와 본 대신 간의 간담 메모를 별첨과 같이 송부한다.

(부속 첨부)
본신 사본 송부처- 부산, 제네바

170

공신안
아북 제613호
공신일시 1968.6.5.(6.5. 발신)
발신 외무대신
수신 재한국 가미카와 임시대리대사
전달 재제네바 나카야마 대사, 재부산 모리 총영사
건명 북조선 귀환 문제에 관해

왕전 제543호에 관해

　안 공사와 가*** 참사관 간의 회담 메모를 별첨과 같이 송부한다. (부속 별첨)

171　20일자 요미우리 신문기사에 대해, 외무부는 한국내 반응과 북송에 대한 비인도적인 측면을 내세우며 반대의 뜻을 드러냈다. 본 문서는 이에 대한 주한 대사관의 보고 내용이다.

전신사본

총번호 (TA)24007　　　　주관 아북

68년 6월 21일 17시 30분 서울 발

68년 6월 21일 17시 44분 본성 착

　　　　　　　　　　　　　　　가와카미 임시대리대사

외무대신 님

북조선귀환

제630호 극비

　21일, 강 아주국장은 본직에게 북조선 귀환 재개에 관한 20일자 요미우리 신문 기사에 관해 우려의 뜻을 표하며, 이를 논평한 같은 날짜 중앙일보와 21일자 한국일보 기사(후송)을 소개한 뒤에, (1) 1월 게릴라에 관한 일본 신문들의 보도 행태報道ぶり 이후로 한국민들의 대일 의심猜疑心이 고양되어 감정이 악화된 지금, 본 건 교섭이 실제로 재개될 경우에는 더욱이 곤란한 사태를 초래하니 무슨 수를 써서라도 북조선귀환 교섭 재개는 멈춰 주시길 부탁드린다고 말하고, (2) 본 건에 관해 일본 측은 인도 문제 운운하시지만, 한국 정부와 국민 입장에서 보자면 재일동포를 공산권에 내쫓는 것이 너무나도 비인도적이며, 재사할린 동포를 공산권에서 자유권으로 구출하는 것이야말로

긴급한 인도적 문제라고 말하고선 본국 정부에 각각을 보고해 달라고 요청했다.

172　171 문서에서 이야기한 신문기사(173 문서: 중앙일보, 174 문서: 한국일보)를 전하는 문서에 해당한다. 원문은 일본어 번역문+신문 스크랩으로 구성되어 있는데 본서에서는 스크랩된 신문의 한국어를 그대로 옮기고 일본어 부분은 생략하였다.(단, 띄어쓰기는 임의로 수정하였다.)

정政 제2468호
1968년 6월 21일

외무대신 님

재 대한민국
가미카와 임시대리대사

북조선귀환에 관하여
왕전 제630호에 관해
　6월 20일자 중앙일보와 21일자 한국일보의 관련기사를 번역한 후에 발췌하여 별첨 송부합니다.

173

北送會談 재개
日, 條件附동의, 日 讀賣新聞 보도
(중앙일보 1968년 6월 20일자)

[東京=趙東午 特派員] 日本 政府와 赤十字社는 在日교포 北送회담을 재개하자는 北傀 측 제의에 대해 條件附로 응할 움직임을

보였다.

　20일 讀賣新聞 보도에 의하면 日本赤十字社는 在日교포 北送 회담의 재개를 위해 6月 下旬, 北送船을 新潟(니이가다)에 배선하겠다.'는 北傀측 제의에 대해 금명간 회답을 보낼 것이며 日赤은 이 回答에서 만일 北傀가 지난 1月 24日 「콜롬보 회담」이 결렬되었을 당시의 태도를 바꾸어 日本측이 주장한 대로 교포 北送의 「暫定措置」를 수락한다면 회담재개를 위해 먼저 예비회담을 열 수 있는 태도를 밝힐 것이라고 한다. 日赤의 이 같은 방침은 19일 오후 龜岡 北送 담당 副官房長官의 양해를 얻은 것이라고 알려졌다.

174

北送會談受諾示唆
日赤, 暫定措置認定條件附로
(한국일보 1968년 6월 21일)

[東京=20日鄭泰演特派員電報] 北傀의 재일교포 北送 회담 재개 제의를 검토해온 일본赤十字社는 6월末 「니가따」에 北送船을 配船, 北送회담을 「니가따」(新潟)에서 재개하자는 北傀측의 제의에 대해 지난 1월 24일 「콜롬보」 회담때 합의된 「잠정조치」를 인정한다는 조건부로 수락할 용의가 있음을 시사했다고 20일 보도되었다. 또한 日赤은 北傀가 이러한 日赤의 조건을 수락할 경우 회담은 9월초에 재개될 것으로 보인다.

175　　본 문시에서는, 외무부가 임시내리대사에게 일본 정부의 동향을 묻고선, 적십자 회담이 재개될 시에는 목전에 둔 각료회담에도 영향을 끼칠 것이며 북송 자체가 비인도적임을 주장하였고, 더불어 일본 내 언론사의 보도 행태에 대한 불만을 토로하는 내용을 전달하고 있다.

전신사본

총번호 (TA)24273　　　　주관 아북

68년 6월 24일 17시 00분 서울 발

68년 6월 24일 17시 33분 본성 착

　　　　　　　　　　　　　　　　　가와카미 임시대리대사

외무대신 님

북조선귀환

제638호 극비 시급

1. 24일 오전 10시 긴급한 요청에 따라 방문한 본직에게, 강 아주국장은 본 건의 최근 동향에 관해 본국 정부에서 어떤 정식 통보가 있었는지 추궁했기에, 본직이 신문에 알려진 바 외에는 아무것도 듣질 못했다고 답했다. 이에 대해 상대는 '도쿄 대사관의 안공사가 스** 국장을, 그리고 김 서기관이 노* 과장을 만난 결과를 각각 보고해 왔는데, 이 보고 내용과 도쿄에서 나온 신문보도를 보면, 일본 정부 관계 당국은 이번에 북조선적십자가 보낸 appeal에 일적이 답신을 하는 데에 있어 어느 선line에서 답할지 그 내용이 아직 결정되지 않은 듯한데, 현재 활발히 논의를 거듭하며 검토하고 계신다고 하니, 한국 정부는 이에 중대한 관심을 표명하는 바이다. 한국 측에서는 본 건은 이전의 콜롬보 회담이 결렬됨에 따라 이미 끝난 문제라고 생각했는데, 이제 다시 이것이 문제가 되고 검토되는 것에 매우 실망하며 UPSET된 바이다. 이것이 특히 한국민을 격양시키는 원인이 될 것은 확실하리라 본다. 일한 양국이 8월 각료회담을 앞두

고 사전에 실무자 간에 조세협정, 공업 소유권 문제 등에 관해 간격을 좁히는 토의를 하며 준비를 진행시키려 하는 이 시기에 북조선 귀환 교섭이 실제로 개시되게 된다면, 한국민의 격한 감정에 직면하여 이 같은 사무 레벨에서의 교섭이 모조리 수포로 돌아가게 되어 각료회의가 순조롭게 이루어지리라는 기대는 하기 어렵게 될 것 같아 우려스럽다. 또 한국 측은 북조선 귀환 교섭이 열리지 않더라도 신청 완료 미귀환자 1만 5천 명을 돌려보내려는 생각 자체에 강력히 반대한다.'고 이야기하였다.

2. 그리고 강 국장은 '지난 1월의 청와대 습격 미수사건과 푸에블로호 사건에 관한 일본의 신문 보도 행태報道ぶり가 한국민의 악감정을 깊게 하고, 조선대학교 인가 문제 등과도 엮여 대일 여론이 매우 좋지 않은 이 시기에 일본 정부가 굳이 본건을 다시 거론하려는 진의가 어디에 있는지 이해가 되질 않는다. 이제 일본 정부에 바라는 바는 일본 정부의 대처 방침이 결정되기 이전에 미리 사정을 충분히 한국에 알려주길 바라는 것이다.'고 덧붙였다.

3. 본직이 '오늘 말씀하신 바는 상세히 본국 정부에 전달하겠다.'고 대답했더니, '일찍부터 알고 계신 바와 같이 당국 정부는 일본의 신문 보도報道ぶり에 바로 민감하게 반응을 보이고 있으니, 본 건에 관한 정부 부처部内의 검토 경위와 일적의 움직임에 관해서는 수시로 정확한 바를 통보해 주시고, 특히 일본 신문이 주목할 만한 기사를 게재했을 경우에는 즉각 코멘트를 듣고 싶으니 이 섬 거듭 부탁드린다.'

부산에 전달했음.

176

외무성 전신안

총 제28436호(제423호)

발신 1968.6.24.
시급
발신 외무대신
수신 재제네바 나카야마 대사
건명 북조선귀환

한국에 보낸 왕전 제625호를 전달

177

외무성 전신안
총 제28437호(제424호)
기안 1968.6.18.
매우시급
발신 외무대신
수신 재제네바 나카야마 대사
건명 북조선귀환

한국에 보낸 왕전 제626호를 전달

178

외무성 전신안
총 제28410호(제168호)
기안 1968.6.24.
시급

발신 외무대신
수신 부산 모리 총영사
건명 북조선귀환

한국에 보낸 왕전 제625△호를 전달

179

외무성 전신안
총 제28427호(제169호)
기안 1968.6.24.
시급
발신 미키 외무대신
수신 부산 모리 총영사
건명 북조선귀환

한국에 보낸 왕전 제626◎호를 전달

181   조적에 보내는 일적의 회답을 전달하고 있다. 180 문서가 바로 이 회답문에 해당하는데, 이는 본서의 066 문서와 동일하다.

외무성 전신안
총 제28409호(제625△호)
기안 1968.6.24.(6.24. 18:32 발신)
매우시급
발신 외무대신

수신 재한국 가미카와 임시대리대사
전달 재부산 모리 총영사
건명 북조선귀환

왕전 제349호에 관해
　북조선적십자에서 북조선귀환 문제에 관해 머리의 왕전과 같은 래전이 와서 이에 대한 일적의 회답 형태에 관해 지난 번부터 관계 각성과 일적이 협의하고 있는 중인데, 24일 별전과 같은 회신返電을 일적에게 송달케 하기로 정하였기에 이를 우선 보고 드린다. (본성에서는 가*** 참사관이 도쿄 안 공사에게 24일 저녁 통보를 마쳤다.)

부산에 전달했다.

180

외무성 전신안
총　제28426호(제626°호)
기안　1968.6.18.(6.24.　18:45　발신)
매우시급
발신　외무대신
수신　한국 가미카와 임시대리대사
전달　부산 모리 총영사
건명　북조선귀환

왕전 제625$^{\triangle}$호 별전
　5월 28일자, 6월 20일자 귀전은 잘 받았습니다. 재일조선인 귀환에 관한 협정은 이미 명백하게 합법적으로 종료된 것입니다. 그래서 협정 종료에 수반되는 여러 문제에 관해서, 일적은 '일조 양 적십자가 인도적인 견지에 서서 협조하며 해결에 임해야 한다.'는 생각에 기초하여, 콜롬보 회담에서 신청 완료 미귀환자에 관한 조치와, 이 조치 종료 후에 새로이 출국을 희망하는 자에 관한 취급 방침을 제안하고 설명한 것입니다. 그러나 유감스럽게도 당신들이 이에 동의하지 않으셨기 때문에 오늘과 같은 상태에 이른 것입니다. 따라서 "그 책임은 아무 이유도 없이 귀환사업을 일방적으로 중지한 일본 측에 있다."고 하는 당신들의 비난은 조금도 도리에 맞질 않습니다.

상기 경위를 고려하여 일적은 5월 28일자 당신들의 제안에는 찬성하기 어렵다고 회답합니다. 동시에 본 문제에 관한 일적의 생각은 콜롬보 회담에서 설명한 그대로이고 이미 적십자 국제위에 회답한 바로서 이 생각은 지금도 변함이 없음을 거듭 전합니다. 일적은 이 생각에 대한 당신들의 방침 여하가 이 문제 해결의 진전에 기여할 것이라 믿습니다.

부산에 전달함.

182　　본 문서는 175 문서에서 외무부 아주국장이 일본 정부의 동향에 관한 질문을 했는데, 이를 듣고서 외무성에서 내린 응수시의 주의사항에 해당한다. 전체적으로 회신은 부득이한 것으로 일본 측은 태도를 바꾸지 않았음을 강조하고 있다.

외무성 전신안

총　제28455호(제629$^{\times}$호)

기안　1968.6.24.(6.24. 20:20 발신)

매우시급

발신 미키 대신

수신 재한국 가미카와 임시대리대사
전달 재부산, 재제네바 대사
건명 북조선귀환

왕전 제625호에 관해
　본 건에 관해 상대방이 설명을 요구할 경우에는 가급적 다음의 취지와 같이 응수하시길 바란다.
1) 일적은 조적이 제안한 것에 대해, 적십자 입장에선 무언가 답변을 할 수밖에 없기 때문에 이번에 답신을 보내게 된 것이다.
2) 일본 측은 이번 답변에서 조금도 태도를 바꾸지 않았다. 따라서 조적이 제안한 6월 배선과 회담 재개를 거부하며, 동시에 일본이 일방적으로 귀환사업을 중지했다는 조적의 비난에 반발한 것이다.
3) 한편 일적은 콜롬보 회담에서 제안한 것—이를 조적은 당시 거부했지만—을 이제와서 철회할 수 없기에, 만약에 조적이 종래 태도를 바꾸고 일적의 콜롬보 제안에 동의한다면 일적도 여기에는 응하겠다는 의향을 밝혔다.
4) 이번 회신으로 북송이 다시 개시되는 것은 아니기에, 한국도 사태를 냉정하게 보시길 희망한다.

부산, 제네바에 전달함.

183

외무성 전신안
총 제28456/28457호(합 제2477호)
기안 1968.6.24.
매우시급

발신 미키 외무대신
수신 재부산 모리 총영사, 재제네바 나카야마 대사
건명 북조선귀환

한국에 보낸 왕전 제629[×]호 전달

184　　　외무부 아주국장과의 대화를 보고하고 있다. 주한 일본대사가 일본 측은 정확한 정보를 늘 숨기는 듯하다는 불만을 토로하자, 임시대리대사는 이로인해 입장이 난처함을 말하며 향후 틈틈이 사안의 경위까지 연락해 주길 바란다는 요청을 한다.

전신사본
총번호 (TA)24435　　　　　주관 아북
68년 6월 25일 19시 40분 서울 발
68년 6월 25일 20시 07분 본성 착

　　　　　　　　　　　　　　　　가와카미 임시대리대사

외무대신 님

북조선귀환

제644호 극비 시급
귀전 아북 제629호에 관해
1. 25일 오후 본직이 별도의 용무로 강 아주국장을 방문했을 때, 머리 귀전의 취지를 설명하자, 상대(역: 강 아주국장)는 '지금 말씀하신 것은 TAKE NOTE하겠지만, 한국 정부는 어떤 이유이든 재일 한국인을 일본 측이 북송하는 것에는 단호히 반대한다.'고 말했다.
2. 그때 상대가 '종래 외무부가 이 같은 중대 문제에 관해 귀관貴館의

해명을 요구했을 때에 귀관께서 본국 정부에서 어떤 정식 통보도 접하질 못했다고 회답하신 것이 한두 번이 아니었는데, 한국 정부는 국회에 불려 나가 귀관의 해명解明ぶり이 어떠했는지 추궁을 당하기도 하니, 귀관이 알고 계셔도 일부러 말씀을 안 하시는 건가 의심이 들 지경'이라며 불만을 말했다. 당관의 RAISON DETRE 운운하는 듯한 이 같은 발언이 매우 유감스럽기 그지없지만, 뒤집어 생각하면 이를 대놓고 완전히 부정하지 못하는 측면도 있긴 하니, 당관이 놓여 있는 이런 부분에서의 괴로운 입장을 감안하시어 왕전 제638호의 3.에서 부탁드린 대로 한국 정부에서 중시하는 안건에 관해서는 결과만 통보하시지 말고 중간 경위에 관해서도 요점을 수시로 알려주시길 거듭 배려를 부탁드린다.

부산에도 전달해 주길 바람.

185

공신안
아북 제175호
공신일시 1968.6.27.
발신 외무대신
수신 재부산 모리 총영사
건명 전신전보(북조선 귀환)

아북 제175호

1968년 6월 27일

재부산 총영사님

외무대신

전신전보(북조선귀환)

　본 건에 관한 하기 전신1통을 전달伝報한다.

기

　68년 6월 25일 서울발 본성 착 제644호
　부속첨부

186　　일적이 외무성의 의견을 듣기도 전에 조적에 비공식 토의를 제안하였고 이 과정에서 소련적십자에도 협조를 요청하는 연락을 하였다. 이에 외무성은 일적이 기존의 입장을 변경하지 않고 토의를 진행하도록 규제하겠다고 밝히고 있는데, 본 문서에서 언급하는 이스탄불 회의 전의 비공식 접촉에 관해서는 본서 003문서에도 관련 내용이 있다.

외무성 전신안

총 제33430호(제651△호)
기안 1969.7.18.(7.18. 20:42 발신)
시급
발신 외무대신
수신 재한국 임시대리대사
전달 재제네바, 재소련
건명 북조선귀환

제네바 래전 582호에 관해
1. 일적은 5월 5일자 ICRC 제안과도 관련하여 '이스탄불 회의(8월 29일~9월 13일) 전에 일조 양 적십자 간에 비공식적으로 접촉을 하고 싶다.'는 희망을 갖고 있었다. 한편 내각 관방(기무라 부장관)은 '본 귀환 문제에 관한 야당의 제의도 고려하여, 일적이 종래 방침을 변경하여 조적에 양보하는 게 아니라 단순히 양 적십자 간의 의사

소통을 도모하는 것이라면 비공식적으로 사무 레벨에서 조직과 접촉하는 것도 부득이하다.'는 의향을 갖고 16일에 우리 측 견해를 문의하였다. 이에 우리 쪽에서 검토하고 있었는데, 17일에 일적이 별전1과 같이 조적에 대해 비공식 토의에 관한 제안을 타전하였고, 이와 동시에 별전 2와 같이 소련적십자에게 회합 장소와 기타 편의 제공을 의뢰했다는 통보가 들어왔다.

2. 당부當省는 일적이 우리의 견해를 기다리지 않고 조적에 제안을 한 것이 매우 불만이긴 하지만 기왕에 벌어진 일旣成事實은 어떻게 할 수 없으니, 앞으로는 관계 부처關係省와도 협의를 거친 후에 본 비공식 접촉을 함에 있어 일적이 기존에 정한 입장을 바꾸지くずす 않도록 규제할 생각이다.

제네바, 소련에 전달함.

187 별첨 문서에는 1969년 7월 17일(역:우측 상단 1행째에 위치), 조선적십자회 앞(수신자, 좌측 상단 2행째에 위치), 社名(역: 발신자, 우측 상단 3행째에 위치)이라고 적힌 부분이 있었는데 여기에 취소선이 그어져 있다. 본 첨부 문서는 186번 문서에서 이야기는 '일적이 조적에 보낸 비공식 회의 개최에 대한 제의'에 해당한다.

외무성 전신안
총 제33433호(제652°호)
기안 1969.7.18.(7.18. 20:42 발신)
시급
발신 외무대신
수신 재한국 임시대리대사
전달 재제네바 대사, 재소련 대사

건명 북조선귀환

왕전 제651△호 별전1

　　일적은 재일조선인의 귀환 문제 해결을 촉진하기 위해 귀 적십
자회와 사무 레벨에 의한 비공식 예비적 토의를 "소"련이 양해해
준다면, 모스크바에서 7월 29일경부터 개최할 것을 제안합니다.
　　이때 일적에서는 외사부장 다카스기 ***高杉• 외 2~3명의 직원을
파견할 예정입니다.
　　회답을 기다립니다.

-제네바, 소련에 전달함.

188　　187의 첨부문서와 마찬가지로 186번 문서에서 이야기한 '일적이 소련
적십자에게 회합 장소와 기타 편의 제공을 의뢰'하는 내용이 실린 문서이다. 별첨
문서에는 1969년 7월 17일(역: 발신일), 소련적십자사장 앞(전보)(역: 수진자),
社長名(역: 발신자)이라고 적힌 부분이 상단에 있었는데 여기에 취소선이 그어져
있다.

외무성 전신안
총 제33436호(제653ⓒ호)
기안 1969.7.18.(7.18. 20:42 발신)
시급
발신 외무대신
수신 재한국 임시대리대사
전달 재제네바 대사, 재소련 대사
건명 북조선귀환

왕전 제651호 별전2

6월 19일자 귀신貴信은 잘 받았습니다. 귀사의 배려에 감사드립니다.

일적은 재일조선인의 귀환 문제 해결을 촉진하기 위해 사무 레벨에 의한 비공식 예비적 토의를, 7월 29일경 소련 당국이 동의를 해 준다면 모스크바에서 갖는 것에 관하여 오늘 조적에 전보를 보냈습니다.

따라서 모스크바에서 토의를 하는 것에 관해 귀국 당국의 양해를 얻을 수 있게끔 알선해 주시면 감사드리겠습니다.

또 양해를 얻은 후에는 당사에서는 외사부장 다카스기 *** 외 2~3명의 직원을 파견할 예정이오니, 입국 비자에 관해서도 귀사의 알선을 잘 부탁드리겠습니다.

제네바, 소련에 전달했다.

189

외무성 전신안

총 제33431/33432호(합 제2608호)

기안 1969.7.18.

시급

발신 외무대신

수신 재제네바 나카야마, 소련 나카가와 대사

건명 북조선귀환

한국에 보낸 왕전 제651[△]호를 전달

190

외무성 전신안
총 제33434/33435호(합 제2609호)
기안 1969.7.18.
시급
발신 외무대신
수신 재제네바 나카야마 대사, 재소련 나카가와 대사
건명 북조선귀환

한국에 보낸 왕전 제652[○]호를 전달

191

외무성 전신안
총 제33437/33438호(합 제2610호)
기안 1969.7.18.
시급
발신 외무대신
수신 재제네바 나카야마, 재소련 나카가와 대사
건명 북조선귀환

한국에 보낸 왕전 제653[◎]호를 전달

192　　61회 국회 중의원 법무위원회(7.22.) 중 법무대신이 이스탄불 회담 전에 미리 회의를 개최하는 것에 관해 이야기를 했다며, 이것이 언론에 보고될 것이니 미리 대비하고 있으라는 연락을 한다. 일본 국회의사록에서 발췌한 관련 기록은 아래와 같다.(밑줄이 사전회의 관련 내용)

○米田東吾_ (전략) それから帰国の問題につきましては、いま大臣からお答えいただいたのでありますが、私もこの問題がいま非常に重要な、しかも微妙な段階にあることは、了解をいたしております。ただ問題は、法務省としては朝鮮代表の入国の問題につきましては、これは要するに出入国の現行法律にかかわってくる問題である。それであればこそ、いままで法務省はがんとして、未承認国であるから、しかも朝赤代表であるから、これは直ちに認めるわけにはいかない、そういうことで今日まで来られたんだろうと思うわけであります。しかし、いろいろ政府部内でも検討されまして、いま解決をされる方向で進められておることについては、非常によいことだと思って私も喜んでおるわけです。どうなんでございますか。朝鮮の赤十字代表の入国を認めるというふうに、法務省は一応方針を固められた、こういうことで理解してよろしゅうございますか。

○西郷国務大臣_この問題は、従来の過去の経験からも、非常にデリケートな影響を与えますので、あまりはっきりと申し上げかねるのでございますけれども、御承知のとおり、国際赤十字社の大会が来月末ごろイスタンブールでございます。御承知のとおりでございますが、そういうこともございますので、何とか両赤十字社においてこの問題を円満に解決したい。前回は、御承知のとおりに国際赤十字社を介在させまして、国際赤十字社も非常に好意を持ってやってくれたのでございますけれども、これが打開できませんでしたために、今後の方法として、国際赤十字社を介してやるか、これがどうしても了承できなければ、これを介しないでやらなければならないというようなことになりまして、方法も二つ、三ついろいろあるわけであります。しかし、今日までいろいろの経緯がございますので、何としても両赤十字社の意見が一致いたしませんと、これは開始されません。<u>来月のイスタンブールの国際赤十字社の大会を前にして、この両者が何とか手段、方法について打開してもらいたいと思いまして、いま日本の赤十字社も非常に熱心にこの問題に取り組んでおりまして、いかなる手段、方法で今後これを早急に解決するか、なか</u>

なかむずかしさもあると思いますけれども、法務省も日本赤十字社をしり押しいたしまして、北鮮とこの手段、方法について打開せしめたいと考えまして、いまその努力のまつ最中でございます。

○米田委員_わかりましたが、もう一つ大臣、念を押しておきたいのでございますが、いま大臣がおっしゃったように、両赤十字社が意見の一致をすることがまず先決だ――先決だということばは私が言ったのですが、大臣の御答弁では、そういう趣旨だと思います。両方の赤十字の意見がやはり一致しなければ、どうしようもない。まずそこからだというおことばだと思う。あるいはいまのおことばによりますれば、イスタンブールで国際赤十字の会合がある。そのときに意見が一致するように努力するはずだ。それが大体一致すれば、政府として、特に法務大臣としては、その一致した線に従って法務大臣としての善処をしてやる。要するに、その一致した方法を認めてやる、こういう御意思だというふうに理解をしてよろしゅうございますか。

○西郷国務大臣_誤解があるといけませんからもう一度申し上げておきますけれども、イスタンブールでは世界じゅうの赤十字社が集まりまして大会をやりますので、その場で両赤十字社がいろいろ意見の交換などをするのは適当でないのでございまして、それ以前に両社が早く打開の方法を見出してくれることがよいと考えまして、そうして非公式に両社が話し合っておきますれば、赤十字社の大会へ出ましても非常にいい結果になると思いますけれども、せっかくの世界大会でたくさん集まっておられるところで両国だけが協議するといっても、なかなかこれはむずかしいと思いますので、それ以前に両社が非公式に会談を遂げまして、そうして腹蔵なく手段、方法を協議しておく。それがまとまりますれば――政府各省が関係しておりますけれども、まとまりますれば、その案を法務省としても私が中心になってこれを推進してまいりたいと考えまして、いま両赤十字社が大会の前に適当なところで会ってもらいまして、そうして腹蔵なき意見を交換して、多年の懸案でございますから、これはぜひこの際打開し、また日本側も大きな腹でこれを解決するように努力しなくちゃいかぬと思いまして、両者そういう段階でございますので、いま私自体といたしましても、慎重に両者を見守っておるというデリケートな段階でございます。

○米田委員_わかりました。もうこれ以上ここでは大臣にお聞きをいたしません。(후략)

외무성 전신안

총 제34065호(제 666△호)

기안 1969.7.22.(7.22. 19:42 발신)

매우시급

발신 외무대신

수신 재한국 가네야마金山 대사

전달 재제네바 대사, 재소련 대사

건명 북조선귀환

왕전 제651호에 관해

1. 22일 오후 법무성(입관국 다** 참사관)으로부터,

　　'오늘 22일 오늘 중의원 법무위원회에서 사이고西鄕 법무대신은 고메다 토고米田東吾(사社) 의원의 집요한 질문에 대답하다가, 이스탄불 회의 전에 일조 양 적십자가 비공식적으로 토의하는 것을 고려중이라고 발언했다. 법무성 담당 신문기자, 조총련 관계자, 한국 기자 등이 방청하고 있었기에 내일 아침 신문에는 나올 것'이라는 연락이 있었다.

　　또한 일적이 조적에 타전한 것, 회합 장소, 일시 등에 관해서는 밝히지 않았다고 한다.

2. 우리當方로서는 본 접촉 건이 이런 형태로 외부에 알려지는 것이 매우 곤혹스럽지만, 이미 새어 나간 이상 한국 정부의 항의가 당연히 예상되기에 관계 각성 및 내각 관방과 시급히 대책을 검토하기로 하였다.

　　귀지貴地에서 한국 측의 문의가 있을 때에는 '대사관은 이런 사실을 몰랐다.'는 선에서 응대하시길 바란다.

제네바, 소련에 전달함.

193　　191 문서에서 법무대신이 발설한 이스탄불 회담 이전 사전 토의 관련 기사는 결국 신문에 나오질 않았다. 의사록을 읽어보면, 관련 질의를 한 고메다 의원이 계속하여 추궁하지 않았기에 방청석에 있던 기자들도 이를 크게 의식하질 못했던 모양이다.

외무성 전신안
총 제34073호(제667△호)
기안 1969.7.23.(7.23. 10:44 발신)
매우시급
발신 외무대신
수신 재한국 대사
전달 재제네바 대사, 재소연방 대사
건명 북조선귀환

왕전 제666호에 관해
　23일자 조간 각지 모두 사이고 법무대신의 답변에 관해 전혀 보도하질 않았다.

194

외무성 전신안
총 제34066/34067호(합 제2647호)
기안 1969.7.22.
보통
발신 외무대신
수신 재제네바 나카야마 대사, 재소련 나카가와 대사
건명 북조선귀환

한국에 보낸 왕전 제666[△]호를 전달

195

외무성 전신안
총 제34074/34075호(합 제2648호)
기안 1969.7.23.
보통
발신 외무대신
수신 재소련 나카가와 대사, 재제네바 대표부
건명 북조선귀환

한국에 보낸 왕전 제667[△]호를 전달

196   일적은 사전 회의를 위해 외무성을 찾아와 재모스크바 대사관에 협조를 지시해 달라고 요청한다. 이에 외무성은 주소련 대사에게 적십자 직원들에 대한 편의를 제공해 줄 것을 요청하며, 이 사전 회의에 앞서 각 부처가 모여 ①금번 회의는 단기간으로 하고 일본 측의 의견을 밝히지 않으며 ②본건에 대한 기밀을 엄수하기로 협의한 내용을 전달한다.

외무성 전신안
총 제35349호(제1090[△]호)
기안 1969.7.30.(7.30. 10:34 발신)
매우시급
발신 외무대신
수신 재소련 나카가와 대사

전달 재한국 대사, 재제네바 대사

건명 북조선귀환

왕전 합 제2608호에 관해

1. 29일 다카스기 일적 외사부장은 아시아 국장을 찾아와 '17일자 일적 제안에 대해 이미 북조선에서 동의한다는 회답이 와서, 31일에 모스크바에 가서 조적 대표와 회합하게 되었다. 이에 재모스크바 대사관에 신세를 져야 할 것 같은데 모스크바 대사관에 연락을 잘 부탁드린다.'고 의뢰를 했다.

2. 본 비공식 접촉 건에 관해서는 일적이 독자적인 입장에서 제안한 것으로, 우리에게도 사전에 □□ 연락이 없기는 했지만, 30일 관계 각성(법무성 입관국장, 외무성 아시아국장, 후생성 원호국장) 간에 협의한 결과, 이하 2건에 관해 기무라木村 관방 부장관에게 이야기하고, 기무라 부장관이 이를 일적에 전달申し渡し하기로 했다. (본 전달은 30일 오후 5시경에 행해졌다.)

   (1) 비공식 접촉의 성격

   조선적십자와의 교섭은 문서(전보, 서신)로 행하며 "회담"은 행하지 않는 것이 기존 방침으로, 한국에 대해서도 이를 밝힌 바가 있다. 따라서 (가) 금번 접촉은 어디까지나 일적의 3월 제안(ICRC를 경유하는 안)을 설명하며 상대의 의향을 듣는 선에만 그치고, 일본 측의 입장을 조금이라도 commit하지 말 것, 그리고 이것을 상대에게 분명히 해둘 것. (나) 접촉 기간은 가급적 단기간으로 하고, 헛되이 상대에 페이스에 말리지 말 것.

   (2) 기밀 엄수

   본 접촉 건의 기밀을 엄수해야 함은 말할 것도 없지만, 이에 관해 보도가 나올 때는 다양한 반응이 예상되므로, 그 상황 여하에 따라서는 일본 정부가 일적에게 접촉을 중단하라고 요청하는 일이 있을 것이다.

3. 일적 다카스기 *** 외사부장과 외*** *** 외사과장, 통역 나*** *** 이 3명은 31일 JAL/SU441편으로 소련貴地에 도착할 예정이다.

　따라서 일행의 숙소宿舍의 유보留保 및 기타 사항에 관해서는 소련적십자사에 의뢰를 마쳤다곤 하지만, 체류할 때에 귀관에서 적절히 편의 제공(귀관 경유 전보 수발신을 포함)을 해 주길 바란다.

　또한 본 건 접촉 경위를 고려하여, 다카스기 □□□□□ 전보는 전부 특별 비밀特秘 취급으로 해 주시길 바란다.

한국, 제네바에 전달함.

197　　외무성이 재소련 대사에게 보내는 외무성의 방침과 견해를 적은 문서이다. 196 문서와 크게 다를 바 없이 본 회의는 회담이 아니며 일본 측의 입장을 내지 말고 비밀을 엄수할 것을 강조하였다.

외무성 전신안
총 제35507호(제1093호)
기안 1969.7.31.(7.31. 20:31 발신)
시급
발신 외무대신
수신 재소련 나카가와 대사
전달 재한 대사, 재제네바 대사
건명 북조선·귀환

왕전 제1090호에 관해
　본 비공식 접촉 건의 소련貴地 개최에 관해 귀직貴使도 갑작스러운 느낌을 받으셨으리라 짐작되나, 북조선귀환 문제에 관한 현재 우리의 대처 방침, 이번 접촉에 관한 우리 견해 등은 하기(1) 이하와 같으니,

이들 사항에 유의하면서 필요하다면 다카스기 외사부장을 적절히 지도해 주시길 바란다.

(1) 이번 비공식 접촉은 머리의 왕전 2. (1)과 같이 어디까지나 "회담"이 아니라고 하는 방침을 관철해야 한다.

(2) 일적이 이번 접촉을 기획한 것은 인도적인 입장에서 북조선 귀환 촉진을 도모했다기보다는 도리어 이스탄불 국제회담 자리에 조적 측이 본건을 갖고 와 대일비난공작을 행할 경우에는 대항할 자신이 없으니 사전에 조적을 달래는慰撫 것에 주안을 둔 것으로, 이를 위해서는 현안으로 삼고 있는 조적 대표의 입국 수속에 관해 양보하는 것도 어쩔 수 없다고 생각했던 것 같은데, 이에 대해서는 머리의 왕전 2. (1)과 같이 정부가 범주를 제한시켰다.

(3) 이번 비공식 접촉의 비밀이 엄수되는 것은 한국과의 관계에 있어서도 매우 중요한데, 만일 소련現地에 있는 일본인 특파원이 탐지하여 질문을 하게 되면, '본 접촉 건은 일적의 독자적인 판단으로 양 적십자의 사무 레벨에서 토의가 이루어지는 것이므로 정부는 그렇게 중요하게 생각하진 않고 있습니다. 이것이 보도play up되면 북조선귀환 문제 전반의 해결에 쓸모없는 혼란을 초래할 염려도 있으니 가급적 보도를 자제해 달라.'고 설명해 주길 바란다.

(4) 또한 당부는 북조선귀환 교섭에서 일조 양 적십자 간에 합의가 성립되는 것은 올해 11월 사토 총리의 방미 이후로 하는 편이 좋다고 생각한다. □□도 우리 쪽은 일적이 이 단계에서 새로운 양보를 하며 합의 성립을 도모한 결과, 그 실시 시기가 앞당겨지는 것은 피하고자 한다. (이 항목은 귀직이 잘 염두해 두시길 바란다.)

198

외무성 전신안

총 제35508/35509호(합 제2745호)

기안 1969.7.31.
보통
발신 외무대신
수신 재한국 가네야마 대사, 재제네바 나카야마 대사
건명 북조선귀환

소련에 보낸 왕전 제1093[△]호 전달

199　　　외무성에서 기밀 유지를 강조했는데 모스크바에 있는 NHK와 마이니
찌 특파원이 본건에 대한 자세한 사건을 알고자 접근을 하는 일이 발생하였다.
본 문서는 이에 대한 보고를 하는 내용이 실려 있다.

전신사본
총번호 (TA)34193　　　주관 아북
69년 8월 7일 13시 05분 소련 발
69년 8월 7일 19시 19분 본성 착

　　　　　　　　　　　　　　　　　　　　나카가와 대사
외무대신 님

북조선귀환
제2279호 극비 매우시급
귀전 아북 제1093호에 관해
당지 마이니찌每日와 NHK 특파원이 각각 6일 대사관 직원館員에게,
본사가 내린 지령에 따라, 소련当地에 체제중인 일적 대표의 동정에
관한 문의를 했다.(북조선적십자 대표의 래□来バク에 관해서도 이미
확인을 마쳤다고 함)
이에 대해 직원(오***)는, '정부는 직접 관여하질 않는데, 아무튼 교섭

을 위해 와 있는 것은 아니다.'고 간단히 대답했다고 한다.

200 일적 부장 다카스기의 보고를 전달하는 내용으로 회의는 3일간 행해 지고 예비적 회합이므로 무엇도 결정치 않을 것이며 비밀을 엄수할 것을 조적에 전달하였다. 그리고 북적은 내용의 변경과 이를 명문화할 것을 주장하였으나, 일 적은 초안의 어휘를 수정할 것을 요구하며 난항을 예고한다. 본문에서 이야기하 는 ~안이란, 해당 월에 나온 제안을 이야기하나, 본 문서철에는 이에 대한 기록이 남아 있지 않다.

전신사본
총번호 (TA)34240　　　　주관 아북
69년 8월 7일 18시 30분 소련 발
69년 8월 1일 01시 08분 본성 착

　　　　　　　　　　　　　　　　　나카가와 대사

외무대신 님

북조선귀환

제2281호 특히 비밀 매우시급
귀전 아북 1112호에 관해
　7일 오전 다카스기 일적 부장이 본직(오*** 배석)에게 이야기한 바 는 다음과 같았다.
1. 상대와의 접촉은 4일에 행해지는데, 이후 6일까지 매일 행해진다.
2. 회합 개시에서 일적 측이 '본 건 회합은 비공식적인 것, 앞으로 행 해질 정식 회담의 준비적이고 예비적인 회합이므로 어떤 결정이나 합의를 행할 목적이 아닌 것, 이번 회합을 행한다는 사실을 포함해 내용은 엄중히 비밀을 지킬 것'이라는 세 가지를 말하였고, 상대는

이를 양해했다.

3. 일적 측이 "9월 28일의 안案에 대하여 북조선이 12월 3일자로 회답을 하였다. 이에 따라 일적은 노력 목표의 구체적인 방안으로서 3월 3일 안案을 제시했는데, 3월 10일자로 매우 냉정スゲナイ한 회답이 와서 낙담하였다. 북조선 측에서 3월 3일 안案에 관해 어떤 오해가 있는 것처럼 생각된다."고 하며, '3월 안이 적십자 국제위원회를 경유함에 따라 모스크바나 나홋카에 북조선 대표가 가는 것을 모면케 하여 명확히 수속을 간소화하는 것'이라고 설명했다.

4. 이에 대해 북조선 측은 본 귀환 문제는 일조 양자 간의 문제로, 제삼자의 개입은 허용할 수 없기에 3월 안은 수용할 수 없다고 명확하게 밝혔다.

5. 일적 측이 '3월 안에 대한 수락이 불가능하다면 9월 안의 원칙으로 돌아가겠다.'고 말했더니, 북조선 측은 '3월 안보다야 9월 안이 그나마 나으나, 일적에서 노력 목표를 구체적으로 제시해야 한다.'고 재차 말했다. 6일 회합에서 일적이 '콜롬보 회의는 결렬되었기에 수속 간소화에 관한 의무는 발생하지 않는다.'고 강조하였다. 동시에 이야기를 진전시키는 의미로서 다카스기가 순전히 개인적인 생각私案이라며 "'일적이 증명서를 발급하고, 그 증명서를 지참한 북조선 대표를 니가타에서 받아들인다."고 하는 노력 목표를 생각해 볼 수 있다.'고 말했다.

6. 이에 대해 북조선 측이 '이 노력 목표는 문서화하지 않으면 "헛것空"과 다름없다.'고 말하자, 일적은 '문서화할 생각은 없다.'고 대답하며 '북조선 측이 회담을 계속할 수 없다고 하는 거라면 우리들도 귀국하겠다.'고 말했다. 이에 대해 북조선 측은 다카스기의 개인적인 생각을 검토해 보겠다며, 다음 회담 일정은 북조선 측에서 연락하겠다고 말했다.

7. 본 회합의 개시에 앞서, 일적 측은 우선 '북조선 측이 말하는 초안 가운데 약간의 NAMES AND WORDINGS의 변경을 의제로 삼고

싶다.'고 주장했는데, 상대는 '"노력 목표의 구체화"를 우선 토의해야지 문장을 다듬는 문제는 큰 문제가 아니다. "노력 목표의 구체화"가 해결되면 어려움 없이 해결을 볼 것이다.'고 말해, 결국 문장을 다듬는 것은 토의되질 않았다.

8. 본직은 다카스기 부장에게 '회담 체결을 서두를 필요는 없으며, 도리어 이번에는 상대가 어떻게 나오는지出方를 살펴만 보고, 기회를 봐서 회담을 중단시켰다가 다음으로 미뤄야 한다.'고 충고했다.

201　　200 문서 5번 항목 중에 다카스기 부장이 일적이 북조선 대표에게 증명서를 발급하는 것에 대한 이야기를 하는데, 실상 이는 일부 협의가 된 이야기였다. 이에 대해 외무성은 정확히 의견이 정리되기 전에는 합의를 보지 말도록 지시한다.

전신사본

총번호 (TA)34241　　　　　주관 아국장
69년 8월 7일 18시 40분 소련 발
69년 8월 8일 01시 14분 본성 착

　　　　　　　　　　　　　　　　　　나카가와 대사

외무대신 님

북조선귀환

제2284호 특히 비밀 시급(우선 처리)
왕전 제2281호에 관해
우** 사무차관에게
　수속 간소화에 관한 다카스기의 개인적인 생각私案을 상대에게 제시한 것에 관해 다카스기 부장의 설명에 따르면 '이 방법便法에 관해서는 내각(기무라 부장관)과 법무성(사무차관) 내부에서 은밀한 수락內諾을 받았다.'고 한다. 본직이 다카스기 부장에게 '일본 각 관청의 의견이 정리되기 전에 북조선 측과 사실상이라도 합의에 이르는 것은 매우 위험하며, 일적이 궁지에 빠질 가능성도 있으니 상대가 어떻게 나오는지出方를 보았다가 적당한 지점에서 일단락지어야 한다.'고 충고하였다.

202 외무대신이 사전 회의가 미디어에 보도될 경우를 대비하여 진행상황에 대한 진척상황을 보고할 것을 지시하고 있다.

외무성 전신안
총 제36649호(제1112호)
기안 1969.8.7.(8.7. 20:30 발신)
매우시급
발신 아이치愛知 대신
수신 재소련 나카가와 대사
건명 북조선귀환

귀전 제2279호에 관해
  4일 이후 양 적십자 간에 접촉이 행해졌으리라 생각想像되는데, 본건이 보도될 경우에 우리가 명심해야 할 바를 알고자 하니, 진척 상황을 바로 답신하기 바란다.

203

외무성 전신안
총 제36791/36792호(합 제2844호)

기안 1969.8.8.
보통
발신 외무대신
수신 재한국 가네야마 대사, 재제네바 나카야마 대사
건명 북조선귀환

소련에 보낸 왕전 제1112호(36649)를 전달함.

204

외무성 전신안
총 제36815/36816호(합 제2846호)
기안 1969.8.8.
보통
발신 외무대신
수신 재한국 가네야마 대사, 재제네바 나카야마 대사
건명 북조선귀환

소련에서 온 래전 제2281호(총번호 34240)를 전달함.

205

외무성 전신안
총 제36817/36818호(합 제2847호)
기안 1969.8.8.
보통

발신 외무대신
수신 재한국 가네야마 대사, 재제네바 나카야마 대사
건명 북조선귀환

소련에서 온 래전 제2284호(총번호 34241) 전달함.

206

외무성 전신안
총 제36819/36820호(합 제2848호)
기안 1969.8.8.
보통
발신 외무대신
수신 재한국 가네야마 대사, 재제네바 나카야마 대사
건명 북조선귀환

소련에서 온 래전 제2279호(총번호 34193)를 전달함.

207

외무성 전신안
총 제36884/36885호(합 제2853호)
기안 1969.8.8.
보통
발신 외무대신
수신 재한국 가네야마 대사, 재제네바 나카야마 대사

건명 북조선귀환

소련에 보낸 왕전 △제1117호를 전달함.

208

외무성 전신안
총 제36915/36916호(합 제2855△호)
기안 1969.8.8.
시급
발신 아이치 대신
수신 재소련 나카가와 대사, 재제네바 나카야마 대사
건명 북조선귀환

한국에 보낸 왕전 제715△호를 전달함.

239   한국에서 온 연락으로, 조선일보가 NHK의 보도를 전하였음을 보고하고 있다 요약하자면, 현재 다카스키 부장을 필두로 모스크바에서 교섭을 진행하고 있는데 일적이 새로운 방안을 제출하였고 교섭이 개재될 가능성이 높아졌다고 되어 있다. 일적의 새로운 방안이란, 201 문서에서 이야기하는 다카스키 부장의 사안일 가능성이 높아 보인다.

전신사본
총번호 (TA)34329   주관 아북
69년 8월 8일 12시 00분 한국 발
69년 8월 8일 12시 25분 본성 착

외무대신 님

북조선귀환

제894호 평 시급

1. 8일자 조선일보는 도쿄발 교도통신전共同通信電을 인용하며 본 건에 관한 NHK의 7일자 보도를 크게 보도했는데, 그 요지는 다음과 같다.

   (1) 7일 NHK 방송은 모스크바 NHK 특파원발 보도로 '재일교포 북송 재개을 위한 본격적인 교섭이 재개될 가능성이 높아졌다.'고 전했다.

   (2) 모스크바 주재 미대사관 관계자筋는 '다카스기 일적 외사부장을 단장으로 하는 대표단이 1일부터 모스크바에서 본 건에 관해 북조선적십자회 대표와 비공식적으로 교섭을 진행하고 있다.'고 밝혔다.

   (3) 한편 모스크바 주재 일본대사관은, '일적은 이미 북조선에 북송 재개을 위한 새로운 방안을 제출하였고, 이에 따라 정식회담이 재개될 전망이 짙어졌다.'고 말했다. (또 상기(2)에 미 대사관이라고 되어 있는 것은 일본대사관의 오보로 보이는데, 당지에서 입수한 교도통신에는 일본대사관이라고 되어 있다.

2. 동일하게 한국일보는 동 신문사 도쿄특파원 전신電으로 NHK 방송 내용을 전하면서, 도쿄에 있는 강영경(역: カンエイケイ 불명) 공사는 우선 '사토 총리가 북조선과의 북송회담은 향후 하지 않겠다고 발언하셨음을 고려하여, 일본 측은 본건이 일한 양국 간의 외교적 분쟁이 되지 않게끔 해야 할 것'이라고 말했다고 보도했다.

209

외무성 전신안
총 제36917/36918호(합 제2857호)
기안 1969.8.8.
시급
발신 외무대신
수신 재소련 나카가와 대사, 재제네바 나카야마 대사
건명 북조선귀환

한국에서 온 래전 제894호(34329)를 전달함.

240 　　　본 문서철에 별도로 스크랩이 되어 있진 않으나 8일 요미우리 조간에 양 적십자사의 사전회의가 보도되었다. (212문서) 이에 주한대사가 보내온 문서로, 양 적십자가 접촉된 사실이 유출된 것은 재소련 대사관으로 추정하며 본 사전회의에 대한 한국 측의 문의에 어떻게 대응하면 좋을지 묻고 있다.

전신사본
총번호 (TA)34362　　　　　주관 아북
69년 8월 8일 16시 20분 한국 발
69년 8월 8일 17시 00분 본성 착
　　　　　　　　　　　　　　　　　　　가네야마 대사

외무대신 님

북조선귀환

제896호 극비 시급

왕전 제894호와 귀전 아북 제666호에 관해

(1) 모스크바에서 일조 양 적십자가 접촉한 사실이 유출된 것은 우리 측 재소련 대사관에서 유출된 것처럼 보도되는데, 본 건의 경위를 시급히 조사한 다음에 무슨 일인지 회신하길 바란다.

(2) 한국 측이 본직에게 조만간 반드시 문의를 해올 것 같은데, 사태가 이렇게 되면 머리의 귀전 말미의 지시来示와 같이 "이 같은 사실은 알지 못했다."고 하는 것만으로 아무래도 대응하기 어려운 바이니, 한국에 대한 응답 형태에 관해 더불어 회신해 주길 바란다.

210

외무성 전신안
총 제36920/36921호(합 제2858호)
기안 1969.8.8.
시급
발신 외무대신
수신 재소련 나카가와 대사, 재제네바 나카야마 대사
건명 북조선귀환

한국에서 온 래전 제896호(총 번호34362)를 전달함.

211 201 문서에서 다카스키 부장의 증명서 제안 관련 보고를 받고 외무성에서 보낸 지시 내용으로, 그 어떤 의견도 사전에 내는 것을 자제할 것을 지시하고 있다.

외무성 전신안

총 제36883호(제1117△호)

기안 1969.8.8.(8.8. 19:19 발신)

매우시급

발신 아이치 대신

수신 재소련 나카가와 대사

전달 재한국 가네야마, 재제네바 나카야마 대사

건명 북조선귀환

귀전 제2281호에 관해

다카스기 부장에게 이하를 전달하시길 바람.

"설령 개인적인 생각私案이라는 형태라도 결국 일본 측의 입장을 COMMIT하는 것도 있으니, 증명서 문제에 관해서는 이 이상 깊이 들어가는 것은 피하시길 바란다. 또 출발 전 논의한 대로 조금이라도 일본의 입장을 COMMIT할 염려가 있을 때는 논의를 적당히 일단락 지으시길 바란다.

또한 상기 내용은 기무라木村 부장관과 상담한 후에 내린 결론으로, 아즈마東 사장도 알고 계신다."

212　8월 8일 요미우리 신문에 본 사선회의에 관한 기사가 게재되었는데, 본 기사에 '교섭 재개에 관해 일본이 안을 제출하였다'고 되어 있었다. 이에 주일 대사가 외무성에 찾아와 이에 대해 설명을 요구하였고, 이에 이는 오보일 뿐이며 협정을 맺으려는 것이 아닌 사무 레벨의 접촉이며 새로운 제안을 하는 게 아니라고 강조하며 돌려보냈다. 그리고 이와 같은 내용을 주한 대사관에게도 일러주며, 같은 식의 응대를 할 것을 요청한다.

외무성 전신안

총 제36914호(제△715번)

기안 1969.8.8.(8.8. 20:33 발신)

시급

발신 아이치 대신

수신 재한국 가네야마 대사

전달 재소련 나카가와 대사, 재제네바 나카야마 대사

건명 북조선귀환

귀전 제896호에 관해

1. 8일자 요미우리 신문 조간은 모스크바 지국발㿼로 본건에 관해, "이 미 일본 측은 정식 교섭 재개에 관한 일본의 안을 제출했다고 한 다."고 보도했다. (일본어 신문 일부卸字紙(역: 다른 나라에서 발행되는 일본 어 신문)가 9일 조간에서 보도할 수도 있다.)

2. 도쿄 대사관 강姜 공사는 이에 관해 8일 오후 스** 국장을 찾아와 설명을 요구하였다. 이에 대해 스** 국장은 모스크바에서 지금 다 카스기 부장이 행하는 접촉 사실을 인정하면서, 그 성격에 관해서 는 이것이 교섭을 했던 종래의 회담과 달리, 일적의 독자적인 이니 시아티브initiative에 의한 완벽한 사무 레벨의 접촉인 점, 따라서 콜 롬보 회담의 수준line을 넘는 새로운 제안을 하는 것이 아니라, 단 순히 기존에 전보 왕복을 통해 충분한 의사소통이 이루어지지 않 았던 부분에 관해 일본 측이 설명하고 조적의 의향을 확인하는 데 에 그치는 것으로, 교섭 재개에 관한 새로운 제안을 했다고 하는 상기 보도는 전혀 근거가 없는 것인 점 등등을 설명하였다. 동시에 '그렇지만 북조선 귀환 문제에 관한 일본의 기본적인 입장은 종래 부터 누차 한국에 전달한 바와 같이, 적어도 콜롬보 회담의 수준line 에 따르는 조치를 취한다면 귀환을 희망하는 자들은 귀환시킬 수 밖에 없으니 이 점은 알아주시길 바란다.'고 부언했다.

3. 따라서 귀직에 대해 한국 측이 문의를 해도 상기 2.의 선line에서 응대하시길 바란다.

4. 머리의 귀전 (1)에 관해서는 소련 래전 제2279호로 이해해 주시길
   바란다.

213　　다카스기 부장이 일적 사장에게 보고하는 내용이다. 6회 토의라고 하
지만 정작 보고서에는 1호라고 기재되어 있다. 그동안 회의가 있었는데 보고가
이루어지지 않은 것인지? 본 문서철만으로는 알 수 없다. 주된 안건은 조적 대표
의 입국 간소화와 이를 명문화하는 문제이다. 9월 28일안 가운데 '일적이 노력하
겠다'라고 되어 있는데, 조적은 이로선 협정이 종료된 이후에 대표가 입국이 불가
능케 되는 것이라고 주장하고 있지만, 일적은 이미 서로 상호합의하에 결정된
것이라며 이를 거부한다.

전신사본
총번호 (TA)35254　　　　　주관 아국장
69년 8월 13일 23시 00분 소련 발
69년 8월 14일 07시 01분 본성 착

　　　　　　　　　　　　　　　　오와다人和田 임시대리대사
외무대신 님

북조선귀환

제2332호 특히비밀 시급
귀전 아북 제1135호에 관해
다카스기가 일적 아즈마 사장에게(제1호)
1. 8월 13일 오전 10시부터 12시까지 제6회 토의를 행했다.
2. 시작할 때에 조적이 "이 비공식 회담은 일적에서 제창하셨으니, 당
   신貴方들이 뭔가 좋은 해결 방법을 갖고 왔을 것이라 기대하고 우리
   들도 여기에 왔다. 우리는 지금이라도 당신들이 꼭 좋은 방안을 제

기할 것이라 기대하고 있다."고 이야기해서, 우리가 "우리는 처음부터 당신들의 입장을 존중하여 입국 수속에 관해 있는 그대로를 솔직하게 전부 이야기하였다. 이 이상 새로운 것은 없음을 분명히 말해 두겠다. 혹시 몰라서 한 번 더 말하겠는데, 당신들 대표의 입국 수속에 관한 우리의 생각은 9월 28일 우리 제안에 적힌 그 문장 그대로 정리하면 된다. 이 가운데 '타당한 고려가 행해지도록 일적은 노력한다.'고 하는 노력 목표는 전에 이야기한 대로 이러이러한 것이라고 하는 내용을 반복하여 설명하여, 일적이 이같은 구상을 갖고 있음을 당신들이 염두에 두고 9월 28일의 문장으로 정리한 것이다. 이 이상 이야기를 정리하기 어려울 것 같다. 아무쪼록 이 선에서 재고해 주길 바란다."고 조적을 압박했다.

3. 이에 대해 조적은 1) 9월 28일 회담 요록안 Ⅲ의 3 문장에서는, 일적이 콜롬보에서 약속한 대로 책임을 갖고 노력한 흔적이 없다. 합의 문서에 간소화에 관련된 내용을 기입하지 않고서 어떻게 믿을 수 있겠는가? 향후 간소화할 수 있다는 어떤 보장도 없지 않은가?

2) 또 Ⅲ의 4에는 "...일본적십자사도 동 대표 3, 4명이 입국 허가되도록 노력하겠다."고 되어 있는데, 이 문장도 대표 입국허가를 보장하는 것은 아니다. 4명이 신청을 해도 1명이 허가를 못 받거나, 또 4명 전부 다 허가를 못 받거나 하면, 변경하여 신청代わりの申請을 할 수 있다곤 해도 또 1개월이나 2개월을 기다리게 되고, 귀국선은 니가타에 가질 못하게 된다.

3) 증명서를 수취하러 모스크바, 나홋카에 가면 된다고 하는데, 이는 일반 외국인과 동일하든가 혹은 더 복잡한 수속이다. 결국 오늘 일적이 말한 것처럼 9월 28일의 수준線으로 받아들이면 17,000명의 귀국이 6개월에 끝난 다음에는 대표가 입국할 수 있냐 없냐로 종국에는 흐지부지되어서 귀국을 실시하질 못하게 되는 것은 자명한 일이다. 9월 28일의 수준線대로 하는 것은 받아들일 수 없다."고

말했다.

4. 그래서 우리는 조적이 이야기한 위 세 가지에 대하여 각각 지금처럼의 논지로 반박하였고 그와 동시에 "9월 28일의 제안대로 받아들일 수 없겠다고 한다면, 우리는 이 이상 말씀드릴 것이 없다. 또한 우리 쪽의 거듭된 요구에도 불구하고, 당신들은 명칭과 표현言いまわし에 관해서도 의견을 표명하시질 않았다. 이런 식이면 이 이상 토의를 계속해도 의미가 없으니, 이번 토의는 마무리 지을 수밖에 없게 된다."고 말했다.

5. 조적은 여기에는 대답하지 않고 '일적을 신용하지 못하는 일례로서, 이번 비공식 절충은 극비로 해 달라고 일본 측이 말했으면서 일본에서 이 사실이 공표되어, 8월 9일에 교도共同통신, 그 외에 요미우리, NHK 등에서 보도가 되었다. 이 결과에 대해 일본 측이 책임을 져야 하며, 또 엄중하게 항의하겠다. 그리고 이 사실이 새어 나간 경위를 해명하도록 요구하겠다'고 이야기해서, 우리는 "우리는 외부에는 절대로 발표하지 않았고, 도쿄에도 그렇게 전했다. 보도의 유무나 내용에 관하여 우리들은 전혀 알지 못한다."고 대답했다.

6. 우리는 거듭 "현 상태로는 이 토의를 중단할 수밖에 없다. 당신들이 대표의 입국 문제에 관해 우리가 설명한 선에서 재고하든가, 아니면 명칭, 표현에 관해 이야기할 것이라면 연락해주길 바란다."고 이야기를 본래 주제로 되돌렸는데, 조적 측이 '먼저 이야기가 새어 나간 문제에 대해 해명해야 한다.'고 고집을 부렸기에 이 문제를 포함하여 내일 모레 10시부터 다시 토의를 행하기로 했다.

214 다카스기 일적 부장의 두 번째 보고에 해당하며 같은 날에 행해진 회의 내용을 다루고 있다. 보고 연번으론 2번째인데, 발신 시간은 첫 번째 보고(213 문서)보다 빠르다. 단순한 지연으로 보인다. 213 문서에서 조적이 일적을 신뢰하

지 못하는 이유로서 언론에 노출이 된 점을 들고 있는데, 이에 대한 대응책을 강구하며 해당 기사에 대한 정보를 보내줄 것을 요구하고 있다.

전신사본

총번호 (TA)35255   주관 아국장

69년 8월 13일 20시 09분 소련 발

69년 8월 14일 07시 09분 본성 착

오와다人和田 임시대리대사

외무대신 님

북조선귀환

제2333호 특히 비밀 시급

귀전 아북 제1135에 관해

다카스기가 일적 아즈마 사장에게(제2호)

  8월 13일의 토의에 관한 왕전 1호 제5항에 관해, 우리는 이것이 토의를 지연시키는 원인이 되지 않도록 내일 모레 15일 토의에서

1) 우리 대표단은 이곳当地에서 비밀유지에 최대의 노력을 기울였고 물론 발표 등은 일절 하지 않았으며, 보도 관계자를 만난 적도 없었던 점

2) 우리 대표단은 8월 4일 토의의 내용, 특히 기밀 유지에 관해 합의한 것은 본사에도 연락하였고, 본사도 이를 외부에 알린 적은 없던 점

3) 기사, 보도 내용으로 보면, 이는 발표에 의한 정확한 내용이 아니라 해설을 하는 추측성 기사에 불과하며, 누가 외부에 알렸다고 할 만한 내용은 아닌 점

4) 어찌하여 이 같은 보도가 나갔는가에 관해서는 현재 불분명하지만, 이 같은 보도가 나간 사실은 유감인 점을 말하고, 단호하게 이 문

제에 관한 이야기를 매듭지을 생각이다. 따라서 이 자료로 8월 9일의 교도통신, 8일의 요미우리와 NHK방송, 기타 무언가가 있다면 합쳐서 날짜(역: 보도 날짜)와 그 내용의 요점만 우리에게 서둘러 타전해 주길 바란다. 또 2)에 관해서는 그처럼 생각하나, 혹시 모르니 본사의 확인을 바란다.

215　　213, 214와 마찬가지로 13일자 보고에 해당한다. 8일 토의 때에 조적 대표 입국 허가 결격사항 중의 일례로 든 것에 대한 자세한 근거 자료를 요구하고 있다.

전신사본

총번호 (TA)35256　　　　주관 아국장

69년 8월 13일 23시 15분 소련 발

69년 8월 14일 07시 10분 본성 착

　　　　　　　　　　　　　　　　　　오와다 임시대리대사

외무대신 님

북조선귀환

제2334호 특히 비밀 시급

귀전 아북 제1135에 관해

다카스기가 일적 아즈마 사장에게(제3호)

　8월 8일 제4회 토의에서 조적 대표의 입국허가에 있어 예상되는 결격조건이 논의에 올랐을 때에, 우리 쪽에서 '기억이 잘못되지 않았다면'이라고 전제하고, '협정 유효 당시 니가타에 내항한 조적 대표의 발언이 신문에 게재되었는데 그 가운데 일본 정부를 비난하는 것처럼 들리는 기사를 읽은 적이 있다.'고 말했다. 이 자료가 만약 있다면 몇

년의 제 몇 차 대표 누가 이러이러한 정치적 언동이 있었다고 구체적으로 알려주시길 바란다. 이들에 관한 당시 신문기사 등이 있다면, 그 신문사 이름新聞名도 덧붙여 연락해 주시길 바란다.

216

외무성 전신안
총 제37658/37659호(합 제2927호)
기안 1969.8.13.
보통
발신 외무대신
수신 재한국 가네야마 대사, 재제네바 나카야마 대사
건명 북조선귀환

소련에 보낸 왕전 제1135△호 전달

217 외무성에서 다카스기에게 내리는 회의 주의 사항이다. 회의 요록에 대한 개정, 즉 대표 입국 간소화에 대한 명시는 개정 불가함을 강조하고 있다.

외무성 전신안
총 제37657호(제1135△호)
기안 1969.8.13.(8.13. 16:46 발신)
매우시급
발신 외무대신
수신 재소련 나카가와 대사
전달 재한국 대사, 재제네바 대사

건명 북조선귀환

왕전 제1117호에 관해
다카스기 부장에게 이하를 전달해 주시길 바란다.

아즈마 사장이 다카스기 부장에게
조적 대표의 입국 허가 수속 간소簡易화에 관해
　"본사가 다음의 훈령을 내렸다고 재차 상대에게 통고하고, 이에 대
한 상대의 의향을 확인하여 대사관 경유로 답장해 주시길 바란다.
(1) 9월 28일 일적이 제안한 "회담요록"은 절대 개정 불가능.
(2) 개정을 고집한다면 토의를 중지할 것."

한국, 제네바에 전달했다.

218　　214, 215 문서에서 다카스기 부장이 요청한 신문 기사에 대한 답변으
로, 214의 유출 경위가 실린 신문 기사의 대략적 내용과 기사에 나온 정보원(源)
을 알리고 있다. 215 결격 사항의 근거로 삼았던 기사에 관해서는 지난 일은 크게
실익이 없다며 정보를 제공하지 않고 있다.

외무성 전신안
총 제38187호(제1148△호)
기안 1969.8.15.(8.15. 19:33 발신)
매우시급
발신 외무대신
수신 재소련 나카가와 대사
전달 재제네바 대사, 재한국 대사
건명 북조선귀환

귀전 제2333호와 제2334호에 관해

아즈마 사장이 다카스기 부장에게

1. 귀전 제2호 (2)에 관해

　　본사에서 이번 토의에 관해 이야기를 누설한 일은 일절 없음을 확인하였다. 또 정부 라인筋에서도 발표한 사실은 확인되지 않는다.

2. 귀전 제2호 (4)에 관해

　(1) 8일 요미우리 신문 기사 요지는 다음과 같다.

　　　"모스크바 지국 7일발發" 귀환문제에 관해 일본과 북조선 대표의 비공식 교섭이 모스크바에서 열리고 있는데, 양 적십자 간의 정식 교섭이 재개될 전망이 높아지고 있다. 이 비공식 교섭은 이번 달 초부터 일적 다카스기 외사부장, 북조선적십자 박 섭외부장 간에 행해지는 것으로 이미 일본 측은 정식교섭 재개에 관한 일본의 안案을 제출했다고 한다. (이하 생략)

　(2) 8일 아침 NHK 텔레비전과 라디오 방송도 상기 (1)과 같은 내용이다.

　(3) 9일자 마이니치, 산케이, 도쿄 각 신문은 "정부 라인筋에 따르면 (기무라 부장관의 이야기에 따르면) 일조 양 적십자 대표단이 이번 주 초부터 모스크바에서 비공식적으로 접촉하고 있다."고 하는 기사를 게재하였는데, 이 기사는 전술한 8일자 요미우리와 NHK 보도에 관해 각 신문사들이 질문을 하자 부장관이 이에 대답한 것으로서, 절대로 부장관이 발표한 것이 아니기에 오해 없길 바란다. 혹시 몰라 이를 알린다.

3. 귀전 제3호에 관해서는 자료를 조사하고 있고 발견되면 뒤이어 연락하겠지만, 본 건처럼 지난 일에 관한 논의를 해봤자 아무 실익이 없으니 적당히 이야기를 끊으시길 바란다.

제네바, 한국에 전달함.

219

외무성 전신안
총 제38188/38189호(합 제2964호)
기안 1969.8.15.
보통
발신 외무대신
수신 재한국 가네야마, 재제네바 나카야마 대사
건명 북조선귀환

소련에 보낸 왕전 제1148△호를 전달함.

220

외무성 전신안
총 제38372/38373호(합 제2971호)
기안 1969.8.15.
보통
발신 외무대신
수신 재한국 기네야미, 재제네바 나카야마 대사
건명 북조선귀환

소련에서 온 래전 제2334호(총35256)를 전달함.

221

외무성 전신안

총 제38374/38375호(합 제2972호)

기안 1969.8.15.

보통

발신 외무대신

수신 재한국 가네야마, 재제네바 나카야마 대사

건명 북조선귀환

소련에서 온 래전 제2333호(총 35255)를 전달함.

222

외무성 전신안

총 제38376, 38377호(합 제2973호)

기안 1969.8.15.

보통

발신 외무대신

수신 재한국 가네야마, 재제네바 나카야마 대사

건명 북조선귀환

소련에서 온 래전 제2332호(총 35254)를 전달함.

223   다카스기 부장의 네 번째 보고로 제7회 토의 내용을 보고하고 있다. 217 문서의 지시대로 개정이 절대로 불가능함을 밝히자 조적은 생각할 시간을 달라고 요청하고 있다.

전신사본

총번호 (TA)35987   주관 아국장

69년 8월 19일 12시 35분 소련 발
69년 8월 19일 19시 11분 본성 착

오와다 임시대리대사

외무대신 님

북조선귀환

제2365호 특히 비밀
왕전 제2334호에 관해
일적 다카스기가 아즈마 사장에게(제4호)

1. 15일에 예정되어 있던 토의는 일적 측의 사정에 의해 연기되고, 18일 오전 10시부터 오후 1시 15분까지 제7회 토의를 가졌다.

2. 조적 대표의 입국 수속 간소화 문제에 관해 우리는 13일 사장이 보낸 전신電의 취지主旨를 상대에게 통고했다.

　이에 대해 상대는 '현재 신중하게 검토중이니 조금만 기다려 달라.'고 해서, 우리가 "대표 입국 문제에 관해 우리는 이미 더 이상 말할 게 없다. 우리의 시간도 한정되어 있다. 언제까지나 기다릴 순 없다."고 재촉했더니, 상대는 '신중하게 검토하게 해 달라, 그렇지만 가급적 빨리 답변을 주겠다.'고 대답했다.

3. □전せつ電 1호 5의, 교도, 요미우리, NHK 등의 부두 문제에 관해 우리가 15일날 발신한 사장의 전신 내용과, 13일날 발신한 □전せつ電 제2호의 취지主旨를 말하며 본 건의 논의를 중단했다. 그리고 그 자리에서その際 향후에도 쌍방이 비밀을 엄수키로 약속했다.

224　상기 223 문서 3번에서 서로 비밀을 유지하기로 약속을 하고 있는데, 본 문서에서는 이에 대한 당부를 부탁하고 있다.

전신사본

총번호 (TA)35988   주관 아국장

69년 8월 19일 12시 40분 소련 발

69년 8월 19일 19시 11분 본성 착

오와다 임시대리대사

외무대신 님

북조선귀환

제2366호 특히 비밀

왕전 제2365호에 관해

일적 다카스기가 아즈마 사장에게(제5호)

□전せ그電 제4호 3 말미에 관해

　이 같은 보도가 어떤 경우에도 다시금 일본 측에서 나가는 일이 없도록, 아무쪼록 향후에도 더더욱 만전을 기해 주시길 바란다.

225

외무성 전신안

총 제39007/39008호(합 제3023호)

기안 1969.8.21.

보통

발신 외무대신

수신 재한국 가네야마 대사, 재제네바 나카야마 대사

건명 북조선귀환

소련에서 온 래전 제2366호(총35988)를 전달함.

226

외무성 전신안
총 제39009/39010호(합 제3024호)
기안 1969.8.21.
보통
발신 외무대신
수신 재한국 가네야마 대사, 재제네바 나카야마 대사
건명 북조선귀환

소련에서 온 래전 제2365(총35987) 전달함.

227 다카스기 과장의 5번째 보고로 제8회 토의에 대한 내용을 담고 있다. 마찬가지로 조적은 대표의 입국 허가를 명문화해 줄 것을 요청하고 있는데, 일적은 명문화해 줄 순 없지만 결격사항이 없다면 3~4명에겐 반드시 허가가 나올 것이라며 이를 거절하고 있다. 그리곤 개정이 없는 것에 동의해야 회의를 진행하겠다며 회의를 마무리 지어 버린다.

전신사본
총번호 (TA)36692　　　　주관 아국장
69년 8월 22일 17시 05분 소련 발
69년 8월 23일 01시 19분 본성 착

　　　　　　　　　　　　　　　　　　나카가와 대사

외무대신 님

북조선귀환

제2404호 특히 비밀

왕전 제2366호에 관해

다카스기가 일적 아즈마 사장에게(제6호)

1. 8월 21일 조적의 요청申し배에 따라 오전 11시부터 오후 1시 20분까지 제8회 토의를 가졌다.

2. 조적은 대표의 입국 수속에 관해 9월 28일의 선에서 정리하겠다고 하는 일적わが方의 생각을 신중하게 연구한 결과, 일적이 대표의 입국을 '반드시 허가된다'고 문서에 기입하는 것에 동의한다면 9월 28일의 서간에 기반하여 토의하고 해결할 용의가 있다고 이야기했다.

3. 이에 대해 우리는 '반드시 허가하겠다고 문서에는 기입할 수는 없지만, 결격조항에 해당하지 않는 한 실제로는 대표 3, 4명은 반드시 허가될 것으로 생각한다. 염려할 일은 아무것도 없다. 이 문제는 이미 콜롬보 회담에서도 양해가 되었고, 당신들도 이를 인정하지 않았는가?'며 설명하고 반론했다. (그러나 상대가 납득한 것처럼 보이지 않았다.)

4. 마지막으로 우리는 13일자 사장의 전신電 취지를 반복하며 "당신들은 9월 28일자 선에 동의하는지 아닌지 직접적인 답변을 피하고, 또 명칭이나 표현에 관해서도 우리가 재삼 요구했음에도 불구하고 의견을 표명해 주시질 않았다. 이 같은 상황이면 이 토의를 중지할 수밖에 없다. 다음 주 월요일(25일)을 토의의 마지막 날로 삼고 싶다."고 말했더니, 조적이 도중에 중지하면 안 된다고 버텼다. 그러나 우리가 다시 "25일로 마무리 짓고 싶다. 당신들이 재고를 하시든지, 혹은 명칭과 표현에 관해 말씀하실 것이라면 25일까지 언제든지 연락을 달라. 그러면 토의에 응하겠다."라며 상대에게 키를 넘기는 형태로 오늘 토의를 마쳤다.

228   다카스기 부장에게 내리는 회의 훈령으로, 회의의 진전이 없으면 일단 마무리 짓고 돌아올 것을 지시하고 있다.

외무성 전신안

총 제39557호(제1205△호)

기안 1969.8.23.(44.8.23. 16:20 발신)

시급

발신 외무대신

수신 소련 나카가와 대사

전달 재한국 대사, 재제네바, 재튀르키예 대사

건명 북조선귀환

귀전 제2404호에 관해

아즈마 사장이 다카스기 부장에게

　토의에 수고해 주심을 감사드린다.

　이후 토의는 하기에 따라 진행하시길 바란다.

1. 머리의 귀전 4.와 같이 8월 25일 토의에서 조적이 9월 28일 안案에 동의하지 않는다면 8월 25일을 기해 토의를 일단 중단할 것. 이때 조적에게 강하게 재고를 촉구하고 8월 28일까지 모스크바에서 대기할 것.

2. 9월 28일의 안案에 동의한다면 나머지 토의를 진행하고 8월 30일까지 토의를 마칠 것.

3. 8월 26일, 27일은 도쿄에서 일한각료회의가 개최되니, 토의 내용 등이 누설되어 각료회의에 영향을 주는 일이 없도록 더더욱 신중을 기할 것.

4. 모스크바 체류滯在는 늦어도 8월 30일을 기해 마치도록 하고, 다카스기, 와***는 이스탄불로 향할 것.

한국, 제네바, 튀르키예에도 전달했다.

229

외무성 전신안
총 제39558/39559/39561호(합 제3077호)
기안 1969.8.23.
보통
발신 외무대신
수신 재한국 가와카미 임시대리대사, 재제네바 나카야마 대사, 재튀
　　르키예 다나카 대사
건명 북조선귀환

소련에 보낸 왕전 제1205△호를 전달함.

230

외무성 전신안
총 제39625/39627호(합 제3079호)
기안 1969.8.23.
보통
발신 외무대신
수신 재한국 가와카미 임시대리대사, 재제네바 나카야마 대사, 재튀
　　르키예 다나카 대사
건명 북조선귀환

소련에서 온 래전 제2404호(총36692)를 전달함.

231　　다카스기 부장이 토의가 종료될 것을 대비하여 기항지의 숙소 예약을

요청하는 내용이다.

전신사본

총번호 (TA)36952   주관 아북

69년 8월 24일 20시 30분 소련 발

69년 8월 25일 02시 59분 본성 착

나카가와 대사

외무대신 님

북조선귀환

제2429호 략 시급

다카스기가 일적 아즈마 사장에게(제7호)

23일자 귀전 4.에 관해

　다카스기, 와***는 8월 31일에 이스탄불에 도착할 예정이니 우선 본사에서 튀르키예적십자新月社에 두 명이 31일 도착할 것이라고 통보해 주시고, 27일부터의 호텔 예약을 31일부터로 변경을 의뢰하게끔 조치 부탁드린다.

232　　다카스기 부장의 8번째 보고로 제9회 토의의 내용을 담고 있다. 본 토의가 있었던 25일이 일적이 진전이 없다면 종료하겠다고 예고한 날이었는데, 내용을 보면 조적이 조금 양보하는 내용의 문안을 제시한다. 이는 233 문서에 등장하는데, 일적이 이를 거부하며 회의는 자동으로 마무리된다.

전신사본

총번호 (TA)37096   주관 아국장

69년 8월 25일 21시 00분 소련 발

69년 8월 26일 05시 06분 본성 착

나카가와 대사

외무대신 님

북조선귀환

제2438호 특히 비밀 시급
왕전 제2429호에 관해
다카스기가 일적 아즈마 사장에게(제8호)

1. 오늘 25일 오전 10시부터 11시 50분까지 제9회 토의를 행했는데 이 토의를 기해 이번 비공식 절충을 마쳤다.
2. 시작할 때冒頭에 조적은 대표의 입국 문제에 관해 "반드시 허가하겠다"의 "반드시"를 빼는 것에는 동의했지만, 동시에 이 문제에 관해 문서에 기입한 조적의 최종안을 별전의 안案과 같이 제기했다.
3. 이에 대해 우리는 "당신들의 안案은 내용을 봐도 이미 당신들도 양해를 한 '입국 신청 수속을 밟는 것'과, '입국신청은 그 때마다 해야 한다.'는 우리의 생각과는 큰 간극이 있고, 형식을 봐도 9월 28일 우리 제안에 따르는 회담요록의 개정에 다를 바 없기에, 우리는 이를 수용할 수 없다."며 거절하였다. 그리고 이번에는 우리가 1월 3일자 사장의 전신電 취지에 따라 '9월 28일 우리 제안대로 회담요록을 작성한다는 우리 안을 재고하라.'고 강하게 촉구하며, '이에 대한 동의 여부를 지금 단적으로 대답해 달라.'고 압박했더니, 조적은 '(별전의) 조적 제안이 포함된 문서라면 9월 28일의 일적 초안을 고려해 보겠다.'고 답했다. 이에 따라 우리는 오늘을 기해 이번 토의를 마치겠다고 통고했다. 그리고 우리는 조적 대표에게 '우리 안을 갖고 돌아가서 검토한 후에, 이에 동의할 경우에는 언제라도 일적에 연락해 달라. 우리는 28일까지 이곳에 체류할 테니, 그 안에라도 당신들이 재고를 하시든지, 아니면 명칭이나 표현에 관해

당신들의 견해를 말씀하실 거라면 우리는 이에 응할 용의가 있다.'
고 말하였다. 쌍방 모두 자기의 안에 대한 재고를 상대에게 요망하
였다.

233   232의 별전에 해당하는 내용으로 조적이 작정한 문안에 해당한다.

전신사본

총번호 (TA)37097   주관 아국장
69년 8월 25일 21시 09분 소련 발
69년 8월 26일 05시 23분 본성 착

　　　　　　　　　　　　　　　　　　　　　　　나카가와 대사

외무대신 님

북조선귀환

제2439호 특히 비밀, 시급
왕전 제2438호에 관해
다카스기가 일적 아즈마 사장에게(제8호 별전)
"귀국선이 북조선チョウセン에서 출항하기 전에 조선민주주의인민공화
국적십자회가 일본적십자사에 조선민주주의인민공화국적십자회 대
표단 명부를 전보로 통지하면, 일본적십자사는 재일在日보증인이 되
어 조선민주주의인민공화국적십자회 대표단의 일본입국에 필요한 수
속을 하고, 일본 정부는 조선민주주의인민공화국적십자회 대표단의
니기타 상륙을 허가한다. 대표단의 구성원이 바뀔 때에만 입국수속을
한다.
(비공식 번역문)"

234   다카스기 부장의 9번째 보고로 서로 기밀을 유지하기로 약속하고 회의를 종료시켰음을 보고하고 있다. 문서철에 메모가 추가된 동일 문서가 몇 개 더 있어서, 본서에서는 이를 별도의 문서로 나누지 않고 메모 부분만 모두 하단에 기입하였다. 하나는 단순히 전보의 수신인만을 적은 내용이고 다른 하나는 아시아 국장에게 보낸 메시지인데, 정확한 내용 확인이 불가능하다.

전신사본

총번호 (TA)37189   주관 아북

69년 8월 26일 11시 03분 소련 발

69년 8월 26일 17시 42분 본성 착

나카가와 대사

외무대신 님

북조선귀환

제2441호 극비 시급

다카스기가 일적 아즈마 사장에게(제9호)

왕전 제5호에 관해

　이번 모스크바 토의에 관한 기밀 유지 약속에는 언제까지라고 기한을 정하지 않았기에, 토의를 중단한 후라고 해도 외부에 새어 나가는 일이 없도록 유의해 주시길 바라며, 특히 일한 각료회의와 기타 일한 정부 간의 토의 후의 발표나 담화, 그리고 이스탄불 적십자국제회의 자리 등에서도 이번 토의를 언급하거나 발표하시지 않도록 관계 당국에 부탁해 주시길 바란다.

　　　-memo1-모스크바에서의 토의 관계 전보는 모두 기무라 관방 부장관(□□ 비서관), 법무성 입관국(다** 참사관), 후생성 원호국(후** 서무과장), 경찰청 경비국(나*** 외사과장), 일적 외사부(기** 과장)에게 송부 완료.

　　　-memo2-아시아 국장에게 : 이스탄불의 일적의 토의는 불안하다(역: 心許なし로 보이는데, なし 부분이 불명) 따라서 튀르키예 대사관에 이쪽의 입장을 혹시 모르니 명확하게 통보해 두고, 상기 라인을 통해 일적을 현지에서 지도할 필요가 있다. (역: '필요' 이후는 접합부에 물려 확인이 불가능하다. 추정하여 적어 넣었다.)

235

외무성 전신안

총 제40043/40045호(합 제3104호)

기안 1969.8.27.

시급

발신 외무대신

수신 재한국 가미카와 임시대리대사, 재제네바 나카야마 대사, 재뷔
　　　르키예 다나카 대사

건명 북조선귀환

소련 래전 제2441호(총37189) 전달

236　　콜롬보 회담 중지에 대한 내각관방장관 담화로 본서의 057, 076, 106
문서에서 언급되고 있다.

콜롬보 회담 중지에 관한 내각관방장관 담화

(1월 24일)

1. 작년 11월 27일부터 콜롬보에서 열렸던 북조선 귀환에 관한 일조
　　양 적십자 간의 회담은 타결을 보지 못하고 오늘 중지가 되었다고
　　일본적십자사에서 연락을 받았다.
2. 1959년 8월에 성립된 "일본적십자사와 조선민주주의인민공화국적
　　십자회 간의 재일조선인 귀환에 관한 협정"에 따른 북조선귀환사
　　업은, 인도적인 입장에서 귀환 희망자를 다수 조기에 귀환시키는
　　것을 목적으로 삼아 관계 당국의 지대한 노력으로 원활하게 실시
　　되어, 성과를 올리고 소기의 목적을 달성하였기에 1966년 8월 23

일자 각의 양해와 67년 4월 21일자 각의 보고와 같이 작년 11월 12일을 기해 종료되었다.

이 콜롬보 회담의 의제는 '신청 완료 귀환 미완료자의 귀환에 관해 토의하고, 북조선 측에서 가능한 한 많은 수를 배선할 것을 조건으로 하여, 너무 장기간이 아닌 일정 기간에 한해 일본 측이 협정 유효시에 준하는 편의를 제공하는 것에 관해 합의에 달하는 것' 이었다.

또한 이 합의에 달했을 경우의, 이후의 재일조선인들이 북조선행 출국에 관한 정부의 방침에 관해서도 설명하는 것에 있었다.

3. 일본 측이 이상의 태도로 회담에 임하였는데, 북조선 측은 협정의 무수정 연장에 대한 주장은 취하를 하였지만 협정이 종료되었음을 분명히 말하려明言 하진 않고 귀환 미완료자를 조기에 귀환시키려는 일본 측 요망에 대해서도 장기간 종래와 같은 방법으로 귀환사업을 계속할 것을 고집하며, 일본わが国 측이 용인하기 어려운 '북조선 측의 운영에 의한 귀환사업'을 향후 양 적십자 간의 합의로 결정하려는 태도로 일관했다.

4. 일본 측이 회담의 타결을 희망하여, 특히 회담이 시작될 때에 12월 18일의 귀환선 입항을 허용認める하는 등 시종일관 인도적인 견지에서 2개월 동안 성의를 갖고 상세히 설명하며 25차례의 교섭에 임했지만, 북조선 측은 일본 측의 성의를 받아들이지 않았다. 그럼에도 일본 측은 어디까지나 인도적인 입장見地를 견지하였고 교섭의 최종단계에서 귀환 미완료자를 위한 조치만이라도 합의를 하자며 제안했지만, 북조선 측은 이 제안조차(역: 원문 されも) 거부한 바이다. 이리하여 유감스럽게도 회담은 24일을 기해 중지할 수밖에 없게 되었다.

정부는 북조선 측의 이 같은 태도에도 불구하고, 향후에도 재일조선인들의 북조선행 출국길을 열어 두고, 출국희망자는 출국증명서를 발급 받아 일반외국인과 동일하게 통상 선편으로 개별적으로 출국할 수 있게끔 배려를 한 것이다.

5. 정부는 오랫동안 매우 어려운 상황 아래에서 적십자 정신에 의거하여 최선을 다하신 대표단을 비롯하여 일본적십자사에 대해 진심으로 깊은 경의를 표한다.

1968년 1월 24일

　　　　　내각관방장관 기무라 도시오木村俊夫

237　　사토 수상의 국회 발언이 신문에서 보도되었음을 한국에 전하고 있다.

전신사본

총번호 (TA)13785　　　주관 아북

70년 3월 25일 13시 30분 한국 발

70년 3월 25일 14시 21분 본성 착

　　　　　　　　　　　　　　　　　　가네야마 대사

외무대신 님

북조선귀환

제343호 평

　25일자 조간 각 신문사는 23일 사토 총리가 참의원 예산위원회에서 북조선 귀환 문제에 관해서는 이미 신청한 자만을 대상으로 하여, 일적을 통해 추진하겠다고 답변하신 것을 "북송 재개 추진의 용의" 내지는 "대북조선 접근책" 등의 제목 아래 보도했다.

238　　본 문서는 일조협회가 기무라 관방장관을 찾아가 귀환 문제 해결을

축구한 것을 전하는 신문을 보고하는 내용이다.

전신사본

총번호 (TA)14301　　　　주관 아북

70년 3월 27일 14시 20분 한국 발

70년 3월 27일 14시 40분 본성 착

가네야마 대사

외무대신 님

북조선귀환

제358호 평 시급

　25일자 한국当地 석간 및 26일자 조간 각 신문들은, 일조협회 간부가 기무라 관방 부장관을 찾아 가 '북조선 귀환에 관해 15,000명 외에 새로이 신청한 자들의 귀환 문제도 더불어 해결해 달라'고 문서를 통해 신청하였다는 도쿄 특파원의 전보를 게재했다.

241　　　모스크바 사전 회의가 이루어질 때에 외무부 측에서 이에 대해 항의하는 내용이 실려 있다. 전반부에 나온 내용과 크게 다를 바 없는데, 회의와 직접적인 관련이 없어서인지 가장 마지막에 배치되어 있다.

전신사본

총번호 (TA)34733　　　　주관 아북

69년 8월 11일 16시 47분 한국 발

69년 8월 11일 17시 10분 본성 착

가네야마 대사

외무대신 님

북조선귀환

제907호 극비
귀전 아북 제715호에 관해

　김 아주국장은 병이 회복되어 인사차 방문한 가와카미川上에게, '귀환 협정은 이미 종료되어 그 업무는 끝났을 테고, 다행히 콜롬보 회담도 결렬되어 본건은 종료되었다고 생각하고 있었는데, 이번에 다시 일본 측이 일부러 모스크바까지 가서 북조선 측과 회담하고 귀환 사업 재개를 하려고 하신다. 이 같은 움직임에 대해 한국 정부는 엄중히 항의한다. 강 공사가 이미 스** 국장에게 말했지만, 여기에서 재차 한국 정부의 강한 반대 입장을 말하니, 이를 본국 정부에도 전해 주길 바란다.'고 말했다. 우리가 이 내용을 전달하겠다고 말하며, 머리의 귀전 훈령의 취지를 설명했는데, 국장은 또 '북조선 귀환 문제에 관해서는, 본 건이 한국의 안보security에 직결된 만큼 절대로 승복하기 어렵다.'고 말해서, 우리가 '한국 정부의 입장은 종래부터 충분히 이해하고 있지만, 한편으로 우리 정부의 기본적 입장에 관해서도 이미 알고 계시는 선상line에 어떤 변화도 없으며, 본건이 콜롬보 회담의 선line에 따르는 조치에 의하는 한 일본은 귀환을 희망하는 자들의 의사를 존중하는 입장을 취해야 하니 이 점은 충분히 알아주셨으면 좋겠다고 말했다.

(완)

집필진

이경규	동의대학교 일본학과 교수, 동아시아연구소 소장
임상민	동의대학교 일본학과 조교수
정영미	동의대학교 문헌정보학과 교수
이행화	동의대학교 동아시아연구소 연구교수
이재훈	동의대학교 동아시아연구소 연구교수
김선영	동의대학교 동아시아연구소 연구교수

이 저서는 2020년도 정부(교육부)의 재원으로 한국연구재단의 지원을 받아 수행된 연구임. (NRF-2020S1A5C2A02093140)

재일한인 북송 관련
일본 외무성 자료 해제집 제2권
-『재일조선인 북조선귀환 문제에 관하여』제5권-

초판인쇄 2024년 12월 20일
초판발행 2024년 12월 30일

편   자 동의대학교 동아시아연구소
저   자 이경규 임상민 정영미 이행화 이재훈 김선영
발 행 인 윤석현
발 행 처 박문사
등록번호 제2009-11호
책임편집 최인노

우편주소 서울시 도봉구 우이천로 353
대표전화 (02) 992-3253(대)
전   송 (02) 991-1285
전자우편 bakmunsa@hanmail.net

ⓒ 동의대학교 동아시아연구소 2024 Printed in KOREA

ISBN 979-11-92365-80-0 93340   정가 29,000원